Inhalt

Claudia Bolanz und Rainer Zilly (Hrsg.)

MutMach Perlen

BeHERZte Erlebnisse von Frauen
in Zerbruch und Schönheit

GloryWorld-Medien

2. Auflage 2022

© 2022 Claudia Bolanz und Rainer Zilly

© 2022 GloryWorld-Medien, Xanten, Germany

Bibelzitate sind, falls nicht anders gekennzeichnet, der Lutherbibel, Revidierte Fassung von 2017, entnommen.
Weitere Bibelübersetzungen:

ELB: Elberfelder Bibel, Revidierte Fassung von 2006
GNB: Gute Nachricht Bibel, 2002
HFA: Hoffnung für alle, Basel und Gießen, 1983
NeÜ: Neue evangelistische Übersetzung © 2013 Karl-Heinz Vanheiden
NGÜ: Neue Genfer Übersetzung, 2009
NLB: Neues Leben. Die Bibelübersetzung", Holzgerlingen, 2002

Das Buch folgt den Regeln der Deutschen Rechtschreibreform.
Die Bibelzitate wurden diesen Rechtschreibregeln angepasst.

Lektorat: Klaudia Wagner

Satz und Cover: Rainer Zilly, www.kreativ-agentur-zilly.de

Fotos: Titel lunamarina/freepik.com, 17 Jennifer Keil, 46 Florian Bernhardt, 47 Christian Bangert, 55 Thommy Mardo, 146 LeoniUnterkofler, privat

Printed in the EU

ISBN: 978-3-95578-608-3

Bestellnummer: 356608

Erhältlich beim Verlag:

GloryWorld-Medien
Beit-Sahour-Str. 4
D-46509 Xanten
Tel.: 02801-9854003
Fax: 02801-9854004
info@gloryworld.de
www.gloryworld.de

oder in jeder Buchhandlung

Vorwort

Hallo liebe PERLE!

Zuerst muss ich mich gleich mal outen: Ich gehöre zu denjenigen Frauen, die „heimlich" das bereits vor einiger Zeit erschienene Buch „Männer-Mutmacher" von Michael Stahl und Rainer Zilly begeistert gelesen haben. Schon beim Durchschmökern dachte ich mir: *„Mensch, solch ein Buch sollte es unbedingt auch für Frauen geben!"* Das Ergebnis hältst du jetzt gerade in deinen Händen. Ich freue mich riesig darüber!

Schon während der Vorbereitung des Buches hat es mir richtig viel Freude gemacht, alte Schulkameradinnen, Arbeitskolleginnen, Freundinnen und so manche andere PERLE zu kontaktieren, bei der ich im Vorfeld den Eindruck hatte: *„Oh ja, ein kleiner Auszug aus dem Leben genau DIESER Frau könnte inspirierend für viele andere sein!"*

Auf unserer Autofahrt von Frankreich nach Deutschland las ich meinem Mann eine Geschichte nach der anderen vor. Manchmal berührten mich die Erlebnisse der Frauen so sehr, dass ich zuerst einmal überhaupt nicht mehr weiterlesen konnte. Tränen liefen mir wie PERLEN übers Gesicht.

Versuche, die Perle dahinter zu entdecken.

Je nachdem, wie dein Leben bisher war oder gerade ist, wird dich sicherlich die eine Geschichte mehr, die andere weniger berühren. Das ist gar nicht entscheidend. Entscheidend für mich ist vielmehr, dass jede einzelne Autorin dieses Buches bereit war, einen Teil ihres Innersten mit DIR zu teilen. Jeder dieser Frauen wirst du abspüren, dass es ihr durch ihre Erzählung nicht darum geht, sich selbst hervorzuheben. Vielmehr wünschen wir uns, dass unsere Geschichten, die wir mit Gott erlebt haben, auch dich inspirieren. Versuche, die PERLE dahinter zu entdecken, den Herzschlag dieser Autorin zu spüren.

Jede Geschichte ist einzigartig. Und doch verbindet uns der EINE, der unsere große Liebe und gleichzeitig unser größter Halt im Leben ist. Vielleicht erkennst du beim Lesen auch seine Handschrift? Viel Freude bei deiner ganz persönlichen Entdeckungsreise!

Deine Claudia Bolanz

Vorwort

Der Perlmuttschimmer
von Gottes Liebe in deinem Leben

Zum ersten Mal in meinem Leben beschäftigte ich mich aufgrund des Titels dieses Buches gedanklich intensiver mit Perlen – verborgen, irgendwie geheimnisvoll, wunderschön und wertvoll.

Laut Wikipedia ist die Entstehung von Perlen noch gar nicht so genau erforscht. Und doch weiß ich absolut sicher, wer sie sich ausgedacht und erschaffen hat – Gott selbst. Er hat sie genauso liebevoll erschaffen wie die „Perlen", die für dieses Buch ihre Mutmach-Perlen geschrieben haben, adressiert an alle die „Perlen", die das nun lesen.

Vielleicht denkst du nun, dass ich dich gar nicht kenne und somit auch nicht beurteilen kann, ob du eine Perle bist. Aber ich weiß, dass ich mich voller Vertrauen dem Urteil dessen anschließen kann, der dich erschuf und dich aus lauter Liebe in diese Welt gesetzt hat. Er kannte dich, bevor du geboren wurdest, und es war von Anfang an geplant, dass du eine Perle würdest – innen und außen wunderschön. Und sein Anliegen ist es, dass deine dir eigene Schönheit voll zur Geltung kommt! Das Lesen dieser Lebenszeugnisse kann ein großes Stück dazu beitragen, dass Gottes Perlmuttschimmer in deinem Leben zur Wirkung kommt.

Jede Frau auf der Welt ist eine Perle.

Perlen schmücken eine Frau, geben ihr eine ganz besondere Note. Und mit dem Ausdruck „Perle" meinen wir oft die gute Seele des Hauses, einer Firma, eines Vereins usw. Mit ihrer inneren Schönheit und der Liebe Gottes, die sie widerspiegelt, ist sie der Segen ihrer kleinen (oder auch großen) Welt um sie herum.

Ich wünsche uns Männern, dass wir die Kostbarkeit jeder Frau sehen. Uns Vätern, dass wir uns unserer Verantwortung unseren Töchtern gegenüber bewusst sind. Dass wir die Liebe Gottes des Vaters repräsentieren und unseren Söhnen ein gutes Beispiel darin geben, indem wir die „Perlen" dieser Welt ehren, achten und lieben. Am besten lernen wir von Jesus Christus selbst, wie man(n) wertschätzend mit Frauen umgeht.

Wir leben in einer Zeit, in der so viel Entmutigendes passiert, in der wir von schlechten Nachrichten aus allen Richtungen fast erschlagen werden. Deshalb brauchen wir Menschen, die nicht entmutigen, sondern ermutigen; Menschen, die trösten und aufrichten. Das ist den Autorinnen dieses Buches wirklich gelungen, und ich danke ihnen *von ganzem Herzen, dass sie ein Stück ihres Herzens* teilten, um die *Herzen der Leserinnen* (und Leser) zu berühren.

Ganz besonderen Dank auch an Claudia und an Rainer, dass sie für dieses Buch alle diese Perlen mit Gottes Hilfe gesammelt und auf kreative Weise mit Schönheit zusammengestellt haben, damit wiederum andere Frauen (und Männer) ihren Schatz damit bereichern können.

Jede der Autorinnen ist eine Perle!

Jede Geschichte ist eine kostbare, ermutigende Perle!

Jede Frau auf dieser Welt ist eine Perle (selbst dann, wenn sie als Schatz noch nicht „gehoben" wurde)!

Perlen, von Perlen für Perlen – damit ihr schimmernder Glanz zunimmt und immer mehr von Gottes Herrlichkeit widerspiegelt.

Ein Bibelvers beschäftigt mich aus einem bestimmten Grund derzeit ganz besonders:

„Lass mich deine Herrlichkeit sehen" (2. Mose 33,18).

Mögen diese Mutmach-Perlen dazu beitragen, dass du Gottes Herrlichkeit im Hier und Jetzt bereits mehr und mehr spürst, siehst, erlebst. Und sei dir gewiss: In den Augen Gottes bist DU so wertgeachtet, als gäbe es keinen anderen Menschen auf dieser Welt. Du bist einzigartig, wunderbar und wertvoll. Du bist Gottes geliebte Perle!

In Gottes Liebe verbunden

Michael Stahl

Ohne ihn wäre ich heute nicht die, die ich bin

Bereits mit 25 Jahren dachte ich, mein Leben sei zu Ende. Ich hatte mich damals gerade – nach einer kurzen, leidvollen Ehe – von meinem ersten Ehemann getrennt. Ich hatte ein einjähriges Kind zu versorgen, jedoch kein Geld, denn mein Mann hatte unser gesamtes Vermögen verspielt. Ich hatte auch keine Arbeit und keine Freunde mehr. Sogar die Beziehung zu meinen Eltern war zerrüttet. Zudem hatte ich furchtbare Angst, denn mein Mann, der nicht akzeptieren wollte, dass ich mich von ihm getrennt hatte, drohte mir, entweder mich umzubringen oder das Kind zu entführen. Dass er dazu in der Lage wäre, daran habe ich nie gezweifelt; schließlich hatte er auch in der Ehe schon nicht davor zurückgeschreckt, Gewalt anzuwenden, wenn etwas nicht nach seinem Willen lief.

Ich war völlig verzweifelt! In meiner Not habe ich mich an sämtliche Beratungsstellen gewandt, die es in unserer Gesellschaft für solche Situationen gibt, doch keine konnte oder wollte mir helfen. So fasste ich schließlich den Entschluss, mich umzubringen; lediglich meine Liebe zu meinem Kind hinderte mich daran, diesen Plan sofort in die Tat umzusetzen. Ich wollte das Kind gut versorgt wissen, bevor ich aus dem Leben schied. Doch es kam noch schlimmer.

Jesus hat meine Seele geheilt.

Ich musste meine Wohnung verlassen und vor meinem Mann fliehen. Liebe Freunde nahmen mich und meine kleine Tochter schließlich bei sich auf. Und diese Freunde nahmen mich auch eines Sonntags in einen Gottesdienst in eine Freikirche mit. Dort habe ich zum ersten Mal in meinem Leben Jesus, seine Liebe zu mir und seinen Frieden bewusst erlebt. Und dort habe ich auch zum ersten Mal gehört, dass, egal wie verkorkst mein Leben auch ist, Jesus daraus noch etwas machen kann, und dass ich ihm wichtig bin. Und so habe ich mit einem einfachen Gebet Jesus in mein Leben eingeladen und ihm gesagt, dass er von nun an der Chef in meinem Leben sein soll.

Von da an hat sich meine Situation grundlegend verändert. Als Erstes hat mein damaliger Ehemann auf einmal eingelenkt und aufgehört mir zu drohen. Er hat sogar eingewilligt, dass ich das Kind behalten darf und ist freiwillig aus der gemeinsamen Wohnung ausgezogen. Das war ein totales Wunder! Gott hat mich auch finanziell versorgt! Ich wusste oft gar nicht, wo das Geld auf einmal herkam. Ich konnte sogar noch andere Menschen beschenken, was mir persönlich ganz wichtig ist.

Jesus hat meine Seele geheilt, ganz ohne Psychotherapie, und mich wieder zu einem fröhlichen, hoffnungsvollen Menschen gemacht. Ich habe neue Freunde bekommen und die Beziehung zu meinen Eltern ist auch wieder ganz innig.

Das alles ist nun schon viele Jahre her, und ich kann mir ein Leben ohne Jesus nicht mehr vorstellen. Heute bin ich glücklich verheiratet, habe 5 Kinder, die mittlerweile erwachsen sind und ihren Weg gehen. Besonders in Schwierigkeiten und Krisen, und die gibt es ja bei jedem hin und wieder, bin ich froh, Jesus bei mir zu haben, der mir hilft, mich tröstet, mich ermutigt und mir sagt, was ich tun soll oder wo es langgeht. Ohne IHN wäre ich heute nicht die, die ich bin, und auch nicht da, wo ich heute bin. IHM allein habe ich das alles zu verdanken.

Reinhild Fischer | Jg. 1968 | verheiratet | 5 Kinder | Stuttgart | Kinderkrankenschwester

Entscheidungen sind entscheidend

Bereits mit siebzehn durfte ich mein Hobby zum Beruf machen. Schon als 4-jähriges Mädchen hatte ich, wenn man mich fragte, was ich einmal werden wolle, geantwortet: *„Eine Sängerin!"*

Dieser Wunsch und auch das Talent waren mir wie in die Wiege gelegt worden. Als ich dann größer wurde, engagierte ich mich musikalisch in meiner Heimatgemeinde und leitete den Lobpreis, anfangs bei den Kindern, dann in der Jugend und später auch während den Hauptgottesdiensten. Das war mein Leben! Sogar am frühen Morgen, direkt nach dem Aufstehen, hatte ich meistens schon ein Loblied auf meinen Lippen, welches meine Familie „leidtragend" aushalten musste. Ich war ein lautes Kind und teilte oft ganz unverschämt allen mit, ob es mir gut oder schlecht ging. Ich glaube aber, dass mir diese offene Art in vielen Situationen zugutekam.

Als ich 13 Jahre alt war, ließ ich mich taufen. Und ab diesem Tag entschied ich mich, nicht mehr für mich zu leben, sondern ganz zur Ehre Gottes. Ich wollte, dass Gott in allem, was ich machte, sichtbar würde. Und so holte ich mir Rat bei meinem damaligen Pastor, ob ich mich als Christ überhaupt an einer Casting-Show bewerben durfte!? Er legte mir nur seine Hände auf die Schultern und schenkte mir seinen Segen mit dem Ausspruch: *„Sei ein Licht, sei ein Segen und geh mit Gott!"* Das ermutigte mich sehr und ließ mich die ersten Schritte in diese ungewisse Zukunft gehen.

Im Mai 2004 war dann das einschneidende Erlebnis, welches mein Leben auf den Kopf stellte. Ich gewann tatsächlich einen Plattenvertrag bei Universal und stand gleichzeitig bei einem der größten Managements für zwei Jahre unter Vertrag. Danach hatte ich nur ein paar Tage Zeit, um die erste Single und ein ganzes Solo-Album aufzunehmen. Alles ging Schlag auf Schlag! In dieser Zeit wurden meine Werte und mein Glaube bereits oft auf die Probe gestellt. Aber in welchem Leben denn nicht?

Mein Tagebuch begleitete mich, und ich stellte eine Liste für mich auf, mit den Punkten, was ich will und was ich nicht will! Das half mir, mich immer wieder daran zu erinnern, mich nicht verbiegen zu lassen und mir und Gott treu zu bleiben. So sammelte ich meine Erfahrungen. Wichtig war mir immer wieder, dass der Friede Gottes mein Begleiter ist.

Nun erlebte ich als Single ein paar aufregende Jahre mit vielen tollen Möglichkeiten, durch Musik eine besondere Brücke zwischen Menschen und Gott zu schlagen.

Gott verlässt uns nie!

Im Jahr 2008 durfte ich dann meinen Traummann heiraten, und wir machten uns gemeinsam auf den Weg, mit der Musik überkonfessionell Menschen zusammenzuführen und Gott in den Mittelpunkt zu stellen. Mein Mann Thomas studierte zu dieser Zeit noch, und ich wurde mit dem ersten Kind schwanger. Das stellte uns vor ganz neue Herausforderungen. Wir waren jung und hatten noch keine wirklichen Rücklagen oder Absicherungen oder gar einen festen Job. Wir fingen an, auch durch die neue Verantwortung als Eltern, uns hier und da mehr Sorgen um finanzielle Versorgung zu machen. In meinem Herzen wusste ich aber, dass Gott uns nie verlassen würde und immer einen Ausweg kennt.

Wenn man allerdings dann auf einmal in einem Boot sitzt, welches ordentlich ins Wanken kommt, lernt man ganz neue Seiten von sich kennen. Aber das ist ja nicht unbedingt immer schlecht!

Ganz plötzlich ergab sich dann für mich ein neues musikalisches Projekt, zu dem ich erst mal nicht nein sagte. Es klang sehr vielversprechend, und gutes Geld lockte mich. Aber es dauerte nicht lange, bis ich merkte – und mein ganzer Körper spiegelte es mir wider, vor allem meine Stimme, die zu der Zeit ständig heiser wurde –, dass es wohl nicht der richtige Weg für mich sein konnte. Immer wieder versuchte ich, es mir schönzureden. Wir wohnten in Köln, und ich musste für irgendwelche Aufnahmen oft nach München fliegen und Thomas und meinen Sohn Lennox alleine lassen. Über diesen Zustand wurde ich dann schnell sehr traurig.

Mein Boot, unser Leben, schwankte. Geldsorgen brachten unsere kleine Welt, unser junges Familienglück ins Wanken. *Ist Gott wirklich mit uns? Sitzt er wirklich mit uns in diesem Boot?* Dieses Bild prägte meinen Mann und mich sehr in dieser Zeit. Wir fühlten uns so krass herausgefordert, Gott in Bezug auf Finanzen voll und ganz zu vertrauen.

Er wollte unser Versorger sein!

„Demütigt euch nun unter die mächtige Hand Gottes, damit er euch erhöht zur rechten Zeit, indem ihr alle eure Sorge auf ihn werft! Denn er ist besorgt für euch." (1. Petrus 5,6 ELB)

Es war an einem Morgen, als ich nach Berlin hätte fahren müssen, um erneut einen großen Plattendeal zu unterschreiben und mich und meine Stimme zu verkaufen – wie ich es empfand. Ohne zu wissen, in welcher Situation wir uns befanden, schickte uns genau an diesem Tag ein guter Freund aus Amerika ein Lied mit folgenden Worten:

In the morning, when I rise	*Wenn ich am Morgen aufstehe*
Give me Jesus	*gib mir Jesus*
You can have all this world	*Du kannst diese ganze Welt haben*
Just give me Jesus	*Gib mir nur Jesus*
When I am alone	*Wenn ich alleine bin*
Give me Jesus	*gib mir Jesus*
You can have all this world	*Du kannst diese ganze Welt haben*
Just give me Jesus	*Gib mir nur Jesus*

Am Abend zuvor hatten wir uns noch gesagt, so wie unser erster Gedanke nach dem Schlafen sein würde, würden wir uns entscheiden; und nun begann das Lied genau mit diesen Worten und gab uns eine klare Botschaft. Wir spürten sofort, als wir es hörten, wie der Friede Gottes zurück in unsere Wohnung kam, unser Boot in einen sicheren

Hafen einfuhr und der Sturm, der um uns tobte, sich legte. Am schönsten war, dass dieser Friede unsere Herzen wieder ganz erfüllte. So entschieden wir uns gemeinsam als Paar und positionierten uns ganz neu: Wir wollten unser Leben nach Gott ausrichten, ihm von ganzem Herzen vertrauen. Und kein Geld der Welt sollte uns kostbarer sein, als der Friede, den diese Welt sowieso niemals geben konnte. Ohne zu zögern, nahm ich das Telefon, rief meine damalige Managerin und die Produzenten an und teilte ihnen mit, dass es mir sehr leidtue, dass ich diesen Vertrag aber nicht unterschreiben könne. Ich durfte mir sehr viele gemeine Aussagen über mich anhören, ob ich verrückt geworden sei und einen Psychiater bräuchte, und dass die Musikwelt für mich endgültig gestorben sei.

Doch ich konnte innerlich ruhig bleiben, denn ich wusste mich in dem Moment durch Gott so geborgen, wusste, dass er mein Leben in seiner Hand hielt und den besten Plan bereithatte. Gott war mir treu, so mochte auch ich ihm treu sein.

Nur einen Tag später holte ich aus unserem Briefkasten einen anonymen Brief, und als ich ihn öffnete, schenkte uns jemand 500 Euro. Wir waren überwältigt, fühlten uns dadurch vom Himmel geküsst und liebevoll darin bestätigt, dass wir die richtige Entscheidung getroffen hatten. Darauf folgten noch viele weitere tolle Wunder, wie Gott uns finanziell immer wieder versorgte, bis jetzt.

Heute dürfen Thomas und ich eine wunderbare Familie mit 4 Kindern erleben, nach wie vor voller Dankbarkeit mit unserer Band Koenige & Priester Musik machen, Lieder singen, die wir selber schreiben, und zu 100% leben. *Alle Ehre sei Gott!*

Florence Joy Enns | Jg. 1986 | verheiratet | 4 Kinder | Köln | Sängerin Koenige & Priester | www.koenigeundpriester.de

Viel Angst – und eine ausreichende Prise Mut

Herzlich willkommen. Ich bin eine Schisserin vorm Herrn. Würdest du es mir anmerken? Nein. Nicht unbedingt. Denn ich liebe auch das Abenteuer, und ebenso mag ich es, mit meinem Gott über Mauern zu springen und meine Komfortzone auszuweiten.

Ich weiß noch wie heute, wie ich bei einer Live-Moderation hinter der Bühne stand und bis eine Minute vor dem Start überlegt habe, ob ich abhaue und mich zu Hause in meinem Bett verkrieche. Über viele Jahre habe ich ein Selbst-Therapie-Tagebuch geführt, um mit meiner Angst vor dem Zahnarzt umzugehen, und mittlerweile habe ich nicht mehr drei Tage vor jedem Zahnarztbesuch Magenprobleme, Hitzewallungen und Pseudo-Zahnschmerzen.

Da war es schon sehr passend, dass die ersten Worte, die mir jemand von Gott zugesprochen hat, waren: *„Sei stark und mutig!"* Diese Worte aus Josua 1 begleiten mich mittlerweile schon mehr als mein halbes Leben. Ich spüre schnell Angst – und nehme sie unter den Arm. Mein Leben und mein Alltag sind geprägt von einem tiefen Vertrauen zu meinem Gott. Diese Empfindungen von Angst und Vertrauen können scheinbar dicht bei-einanderliegen und schließen einander nicht aus.

Ich habe es tatsächlich nie erlebt, dass er mich hängen lässt oder vergisst. Ich weiß, dass ich weiß, dass Gott im-mer da ist, ich mit allem zu ihm kommen kann und er mir immer hilft.

Sei stark und mutig!

Als freiberufliche Selbständige hatte ich vor ein paar Jahren den Eindruck, dass Gott zu mir sagte, er sei mein Arbeitgeber. Der Gedanke war einfach in meinem Kopf, und er gefiel mir irgendwie. Aus diesem Grund sage ich ihm manchmal: *„Hallo Gott, ich hätte gerne den einen oder anderen Job. Darüber würde ich mich freuen."* Nachdem wir einmal als Familie alle krank gewesen waren und ich drei Wochen zu Hause gewesen war, sagte ich Gott, dass ich gerne wieder eine Trau-erfeier halten würde. Fünf Minuten später kam mein Mann zu mir ins Büro, mit dem Telefon in der Hand. Am Telefon war ein Mann, der mich gerade übers Internet gefunden hatte und fragte, ob ich an einem bestimmten Datum Zeit hätte, die Trauerfeier seiner Mutter zu halten.

Mutig bin ich, weil ich weiß, dass ich alles mit Gott mache und er mich nicht alleine lässt. Mutig fühle ich mich nie. Das andere Gefühl –

Ich fühle mich so mutig!

das der Anspannung, die Angst – fühlt sich in den Momenten immer stärker an.

Es gab eine Situation, die ich nie vergessen werde und von der ich erzählen möchte. Sie stammt aus einem unserer Familienurlaube, bevor unsere Großen eingeschult wurden. Ich war mit den Jungs am Strand. Die Sonne strahlte und die Wellen waren mehrere Meter hoch. Aus diesem Grund war nur ein Spaziergang angesagt.

Während wir die Sonne, den Wind und den Ausblick genossen, kam ein Mann mit seinem 9-jährigen Sohn an den Strand. Zu meiner Überraschung gingen sie ins Wasser und schafften es auch durch einige hohe Wellen, die sich hinter ihnen am Strand brachen. Ich blieb stehen, beobachtete sie eine ganze Weile in Habachtstellung. Ich konnte die Situation allerdings nicht genau einschätzen. Und dann passierte es: Ihre Hilferufe drangen zu uns an den Strand.

In meinem Kopf ratterte es. Ihnen musste geholfen werden! Das war klar. Aber wie? Plötzlich geschah etwas wirklich Kurioses: Ein Rettungsschwimmer kam mit seinem Brett über die Düne angelaufen und rief mir zu, wenn er seine Brille verlieren würde, müsse ich reingehen. – Bereits bei der ersten Welle war seine Brille weg!

Er übergab mir das Brett. So könne er nicht ins Wasser gehen, gab er mir zu verstehen, er sei jetzt quasi blind.

Ratlos sah ich den Vater, den Sohn, den Rettungsschwimmer, die Wellen und hörte die Hilferufe. Ich wusste: Ich kann das nicht! Meine Strategie war bislang immer gewesen: Schwimmen und Wellen dabei möglichst meiden.

Ich hatte riesige Angst. Aber mir war auch klar, dass es anscheinend gerade niemand anderen gab, der es tun konnte. Ich musste eine Entscheidung treffen. Also schickte ich meine Jungs vom Wasser weg und stapfte mit dem Brett in die Wellen.

Voller Angst klammerte ich mich an das Brett und kämpfte mich durch die ersten Brecher. Ich weiß nicht mehr wie. Irgendwie schaffte ich es, zu ihnen hinzugelangen. Der Vater bat mich, mich um seinen Sohn zu kümmern. Der Junge weinte, hatte Angst um seinen Vater, dass er sterben würde. Ich wandte mich dem Sohn zu und – plötzlich verspürte ich eine unerklärliche Ruhe.

Ich nahm den Jungen, schob ihm das Brett unter den Bauch – und redete und redete ... erzählte ihm von meiner Beziehung zu Gott ... und dass er und sein Vater es schaffen würden ... und dass ich mir so sicher wäre, dass wir es schaffen würden, weil ich wüsste, dass Gott mit mir hier auf der Erde noch was vorhat ... dass er das Brett nicht loslassen dürfe ... dass er keine Angst um seinen Vater haben müsse ... So paddelten wir Richtung Strand. Doch dann packten uns die großen Wellen und brachen auf uns nieder.

Das Brett entglitt meinen Händen und ich ging unter – wieder und wieder. Und dann kam ich nicht mehr hoch. Ich wusste nicht mehr wo oben und wo unten war. Salzwasser und Sand wirbelten um mich herum. Tosende Wasserstrudel – und mitten darin ein kristallklarer Gedanke: *„Gott, du musst mich hier rausholen!"*

Und er holte mich raus, brachte meinen Kopf wieder über Wasser. Die Hilfe kam in Person des Rettungsschwimmers, der zuerst den Jungen und anschließend mich an den Strand zog. Auch der Vater kam später langsam und mit unserer Hilfe heraus.

Der Junge feierte am nächsten Tag sein Leben und seinen 10. Geburtstag in seiner Familie. Und ich habe vor einigen Jahren mit meinem Mann und mit unseren Söhnen mit Wellenreiten angefangen. Ich fühle mich sooooo mutig, bin so stolz auf mich, begegne meinen Ängsten und den Wellen mit einem gesunden Respekt und genieße die Zeit mit meinem Surfboard auf den Wellen. Für die anderen war es ein Klacks, aber für mich war und ist es jedes Mal wieder eine heilsame Erfahrung, aufs Wasser und mit den Wellen zu gehen. Ich genieße die Weite des Meeres, ich lasse innerlich los, konzentriere mich auf die nächste Welle und versuche sie so gut wie möglich zu nehmen.

Maren Hoffmann-Rothe I Jg. 1975 I verheiratet I 3 Söhne I Wetzlar I Mediatorin und Rednerin I www.hoffmann-rothe.de

„Pack aus!"

„Mama, wenn ich groß bin, werde ich mal Missionarin!", habe ich schon als Kind verkündet. Mich haben fremde Kulturen schon damals unglaublich gereizt. Ich war sogar fast sauer auf meine Eltern, dass sie keine Missionare waren und ich deshalb nicht in irgendeinem coolen Land aufgewachsen bin. *„Aber wenn ich mal groß bin, dann mach ich diesen Fehler nicht"*, habe ich mir dann immer gesagt.

Mein Blick war somit immer von Deutschland weg gerichtet, und ich konnte es kaum erwarten, mein Abitur zu beenden, um dann endlich meinen Traum vom Ausland wahrwerden zu lassen. Doch nach dem Abi klappte es aus unterschiedlichsten Gründen nicht, ins Ausland zu gehen, und auch nach dem FSJ blieb mir die Möglichkeit verschlossen.

Ich begann also in Deutschland zu studieren, Religions- und Gemeindepädagogik. Als ich erfuhr, dass es im 5. Semester die Möglichkeit gab, ein halbes Jahr ein Praxissemester im Ausland zu machen, war ich natürlich sofort Feuer und Flamme und bewarb mich bei Praxisstellen auf der ganzen Welt. Für mich war ganz klar: Es musste eine christliche Organisation sein, für alles andere war ich offen. Aber die Suche nach der passenden Stelle gestaltete sich sehr schwer. Entweder gefielen mir die Einsatzfelder nicht, die Organisation hatte keinen Bedarf mehr oder die Praxisstellen wurden von der Hochschule nicht abgesegnet.

Verlass dich auf den HERRN und tue Gutes!

Langsam näherte sich der Bewerbungsschluss und ich hatte immer noch keine Stelle gefunden. Also legte ich alles bei Jesus ab und betete: *„Wenn es dein Plan ist, dass ich mein Praxissemester im Ausland absolviere, dann hilf mir eine passende Stelle zu finden, und falls nicht, dann muss ich das auch akzeptieren."* Der letzte Satz würde mir noch „zum Verhängnis" werden, denn ein paar Tage später stieß ich beim Bibellesen auf einen Vers, der mir sehr deutlich zeigte, was Jesu Plan für die nächsten Monate war: *„Verlass dich auf den HERRN und tue Gutes! Wohne hier in diesem Land, sei zuverlässig und treu!"* (Psalm 37,3 HFA). Ich schaute mir den Vers noch in anderen Übersetzungen an, aber diese waren sogar noch deutlicher: *„Bleibe im Lande!"*

Mir blieb also nichts anderes übrig, als Jesu Anweisung zu folgen und *„im Lande zu bleiben"*, wenn auch sehr widerwillig. Ich ging dann zum CVJM Stuttgart und arbeitete dort ein halbes Jahr mit. Ab diesem Zeitpunkt richtete sich mein Blick dann auf die Zeit nach dem Studium, um zu schauen, welche Möglichkeiten sich da eröffnen könnten, um ENDLICH meinen Traum vom Ausland wahrwerden zu lassen. Kurzerhand schrieb ich mich bei einer Jüngerschaftsschule von YWAM (Youth with a Mission) in Australien ein. Als mein Aufenthalt bestätigt wurde, lebte ich in Gedanken nur noch in der Zukunft, was mich dort wohl alles erwarten würde, was Jesus vorhatte, wie sich mein Leben verändern würde. Die Gegenwart hatte keine Relevanz mehr, außer „die Zeit abzusitzen", bis es endlich soweit war.

Doch einige Monate vor Beginn der Jüngerschaftsschule bekam ich die Nachricht: Aufgrund von Corona kann leider niemand nach Australien einreisen. Ich war am Boden zerstört und musste mich mit der Realität abfinden, dass es (mal wieder) nicht klappte mit dem Ausland. Mutlos, enttäuscht und genervt begab ich mich also auf Jobsuche in Deutschland, zog nach Stuttgart, begann zu arbeiten. Alles mit Perspektive darauf, so schnell wie möglich, sobald die Corona-Maßnahmen gelockert werden würden, endlich aus Deutschland wegzukommen. Und so lebte ich auch meinen Alltag, gedanklich mit gepackten Koffern und dem „Fluchtauto" vor der Tür. Ich ließ es gar nicht zu, richtig in Stuttgart anzukommen, da ich ja sowieso bald weg sein würde. Wieder nur ein „Absitzen". Richtig glücklich war ich damit nicht, aber das würde schon werden, wenn ich dann endlich mal weg wäre.

Und mitten in diese Situation sprach Jesus hinein. Er schenkte mir genau dieses Bild: Ich, mit gepackten Koffern, nicht mal die Kleider in den Schrank geräumt, damit ich so schnell es geht abreisen könnte; den Rucksack schon auf dem Rücken und den Umzugswagen immer noch nicht ausgeladen. Und dann sprach er mir nur zwei Worte zu: *Pack aus!* Ganz simpel. Aber gar nicht so einfach. Erst in diesem Moment realisierte ich, dass es die ganzen Jahre über MEIN Traum vom Ausland gewesen war. Ich war so überzeugt davon, dass es das Richtige sei, dass ich gar nicht gefragt hatte, was eigentlich Jesu Plan war.

Aber jetzt wurde klar, sein Plan war im Moment: Erst mal auspacken. Die inneren Koffer auspacken und die Dinge, die gedanklich im Umzugswagen gelagert waren, einräumen. Langsam, Stück für Stück. Das war ein Prozess, in dem ich aber spüren durfte, dass es sich mit ausgepackten Koffern und voll eingerichtetem Zuhause viel leichter lebt. Den hypothetischen Wanderrucksack abzusetzen und richtig in Stuttgart anzukommen. Und erst dann wurde mir wirklich klar: Während ich mit der Zukunft und mit Reiseplänen beschäftigt war, hatte Jesus mir in Stuttgart schon ein Zuhause aufgebaut.

Als ich im Praxissemester nicht weggehen durfte, hatte er mich in den CVJM Stuttgart gesteckt; dadurch hatte ich zum ersten Mal eine richtige Heimatgemeinde; aber nicht nur das, auch meine engsten Freunde habe ich dadurch kennengelernt. In die Wohnung, in der ich jetzt wohne, wäre ich ohne meine Kontakte im CVJM nie gekommen, und auch den Job, in dem ich jetzt arbeite, hätte ich ohne mein Praxissemester in Stuttgart vermutlich nicht bekommen.

Dieser Perspektivwechsel veränderte alles. Auch wenn sich nach außen nichts Offensichtliches veränderte, meine ganze Einstellung war anders. Seither kann ich mich im Alltag ganz anders auf Menschen und auf Freundschaften konzentrieren, und auch im Job als Jugendreferentin an der Freien Evangelischen Schule habe ich einen völlig anderen Zugang zu den Schülerinnen und Schülern. In der Bestimmung zu leben, die Jesus für dich vorgesehen hat, ist so viel leichter, als deinen eigenen Träumen nachzujagen und zu versuchen, Dinge möglich zu machen, die eindeutig (zumindest momentan) nicht für dich bestimmt sind.

Ein Bibelvers, der das ziemlich deutlich unterstreicht, steht in Jesaja 55,8: *„Denn meine Gedanken sind nicht eure Gedanken, und eure Wege sind nicht meine Wege, spricht der HERR."* Wo gibt es bei dir Gedanken und Wege, die vielleicht nur DEINE eigenen sind? Hast du Jesus schon mal darum gebeten, deine Träume und Sehnsüchte zu prüfen? Oft hören wir dann Dinge, die wir nicht hören wollen. Aber Jesus hat nur das Beste für uns im Sinn, auch wenn wir manchmal glauben, dass wir es besser wissen. Sobald wir unsere Perspektive verändern und im Herzen begreifen, dass Jesus es unendlich gut mit uns meint, können wir auch unsere Herzen für neue Wege, für SEINE Wege öffnen. Und dann geben wir Jesus Raum, um Wunder an uns und unseren Mitmenschen zu wirken. Lass los und *„Pack aus!"*

Anna-Lena Harsch | Jg. 1996 | ledig | Stuttgart | Jugendreferentin an der Freien Evang. Schule Stuttgart

Beschützt und bewahrt mein ganzes Leben

Ich heiße Rose-Marie Przygodda und bin 86 Jahre alt. 1936 wurde ich in Goldberg in Schlesien, im heutigen Polen, geboren. Ich bin das neunte Kind von zehn. Wenn ich gefragt werde, wie es mir geht, antworte ich gerne: Mir geht es gut, wenn's besser ginge, wäre es nicht auszuhalten.

Das war nicht immer so. Im Februar 1945, als ich gerade 9 Jahre alt war, wurden wir durch den Krieg aus unserer Heimat vertrieben. Wir flohen als ganze Familie. Unser Ziel war Tschechien. Mit dem Zug über Dresden führte unser Weg dorthin. Als wir in Dresden im Zug saßen, begannen auf einmal die Sirenen zu heulen. 773 britische Bomber warfen in zwei Angriffswellen zuerst Sprengbomben und danach Brandbomben ab. In diesem Moment war unser Zug in einem Tunnel etwas abseits vom Hauptbahnhof. Meine Mama rief uns Kinder nach innen, weg von den Fenstern und Türen. Ich werde nie die Bilder der Menschen in meinem Kopf vergessen, die am lebendigen Leibe verbrannten.

Trotzdem kamen wir als Familie heil in Tschechien an. In Trubschütz kamen wir bei einer Familie in einem Zimmer unter. Doch unser Aufenthalt war nicht von langer Dauer. Bereits 1946, nach dem Kriegsende, mussten wir wieder zurück nach Deutschland, diesmal aber zu Fuß. Manchmal konnten wir bei Leuten unterkommen, oft haben wir im Wald übernachtet und manchmal in Schulen. Mit uns waren viele andere deutsche Flüchtlinge auf dem Weg zurück in die Heimat.

Besondere Bewahrung erlebten wir in Görlitz an der Grenze, wo wir auf einer Wiese warten mussten. Mein Bruder hatte Rhabarber von einem Gärtner geschenkt bekommen und in seinem kindlichen Leichtsinn in ein Rohr gesteckt, das er auf dem Boden fand. Doch es war nicht irgendein Rohr, sondern der Blindgänger einer Panzerfaust. Auf einmal explodierte es und die Splitter bohrten sich in zwei meiner Geschwister. Wir anderen hörten durch den starken Knall plötzlich nichts mehr.

Durch den lauten Knall wurden noch andere auf uns aufmerksam, denn auf einmal kam ein russischer Mann aus einem Haus gerannt. Er stellte sich mit seiner Waffe vor uns hin und brüllte irgendetwas auf Russisch. Zwar verstanden wir kein Russisch, seinen Befehl jedoch hatten wir verstanden. Alle mussten wir uns in eine Reihe stellen, während der russische Mann mit seiner Waffe auf uns zielte. In diesem Moment dachte ich: *„Jetzt sterben wir, das war es!"* Doch auf einmal kam ein Jeep von weitem angefahren, ein Schuss fiel und der Russe fiel um. Russische Männer stiegen aus dem Auto, luden ohne Worte den Mann vom Boden auf das Auto und fuhren davon. Es war wie in einem Film. Kurze Zeit später kamen sie mit einer Ärztin zurück, die, Gott sei Dank, meine Geschwister verarztete. Was hatten wir für eine Bewahrung erlebt!

Drei Wochen später kamen wir zu Fuß in unserer Heimat in Goldberg in Schlesien an. Doch auch das sollte nicht lange unsere Heimat sein, denn 1947 wurden wir schon wieder aus Polen hinausgeworfen, da sich die Grenzen von Deutschland verschoben hatten.

Das nächste Ziel war erneut Dresden. Diesmal blieben wir in der Nähe von Dresden, wo ich auch zur Schule gehen konnte. Endlich waren wir in Sicherheit. Obwohl Gott erst spät in meinem Leben eine Rolle spielte, wusste ich, dass Gott bereits seit meiner ganzen Kindheit bei meiner Familie und mir war. Wir hatten wenig zu Essen auf der Flucht, aber wir mussten nie hungern. Keiner wurde vergewaltigt, was zu dieser Zeit eine echte Bewahrung war. Trotz der schlimmen Umstände kann ich mich an keine dauerhaft präsente Angst erinnern. Ganz im Gegenteil, Gott hatte mich sehr mutig erschaffen, was für mich in dieser Zeit und mein ganzes Leben lang ein echtes Geschenk war.

Doch all das wäre auch bestimmt nicht ohne die Gebete meiner Mutter gewesen. Ich wurde von meiner Mutter christlich erzogen und später konfirmiert, auch wenn ich zum Konfirmandenunterricht 6 km hin- und 6 km wieder zurücklaufen musste. Zu jedem Essen und am Abend wurde gebetet. Ich weiß bis heute, dass die Gebete meiner Mutter viel bewirkten. Ich wusste immer, da ist jemand, der mein Leben in der Hand hat und beschützt.

Ich beendete die Schule in Dresden. Bei einem Bauern lernte ich in der Landwirtschaft und studierte Agrarökonomie in Schwerin. Die meiste Zeit arbeitete ich mit Kühen in der LPG (Landwirtschaftliche Produktionsgenossenschaft, ein Zusammenschluss gemeinschaftlicher Agrarproduktionen zu DDR-Zeiten).

1955 kam meine Tochter auf die Welt, deren Vater mich leider vor dem Standesamt sitzen ließ. Eine Weile waren wir nur zu zweit, bis

ich meinen Mann Klaus-Dietrich kennenlernte. Obwohl ich schon eine Tochter hatte, nahm er mich 1959 zur Frau, was in der damaligen Zeit nicht üblich war und auch nicht gern gesehen wurde.
Wieder versorgte mich Gott, ohne dass ich es wusste.

Zur DDR-Zeit war ich in vielen Vorständen, im Gemeinderat sowie als Abgeordnete tätig und genoss mein Leben. Ich war bis dahin noch keine Christin, und doch fühlte sich mein Leben immer beschützt an. Meine Tochter war mittlerweile verheiratet und entschiedene Christin. Sie kam mit ihrem Mann durch einen Hauskreis zum Glauben. Das war okay für mich, denn sie durfte glauben, was sie wollte; ich wollte davon nur nichts wissen.

Wieder versorgte mich Gott

Als ich 1988 unter ständiger Migräne und Rückenschmerzen litt und mir jeden zweiten Tag beim Arzt eine Spritze geben lassen musste, nahm ich das Angebot des Sohnes des Pastors an. Er wollte für mich und mein körperliches Leiden beten. Als er betete, hörten die Schmerzen und die Migräne sofort auf. Es war wie ein warmer, angenehmer Strom, der einmal von oben bis unten durch meinen Körper floss. Die Schmerzen waren einfach weg. Da beschloss ich, wenn dieser Gott so etwas für mich tut, dann will ich ihm auch mein Leben geben.

Als ich das tat, begriff ich, dass Gott in meinem ganzen Leben schon Bewahrung geschenkt hatte und er derjenige war, der von Anfang an auf mein Leben aufgepasst hatte. Vieles änderte sich. Mir wurde die Ungerechtigkeit in der DDR bewusst, weshalb ich in diesem System nicht mehr mitmachen wollte und aus jeglichen Vorständen ausstieg. Ich wollte mein Leben ganz Gott hingeben. Ich sagte mir, wenn ich Gott mein Ja geben würde, dann müsse es ein klares sein, das sich in meinem Leben widerspiegelte. Ich wusste, dass die Stasi mich nun bestimmt wegsperren würde, aber das war mir egal. Ich wartete nur darauf, dass sie kamen, aber sie kamen nicht. Wieder hielt der gute Gott seine Hände über mich.

Durch Jesus konnte ich allen Menschen verzeihen, die mir in meinem Leben etwas hatten antun wollen und die Schuld an manchen schweren Umständen in meinem Leben hatten: den Polen, den Tschechen, Russland, dem leiblichen Vater meiner Tochter. Die Vergebung, die ich allen zusprach, war meine eigene Befreiung.

Ich bin nun schon etwas älter und mein Mann ist leider schon seit über 40 Jahren tot. Aber an keinem Tag bin ich allein, weil ich weiß, dass Gott bei mir ist, so wie er es schon immer war.

Für mich ist es wichtig, Gott jeden Tag zu danken, für alles. Ich ermutige euch, diese Dankbarkeit und Vergebung zu leben, es macht wahrhaft frei. Euch Mütter will ich ermutigen, betet für eure Kinder und nehmt sie in eure Obhut, sie brauchen euer Gebet. Habt in dieser Welt keine Angst, denn Gott ist mit euch, er ist euer Hirte, er sorgt dafür, dass es euch an nichts mangelt (siehe Psalm 23).

Schon immer, wenn ich mein Leben betrachtete, wusste ich, dass da jemand aufpasst, und ich spüre bis heute seinen Schutz in meinem Leben.

Rose-Marie Przygodda I Jg. 1936 I Witwe I Neubrandenburg I Rentnerin

Das Leben ist kein Ponyhof ...

Aufgewachsen in einem christlichen Elternhaus mit freikirchlicher Prägung, durfte ich schon früh Gott kennenlernen und seitdem mit ihm über Höhen und durch Tiefen gehen.

Mit meinem Mann bringe ich mich vielfältig in einer kleinen, freikirchlichen Gemeinde ein und diene dort vor allem im musikalischen Bereich. Na, dann ist doch alles prima – weit gefehlt!

Obwohl wir unser Leben als ganze Familie Gott anvertrauen, beten und für uns beten lassen, läuft nicht alles nach Plan, und immer wieder sind wir von Krankheiten geplagt.

Seit vielen Jahren leidet mein Mann unter starken, schwer zu erklärenden Schmerzen, die ihm viel Lebensqualität rauben. Bei unserer ältesten Tochter wurde frühkindliches Rheuma diagnostiziert, und unsere zweite Tochter hat seit über einem Jahr immer wieder Bauchweh, wofür die Ärzte keine Ursache finden. Unser Sohn hat eine Autistische Spektrumsstörung und ist auf spezielle Förderung angewiesen.

Wir sind überzeugt davon, dass wir als Familie unter Gottes Segen stehen. Trotzdem ist es täglich eine Herausforderung, auf die Verheißungen Gottes zu vertrauen und nicht auf das Gerede anderer Menschen zu hören oder auf die schwierigen Umstände zu schauen. Auch der Vergleich mit anderen Familien, denen es anscheinend besser geht und die ein unbeschwerteres Leben führen dürfen, ist schmerzhaft und hält uns oft davon ab, auf Gott zu blicken. Dennoch glauben wir, dass Gott gut ist und für seine Kinder nur das Beste will.

Richtig auf die Probe gestellt wurde unser Vertrauen auf Gott im Juni 2021. Bisher war ich immer die Person in der Familie, die körperlich fit war und dafür sorgte, dass bei uns „der Laden lief". Das betonte ich auch immer, wenn andere Leute bedauerten, mit wie viel Krankheit wir zu kämpfen haben.

Bei einer Routinekontrolle wurde bei mir Brustkrebs festgestellt, genau genommen ein bösartiger Knoten, eine befallene Gewebefläche und befallene Lymphknoten. Es folgten sechs Monate Chemotherapie und anschließend zwei brusterhaltende Operationen. Während ich diesen Text schreibe, stehen noch eine 6-wöchige Bestrahlung, mindestens 7 Jahre Antihormontherapie und eine zweijährige Behandlung mit einem Medikament aus, das einer Chemotherapie ähnelt. Von heute auf morgen war nichts mehr so, wie es vorher war. Schmerzhaft musste ich erfahren, dass der Laden daheim auch ohne mich laufen muss!

Mitten in diesem Leid hatte ich aber eine ganz besondere Gotteserfahrung, die mir unheimlich viel Kraft und Zuversicht gegeben hat.

Ich besuchte einen Gottesdienst, bei dem Deborah Rosenkranz – bekannt als die singende Flugbegleiterin – aus ihrem Leben erzählte. Nach der Veranstaltung wurde in einem kleinen Raum Gebet angeboten. Eine Frau, die mich nicht kannte und nur wusste, wie ich heiße und dass ich krank bin, betete für mich. Im Gebet bekam sie von Gott ein Bild gezeigt und teilte mir das im Anschluss mit. Sie sah, wie in meiner linken Brust eine Fläche blau zu leuchten begann und ich heil wurde im Namen Jesu. Außerdem sah sie, wie meine DNA verschoben wurde. Das war für mich absolut beeindruckend! Diese Frau konnte nicht wissen, dass ich Brustkrebs habe, dann auch noch links, und sie konnte nicht wissen, dass es für mich zu dem Zeitpunkt Thema war, ob diese Erkrankung wohl genetisch bedingt ist. In meiner Familie kamen mehrere Krebsfälle vor, die auch zum Tode führten. Daher hatte ich Sorge, dass ich nun auch dieses Schicksal teilen müsse und auch einmal meine Töchter betroffen sein würden. Eine spätere Blutuntersuchung bestätigte den geistlichen Eindruck und ergab, dass meine Erkrankung nicht genetisch bedingt ist. Was für eine Erleichterung!

> *Ich fühlte mich von Gott unendlich geliebt!*

Im Moment dieser Gotteserfahrung fühlte ich mich von Gott unendlich geliebt und stellte ich mich in der folgenden Zeit immer wieder auf diese Verheißung, dass ich heil werden würde.

Unsere Geschichte als Familie ist noch nicht fertig geschrieben, und ich kann ein Zitat meiner lieben Oma immer besser verstehen: *„Das hat Gott schon gut gemacht, dass man in jungen Jahren nicht weiß, was in Zukunft noch auf einen zukommt."* Ich weiß nicht, wie ich in schwierigen Momenten ohne Gott auskommen sollte.

Einige Erkenntnisse sind mir in den letzten Monaten sehr wichtig geworden und helfen mir:

- Ich habe gespürt, dass ich nie tiefer fallen kann als in Gottes Hand. Er fängt mich auf!
- In Zeiten der größten Not war Gottes Gegenwart spürbarer denn je.
- Ich durfte erfahren, dass ich täglich die Kraft hatte, die ich brauchte. In der Bibel gibt es die Verheißung, dass Gott uns niemals mehr zumutet, als wir tragen können. Wie tröstlich!
- Ich weiß inzwischen, dass ich nicht immer stark sein muss, sondern auch offen Schwäche zeigen, zweifeln und auch mal jammern darf.
- Es macht keinen Sinn, nach dem „Warum" zu fragen. Wichtiger ist es zu fragen, „wozu" das alles dienen soll, was uns widerfährt.

Mit dem Zitat von Hudson Taylor: *„Schwierigkeiten sind der Boden, auf dem Gott sich offenbaren kann"* möchte ich dir heute Mut machen! Ich weiß nicht, was dir durch den Kopf geht, wenn du von meinen Erfahrungen liest. Vielleicht hast du größeres oder kleineres Leid erlebt? Fest steht die Tatsache, dass Gott in allen Höhen und Tiefen zu uns steht und uns unendlich liebt, auch wenn wir uns manchmal einen anderen Verlauf vorstellen.

Ich wünsche dir, dass du Gottes Kraft und Wirken auch in deinem Leben erleben darfst und dich von Rückschlägen nicht entmutigen lässt. Gott sieht dich und ist FÜR dich!

Natalie Freising | Jg. 1978 | verheiratet | 3 Kinder | Donauwörth | Grund- und Hauptschul-Lehrerin

Mel

Vor einigen Jahren besuchte ich eine Frauenkonferenz in Brüssel. Eine Pastorin aus England hatte mich gebeten, als Fürbitterin mitzuhelfen. Ich wohnte mit einer Schwester aus Brasilien in einem Bungalow. Dann bekam ich einen Anruf, ob noch vier weitere Frauen bei uns schlafen könnten, da es keine freien Zimmer mehr gab.

Die Frauen kamen abends gegen 23 Uhr. Sie hatten einen riesigen Hunger und nichts zu essen dabei. Also ging ich mit ihnen zu McDonalds. Beim Essen haben wir miteinander gesprochen und uns kennengelernt. Alle diese Frauen hatten große Probleme mit sich selbst.

Am nächsten Tag gingen wir alle zur Konferenz. Ich hatte die Möglichkeit, mit ihnen zu reden. Wir sprachen über Gott und seine grenzenlose Liebe.

Eine der Frauen fiel mir besonders auf: Sie hieß Mel. Wir beteten zusammen und redeten miteinander. Sie erzählte mir, wie ihr Leben verlaufen war: Als ihre Mutter mit ihr schwanger gewesen war, hatte der Vater sie verlassen. Erst nach drei Jahren war er zurückgekommen. Er hat sie aber nicht als Tochter anerkannt. Mit sechs Jahren wurde sie von ihrem Onkel vergewaltigt. Er verbot ihr, darüber zu reden und sagte, es würde ihr sowieso niemand glauben. So hat sie nie darüber gesprochen. Sie hat es in sich hineingefressen, war immer traurig und unsicher. Sie hatte immer das Gefühl, ungeliebt zu sein.

Ab da haben wir regelmäßig per Telefon gebetet, da sie in Lissabon lebt. Ich habe sie dann besucht und sie zu mir eingeladen. Eine Woche kam sie zu mir. Gott hat da besonders gewirkt. Sie bekam Heilung und Befreiung. Danach konnte sie Gott als Vater annehmen. Das half ihr, Frieden zu finden mit ihrem Mann und ihren Kindern, und sie konnte ihrem Onkel und ihrem Vater verzeihen.

Sie ist in ihrer Beziehung zu Gott gewachsen und heute betreut sie selber viele Frauen und bringt ihnen Heilung und Befreiung.

Luciana Oliveira de Schuheida | Jg. 1971 | verheiratet | 3 Kinder | Leonberg | Schönheitsconsultant

Von Mitschülern gemobbt, aber von Gott geliebt

Hallo, wir sind Sarah und Michelle. Was uns verbindet, ist nicht nur unsere Freundschaft, das gleiche Viertel (sozialer Brennpunkt), in dem wir groß werden, sondern auch die schlimme Erfahrung von Mobbing, die wir machen mussten.

Ich, Michelle, hatte es in der Schule nicht wirklich leicht. Ich musste früh auf eine Förderschule wechseln, weil ich Probleme mit der Sprache und dem Schreiben hatte. Dort war ein Junge, der mich bis aufs Blut nicht leiden konnte, und der Freude daran hatte, mich zu treten oder mich auszugrenzen. Kinder können generell sehr gemein sein. Die schlimmste Erfahrung, die ich machen musste, war, dass ein Junge, der Judo konnte, mich auf den Boden geworfen hat.

Trotz allem konnte ich in der Schule schnell aufholen und so wieder auf eine normale Schule wechseln. Dort kannte ich niemanden mehr, und die, die ich kannte, konnten mich alle nicht leiden. Dies zeigten sie mir, indem sie zum Beispiel mit dem Stuhl von mir wegrutschten, wenn sie neben mir saßen.

Mit neun Jahren ging ich dann ab und zu schon in die Oase, ein sozial-missionarisches Gemeindegründungsprojekt im Reitbahnviertel.

Als ich auf die weiterführende Schule kam, erzählten ältere Schüler über mich, dass ich „scheiße" sei, und so ging der Kreislauf von ganz alleine weiter. Ich hatte nur eine Freundin, aber deren Freundin war immer eifersüchtig auf mich, sodass das auch keine einfache Freundschaft war. Aber lieber eine Freundin als keine. Meine gesamte Klasse bestand aus Menschen, die mich nicht leiden konnten oder mich nicht kannten, und alle, die ich über die Oase kannte, waren in der Parallelklasse.

Hier erlebte ich Menschen, die mich annahmen.

Ich bin zu dieser Zeit weiter in die Oase gegangen. Hier erlebte ich Menschen, die mich annahmen, so wie ich war. Und ja, ich war nicht immer einfach. Ich hatte oft Wutausbrüche und Ausraster, die ich nicht beherrschen konnte. In der Oase hörte ich immer wieder von einem Gott. Einem Gott, der mich kennt und liebt, so wie ich bin. Einmal bastelten wir eine Krone, auf der „Prinzessin" stand; diese Bezeichnung kannte ich sonst noch nicht. Ich war eine Prinzessin, weil ich ein Kind von Gott war, ein Königskind. Und so fühlte ich mich auch – angenommen von den Menschen aus der Oase und wertvoll.

In der Schule wurde es deshalb nicht gleich besser. Es gab weiterhin einen Jungen, der mir auf dem Pausenhof immer wieder gegen mein Schienbein trat. Mein Rucksack wurde ebenso weiterhin hin und her geworfen, und Anschluss fand ich in der Schule nach wie vor nicht. Die Oase war einfach mein Ort, hier mobbte mich keiner; dafür sorgten die Mitarbeiter. Meine Mutter stellte irgendwann einen Antrag auf Klassenwechsel, sodass ich in eine andere Klasse kam. Hier wurde ich zwar nicht mehr gemobbt, aber so wirkliche Freunde hatte ich auch nicht.

Ich, Sarah, habe ebenso die Erfahrung von Mobbing in der Schule gemacht. In der fünften Klasse begann es mit so kleinen Sprüchen und Beleidigungen, wie: *„Du Opfer, du hast kein Style"* oder: *„Dich mag keiner, du kannst dich nicht schminken."* Ab der siebten Klasse mischten sich die Klassen neu. Hauptsächlich von den Jungs kamen dann ständig blöde Sprüche, die dann auch meine Familie angriffen, wie zum Beispiel: *„Du Missgeburt!"* oder: *„Deine Mutter ist eine Bitch."* Ich täuschte dann oft auch vor, dass ich Bauchweh hatte, weil ich einfach Angst vor den Begegnungen in der Schule hatte.

Bereits in der sechsten Klasse entdeckte ich die Oase. Dort hörte ich immer wieder etwas von „Glauben" und von „Gott" und irgendwas mit „Beten". Das Beten, also mit diesem Gott reden, probierte ich dann immer wieder daheim aus. Ein Gebetsanliegen war, dass der Kontakt zu meinem Halbbruder wieder entsteht, der zu dieser Zeit abgebrochen war. Dieses Gebet sprach ich immer wieder. Nach drei Monaten meldete er sich aus dem Nichts. Er sagte, dass er wieder in Neubrandenburg wohnt und mich gerne sehen wollte. Das war so eine Gebetserhörung für mich.

Also betete ich weiter und ging weiter in die Oase. Nahm mehr Kontakt auf mit den Mitarbeitern der Oase und lebte immer mehr Beziehung mit ihnen. Die Mitarbeiter der Oase nahmen mich bedienungslos an, und das Vertrauen zu ihnen wuchs trotz meiner schlechten Erfahrungen mit Menschen von ganz allein. Es war einfach besonders. Ich lernte Gott immer mehr kennen und wusste, dass er mir meinen Wert zuspricht, und nicht die Jungs aus meiner Klasse. Zwar wurden in der siebten Klasse die Beleidigungen nicht besser, aber durch meine innere Gewissheit, dass Gott mich einzigartig gemacht hat und ich gut bin, so wie ich bin, prallten die verletzenden Sprüche immer mehr ab.

Das war so eine Gebetserhörung!

Ich hatte trotzdem in der siebten Klasse zu viele Fehltage, weil ich mich anfangs nicht mehr in die Schule getraut hatte. Ich wiederholte die siebte Klasse. Michelle kannte ich aus dem Viertel, aber so richtig zu tun hatte ich mit ihr anfangs nicht. Erst als wir uns regelmäßig auch in der Oase sahen, wurden wir immer besser befreundet. Durch das Wiederholen der Klasse kam ich zufälligerweise mit Michelle in die Klasse, was zum Segen für uns beide wurde. Sie wurde meine beste Freundin in meiner Klasse.

Später wurde ich auch von den Mitschülern wegen meines Glaubens an Gott geärgert und ausgelacht, aber das machte mir gar nichts mehr aus. Mein Glaube war mein ganzer Halt, das konnte mir keiner lächerlich machen. Als ich mich letztes Jahr taufen ließ und mich öffentlich zu Gott bekannte, bekam ich folgenden Bibelvers:

Geärgert, ausgelacht ... das machte mir gar nichts mehr aus.

„*Herr, ich danke dir dafür, dass du mich so wunderbar und einzigartig gemacht hast! Großartig ist alles, was du geschaffen hast – das erkenne ich!*" (Psalm 139,14 HFA)

Dieser Spruch spricht genau in mein Leben hinein. Auch wenn andere Kinder mich ärgerten oder blöde Sprüche über mich, meine Familie oder meinen Glauben rausließen, so wusste ich, dass Gott mich einzigartig und wunderbar geschaffen hatte. Dieser Spruch ist seitdem das Fundament meines Lebens. Ich bin immer noch in der Schule und bekomme immer wieder noch blöde Sprüche zugerufen, aber machen tun die nichts mehr mit mir.

Ich, Michelle, lernte ebenso wie Sarah durch die Oase etwas über diesen Gott. Je mehr ich in der Oase war und über Gott hörte, umso mehr verstand ich mich und mein Leben. Ich war sehr launisch als Kind und hatte mich selbst nicht unter Kontrolle, eben auch aus Unsicherheit. Keiner würde das heute noch über mich sagen.

Mein Taufspruch ist: „*Sei mutig und stark und fürchte dich nicht, denn der Herr, dein Gott, ist mit dir, wohin du auch gehst.*" (Josua 1,9)

Ich erlebte genau das, Gott gab mir ein anderes Lebensgefühl, ich fühlte mich sicher. Es war nicht mehr das Gefühl: „*Ich muss mich wehren gegen alle Menschen!*" Nein, ich fühlte mich sicherer, er veränderte mein Herz. Wie? Keine Ahnung. Er bewirkte es einfach in mir. Ich bin so viel ruhiger und geduldiger geworden, seit ich Gott kene. Gott verändert Menschen, das habe ich an mir selbst erlebt. Die Gemeinschaft mit anderen Menschen, die an Gott glaubten, das gemeinsame Beten, immer wieder Lobpreis machen und damit mehr Kontakt mit Gott, das alles gab mir ein ganz anderes Lebensgefühl, eins, wonach ich immer gesucht hatte.

Gott sprach Wert in unser Leben.

Nicht nur, dass Gott Wert in unser Leben sprach und unsere Herzen heilte und festigte, auch dass er uns eine beste Freundin zur Seite stellte, die in der gleichen Klasse war und die auch an Gott glaubte, nach all den Enttäuschungen und Verletzungen durch andere Menschen, das war ein Riesengeschenk von Gott an uns. Eine Freundschaft, nach der wir uns schon lange gesehnt hatten. Eine Freundin, die auch das Gefühl von Ausgrenzung und Mobbing kennt und die ihren Halt in Gott gefunden hat.

Heute wissen wir: Alles hat einen Sinn, Gott überwacht alles, auch wenn es gerade schwierig ist. Klammere dich an ihn und schau, was er in dein Leben spricht.

Gott ist da, er ist bei dir und bei mir, auch wenn es sich im Leben manchmal nicht so anfühlt. Er gibt dir deinen Wert und lässt dich nicht allein.

Sarah Kroeger und Michelle Kirchhoff I Jg. 2005 I ledig I Neubrandenburg I Schülerinnen

MutMachPerlen

Jesus an der Bushaltestelle

Es war im Jahr 1993. Da ich mich beruflich weiterentwickeln wollte, hatte ich mich nach einem Pfarramtssekretärinnenkurs schließlich dazu entschieden, eine zweijährige Umschulung zur Industriekauffrau zu machen. So absolvierte ich auch ein Praktikum bei der Firma Most, einem Baumarkt in Kirchheim an der Teck. Kirchheim ist ein malerisches Städtchen mit wunderschön restaurierten Fachwerkhäusern.

Eines Abends, auf dem Nachhauseweg von der Arbeit, sah ich einen alten, zusammengekauerten Mann an der Bushaltestelle liegen. Wie immer war ich im Stechschritt unterwegs. Zuerst wollte ich weiterlaufen, da es nass und kalt geworden war, doch dann hielt ich inne. Ich beugte mich zu dem Mann hinunter und fragte: *„Hallo, kann ich Ihnen helfen?"*

Langsam und mühsam hob der Fremde seinen Kopf. Mit badischem Dialekt erwiderte er in ruhigem Ton: *„Ich bin der Günter, der Günter Frank."* Auch ich stellte mich ihm vor. Dann zog ich ihn auf die Beine. *„Wo wohnen Sie denn?"*

„Im Armenhaus."

„Ich werde Sie heimfahren", versprach ich und half ihm, auf der Bank an der Bushaltestelle vorläufig Platz zu nehmen. Schnell lief ich um die Ecke und holte mein Auto. Zuerst wollte ich den Beifahrersitz mit Zeitungspapier auslegen – man weiß ja nie, anhaftende Bakterien und Bazillen und so ... – doch dann dachte ich, meinem alten Golf kann das nicht schaden. Mit Hängen und Würgen beförderte ich den Mann ins Auto, nach kurzer Fahrt dann wieder aus dem Auto, die steile Treppe hinauf bis zu seinem Zimmer. Als Günter die Tür öffnete, lief mir ein kalter Schauer den Rücken hinauf und wieder herunter. Sämtliche Haare standen mir zu Berge. Heute würde man sagen: „Messie" – aber hallo! Gemächlich schlurfte Günter in Richtung Bett und setzte sich nieder. Er bot mir einen klapprigen alten Holzstuhl an. Jetzt schaute ich zum ersten Mal in seine himmelblauen Augen. Er hatte so einen verschmitzten Blick. Außerdem roch ich auch noch deutlich seine Alkoholfahne.

Günter deutete auf ein altes Holzkästchen, das auf einem Tisch noch ein Plätzchen gefunden hatte, und bat mich, es ihm zu reichen. Behutsam öffnete er die kleine Schatzkiste. Dabei bemerkte ich, wie steif seine Finger waren. Unter all den Zettelchen suchte er wohl ein bestimmtes Papierstück. Freudestrahlend und mit einem spitzbübischen Blick reichte er mir ein vergilbtes Kärtchen. Die Botschaft, die ich las, sollte mein Leben für immer verändern. Da stand geschrieben:

An einem einsamen, armen, alten, kranken Menschen erkennt man das wahre Gesicht Jesu Christi. Der, der an diesem Menschen vorbeigeht, der geht an Jesus vorbei und hilft ihm nicht.

Während meines sechsmonatigen Aufenthalts in Kirchheim besuchte ich meinen neuen Bekannten regelmäßig. Und er berichtete mir von seiner traurigen Geschichte. Früher hatte er in der Nähe von Mannheim gewohnt und als Zimmermann gearbeitet. Eines Tages hatte er einen Unfall gehabt. Er war vom Dach gestürzt und war länger krank geschrieben gewesen. Plötzlich hatte seine Frau einen tödlichen Herzinfarkt erlitten und ihn mit der kleinen zweijährigen Tochter zurückgelassen. Er hatte seinen Job verloren, seine Wohnung war ihm gekündigt worden und sein Mädchen war im Waisenhaus gelandet. Durch diese tragischen Ereignisse hatte er den Boden unter den Füßen verloren und war obdachlos geworden. Jahrzehntelang hatte er „Platte" gemacht und auf der Straße gelebt, bis ihm die Stadt Kirchheim ein Obdach verschafft hatte. Günters Geschichte rührte mich wirklich an.

Jutta Renz/Miss Muffin® I Jg. 1963 I Sindelfingen I Studium Musik & Medien, Autorin (20 Bücher, über 2,3 Mio. verkauft), Musical-Komponistin I www.missmuffin.com

Unsere Familienberufung

„Denn wie der Himmel die Erde überragt, so sind auch meine Wege viel höher als eure Wege und meine Gedanken als eure Gedanken" (Jesaja 55,9 HFA).

Unsere Kinder kamen 2007 sowie 2010 zur Welt. Meine Schwangerschaften waren gesundheitlich und körperlich immer sehr herausfordernd. Allerdings war da trotzdem noch der Wunsch nach einem dritten Kind. Selbst unser Sohn und unsere Tochter, damals vier und zwei, haben sich noch ein Geschwisterchen gewünscht. Baby ja – aber ohne Schwangerschaft! So waren meine Gedanken und Gefühle dazu.

Eines Freitagabends, es muss im Januar 2012 gewesen sein – mein Mann war damals noch Jugendleiter in unserer Gemeinde und war zur „Jugend" unterwegs –, saß ich alleine zu Hause auf der Couch und sah mir eine Reportage über ein überfülltes Waisenhaus auf Haiti an. Das berührte mein Herz so sehr und ich musste regelrecht weinen. Kurze Zeit später hörte ich im Radio, dass in unserem Landkreis noch Pflegefamilien gesucht würden. Warum ein Kind aus dem Ausland adoptieren, wenn hier doch auch Bedarf ist?

Als ich mit meinem Mann darüber sprach, hatte er noch so seine Bedenken, und wir entschieden uns, zu einer Infoveranstaltung zu gehen, ganz nach dem Motto: *„Informieren kann man sich ja mal."* Nach der Veranstaltung im Frühjahr bewarben wir uns dann einfach beim Jugendamt als Pflegefamilie. Nun war ja noch alles offen und es begann eine Zeit des Wartens und Ausharrens. Ich fragte immer wieder beim Jugendamt nach, da wir auf ein Bewerberseminar warteten. Dies würde allerdings nur mit genügend anderen Bewerbern stattfinden, doch die Anzahl war einfach noch nicht erreicht. Im Gebet fragte ich immer wieder: *„Gott, wir sind bereit, warum geht das nicht voran? Es werden doch Pflegefamilien benötigt."*

Endlich, im Mai 2014, hatten wir an zwei Samstagen ein Seminar. Hier wurde im Detail informiert, was eine Pflegefamilie alles mitbringen sollte und was ein Pflegekind alles mitbringen kann. Nach diesem Seminar sollten wir uns dann nochmals bewusst Gedanken machen, ob wir immer noch Interesse hatten. Für mich war das von Anfang an klar, und für meinen Mann nun auch. Er meinte nur: *„Dann rufst du morgen im Jugendamt an und gibst Bescheid."* Wow, jetzt wurde es Ernst. Bereits Ende Mai hatten wir ein Gespräch mit den Mitarbeiterinnen des Jugendamts bei uns zu Hause. Nun waren wir im offiziellen

Bewerberpool und konnten jederzeit angerufen werden, sofern ein Kind zu uns passen würde. Jetzt wurde es spannend. Es konnte jeden Tag so weit sein.

Ende Juli war es dann so weit, ich weiß es noch ganz genau. Ich war gerade in der Umkleidekabine einer Modeboutique, als ich DEN BESONDEREN ANRUF bekam. *„Frau B., wir hätten jetzt eine Anfrage für ein fast zweijähriges Mädchen."* Daraufhin antwortete ich: *„Ähm, ich bin gerade in einer Umkleidekabine, könnte ich mich nachher zurückmelden?"* Meine Shoppingtour habe ich dann sehr schnell beendet und bin auf direktem Weg nach Hause gefahren, um die Mitarbeiterin des Jugendamts zurückzurufen.

Das Mädchen kam dann Anfang August zu uns! Gottes Zeitplan war genau richtig. Wir hatten als Familie einfach noch eine „Reifezeit" gebraucht. Die Sommerferien und Urlaubszeit hatte begonnen, sodass wir uns nun zu fünft ohne Alltagshektik aneinander gewöhnen konnten. So sind wir Stück für Stück als Familie zusammengewachsen.

Zwei Jahre später war für uns klar: Wir sind noch nicht vollständig. So haben wir uns nochmals beim Jugendamt gemeldet. Daraufhin kam auch eine Anfrage – jedoch war der Zeitpunkt für uns als Familie nicht passend, da wir einen Todesfall im engeren Familienkreis hatten. So lehnten wir erstmal ab.

Nach dieser Anfrage herrschte eine gefühlte Ewigkeit „Funkstille". Wir waren aber überzeugt, dass Gott auch dieses Mal wieder am besten wusste, welches Kind zu uns passte. Deshalb waren wir voller Erwartung und Vorfreude auf das, was noch kommen würde. In der Zeit des Wartens begann ich sogar, ein weiteres Kinderzimmer einzurichten – als wäre ich schwanger und würde mich auf die Ankunft meines Babys vorbereiten.

Seit Ende Juli 2018 bereichert nun noch ein weiteres Kind, ein Junge, unser Familienleben. Er ist mittlerweile viereinhalb Jahre alt. Auch hier durften wir sehen, wie Gottes Zeitplan einfach perfekt war!

Ich bin heute noch froh und dankbar darüber, wie Gott unsere Lebensplanung gestaltet und was er mit uns vorhat. Wir sind als Familie in unserer Berufung angekommen, und es fühlt sich richtig an. Natürlich hat man immer wieder Höhen und Tiefen, aber so ist das Leben. Daher sind wir dankbar, dass es einen wunderbaren Gott gibt,

Gott weiss genau, was wir zu welcher Zeit brauchen.

der uns in allen Lebenssituationen zur Seite steht. Er weiß genau, was wir zu welcher Zeit brauchen. Genau das vermitteln wir auch unseren Pflegekindern.

Doch Jesus sagte: „Lasst die Kinder zu mir kommen und haltet sie nicht zurück, denn Menschen wie ihnen gehört Gottes himmlisches Reich" (Matthäus 19,14 HFA).

Annika B. I Jg. 1984 I verheiratet I 2 leibliche und 2 Pflegekinder I Landkreis Heilbronn I Pflegemutter

Ängste und Überforderung – Wie Gott in den kleinen Dingen wirkt

Als ich die Anfrage bekam, einen Text für dieses Buch zu schreiben, war ich erstmal total begeistert, denn was gibt es Besseres, als andere Menschen durch eine persönliche Erfahrung mit Gott zu ermutigen und seine Liebe zu verbreiten? Doch sogleich stiegen auch Zweifel in mir auf, denn worüber sollte ich überhaupt schreiben? Mir fiel einfach keine krasse Geschichte ein, welche in meinen Augen gut genug gewesen wäre. Je mehr ich drüber nachdachte, desto langweiliger erschien mir mein bisheriges Dasein. Außerdem habe ich doch viel zu wenig Lebenserfahrung mit meinen 19 Jahren, um dieser Aufgabe gerecht zu werden, oder nicht?

Ich zerbrach mir tagelang den Kopf darüber, sodass langsam die Panik in mir hochstieg und ich mir unglaublichen Druck deswegen machte. Ich war tatsächlich kurz davor abzusagen, aber irgendwas in mir wehrte sich dagegen, denn eigentlich wollte ich so eine einmalige Gelegenheit auch nicht ausschlagen.

Ich sprach mit Freunden darüber und betete zu Gott, was ich jetzt am besten machen solle, und immer mehr bekam ich das Gefühl und die Rückmeldung, dass Gott gerade in den kleinen Dingen groß ist und dass es keine krasse Geschichte braucht, um von ihm zu erzählen

und Mut zu machen. Sind es nicht sogar eher die alltäglichen Erlebnisse mit Gott, die ihn greifbar machen und den Menschen, die bisher
noch nicht so viele Berührungspunkte mit ihm hatten, zeigen, dass er
für jeden nahbar ist, und sie ermutigen, einen Schritt auf ihn zuzu-
machen?

Die endgültige Bestätigung hatte ich dann, als ich mir nochmals
die Mail mit den Infos zu diesem Buch anschaute und las:
„Keine Geschichte, in der Gott bei dir gewirkt hat, ist
zu gering."

Da merkte ich, dass bereits auf dem Weg zu der
Entscheidung, diesen Text zu schreiben, Gott schon
bei mir gewirkt hatte, weswegen ich dieses Projekt
in seine Hände abgab und nun auf sein Wirken vertrauen will.

Gott
hat schon
bei mir ge-
wirkt.

Ich habe tatsächlich oft mit solchen Ängsten und dem Gefühl der
Überforderung zu kämpfen, da ich mir häufig sehr viel Druck mache,
perfekt sein zu wollen. Mein Antrieb beruht dann fälschlicherweise
auf Leistung und Anerkennung, und meine Gedanken sind voller Sorgen, was noch mehr Stress und Druck in mir auslöst, sodass ich in einem Teufelskreis gefangen bin. Selbst wenn ich etwas erreiche und
Anerkennung bekomme, genügt mir das nur kurz, und ich denke direkt an die nächste Aufgabe, die ich schaffen muss.

In der Schule ging das sogar so weit, dass ich mit jeder Note schlechter als einer Eins unzufrieden war und mich selbst fertigmachte. Den
bisher größten Rückschlag erlebte ich, als ich beim Abitur nicht meinen
Traumschnitt erreichte, auf den ich all die Jahre hingearbeitet hatte,
und das alles nur, weil ich eine Abiturklausur vermauen hatte. Von außen mag das auf andere ziemlich lächerlich gewirkt haben, aber für
mich brach eine ganze Welt zusammen und ich fühlte mich einfach
nur noch ausgelaugt und leer.

Obwohl ich Gott oft hintenangestellt und in den falschen Dingen
Erfüllung und Bedeutung für mein Leben gesucht hatte, ließ er mich
auch an meinen tiefsten Punkten nicht allein und bereitete den richtigen Weg für mich vor. Ein paar Monate zuvor hatte ich mich nämlich
dazu entschieden, nicht sofort zu studieren, sondern erstmal ein Freiwilliges Soziales Jahr im Bereich Sportmission beim CVJM zu machen.
Jetzt, im Nachhinein, glaube ich, dass das Gottes Führung war, denn
hätte ich mich direkt ins Studium gestürzt, wäre ich wahrscheinlich
an dem Druck und den eigenen Ansprüchen zerbrochen.

Allein im ersten halben Jahr des FSJ habe ich bereits sehr viel dazugelernt und bin in meinem Glauben und in meiner Persönlichkeit gewachsen. Ich falle zwar immer noch regelmäßig in alte Verhaltensmuster zurück und bin geplagt von Selbstzweifeln und Unsicherheiten, aber der entscheidende Unterschied ist, dass ich all meine Sorgen vor Gott niederwerfe und mich ihm ganz hingebe. In solchen Momenten bete ich, mache Lobpreis, lese in der Bibel oder spreche mit den wundervollen Menschen, die Gott mir zur Seite gestellt hat. Letztendlich ist es ein Prozess, doch mit Gott an meiner Seite bin ich sicher und auf dem richtigen Weg und darf immer wieder erfahren, wie gut er ist und dass er alles ist, was ich brauche.

Vor ein paar Tagen las ich in der Bibel einen Vers, der mir genau das nochmal vor Augen führte, und den ich auch hier teilen möchte: *„Wer aber von dem Wasser trinkt, das ich ihm gebe, der wird nie wieder Durst bekommen. Dieses Wasser wird in ihm zu einer nie versiegenden Quelle, die ewiges Leben schenkt"* (Johannes 4,14 HFA).

Nur Gott kann uns diese Erfüllung und Bedeutung schenken, nach der wir so sehnlichst suchen, denn weltliche Dinge, wie Anerkennung, Macht oder Reichtum, werden nie genug sein, um dieses Bedürfnis zu stillen; und je mehr wir versuchen, es dort zu finden, desto mehr machen wir uns selber kaputt.

Gott schenkt Erfüllung und Bedeutung.

Ich glaube, das ist ein Thema, was nicht nur mich, sondern unglaublich viele Menschen beschäftigt, weswegen ich dazu ermutigen will, dass auch du deine Sorgen immer und überall zu Gott bringen kannst, wenn du dich in so einem Muster wiederfindest.

Aber er hat zu mir gesagt: „Meine Gnade ist alles, was du brauchst! Denn gerade, wenn du schwach bist, wirkt meine Kraft ganz besonders an dir. Darum will ich vor allem auf meine Schwachheit stolz sein. Dann nämlich erweist sich die Kraft von Christus an mir" (2. Korinther 12,9 HFA).

Svenja Kühner | Jg. 2002 | Warburg | FSJ in Karlsruhe bei JUMP Sportmission, CVJM Baden

Unser Sonntagswunder ...

Mein Mann Andi und ich haben 4 Kinder, die im Alter von 5 bis 10 Jahren sind, und seit einigen Jahren besitzen wir ein schwarzes „Bussle", in das wir alle gut reinpassen und mit dem wir gerne gemeinsam unterwegs sind. Wer Kinder hat, weiß, dass deren Unterhaltung im Auto eine wichtige (und manchmal auch nervenaufreibende) Sache ist, vor allem bei längeren Fahrten ... Da unsere Mädels auch zu Hause die Unterhaltung lieben, haben wir über die Jahre viele, viele CDs angesammelt: Kinderlieder und spannende Hörspiele unterschiedlichster Art für verschiedene Altersstufen. Jetzt hatte aber unser neues Auto kein CD-Fach mehr, sondern nur noch USB-Anschluss oder andere Verbindungen.

Also beschlossen wir, uns einen USB-Stick zu kaufen, auf den wir alle unsere Kindermedien und zusätzlich natürlich auch noch Musik für uns Erwachsene draufladen wollten, um diesen dann ausschließlich in unserem Auto zu nutzen. Wer solch eine Arbeit schon mal gemacht hat, weiß, wieviel Zeit und Aufwand dorthinein investiert werden muss ... Es kam dann irgendwie so, dass dieser Stick auch unser Speicher für alle diese Kinder-CDs war und sie sonst nirgendwo anders digital gespeichert waren.

Nachdem diese bestimmt 50 CDs plus einige MP3-Dateien schließlich auf dem einen Stick zusammengefasst waren, war jede Autofahrt ein Genuss. Wirklich. So viel Auswahl und Vielfalt und Möglichkeiten! Natürlich gab es Differenzen über die Präferenz der Reihenfolge und Art der CD, aber wenn das mal ausdiskutiert war, hörten alle aufmerksam zu. Inklusive der Eltern. Wie schön.

Dann kam das Wochenende, an dem wir unser Bussle für einen Junggesellenabschied verliehen. Bei der Übergabe war mir ganz, ganz wichtig, dass unser Stick auf keinen Fall abhandenkommt, weil ich wusste, dass wir in ein paar Wochen eine ca. 12-Stundenfahrt in den Sommerurlaub vor uns hatten. Ich dachte mir, dass es schlauer wäre, den Stick ganz aus dem Auto zu nehmen, damit die Partygesellschaft ihn ja nicht verschlampt. Deshalb nahm ich ihn aus dem Auto heraus und steckte ihn in meine Hosentasche ...

Nach diesem Wochenende bekamen wir unser Auto frisch geputzt und in Top-Zustand zurück, einzig und allein der Stick war nicht mehr aufzufinden! Ich wusste nicht mehr, wo ich in abgelegt hatte, oder ob ich ihn überhaupt abgelegt hatte, oder sonst was! Schock, schwere Not!

Nachdem ich meinem Mann mit zerknirschten Zähnen den Verlust gebeichtet hatte (ihm wäre das nie passiert!), begann das große Suchen.

Wir haben unser Auto mehrmals grundgereinigt, alle Sitze raus, alles unter- und abgesucht, oft, oft gebetet, die Garage durchsucht, den Gang, das ganze Haus, Autos von anderen Leuten, die Kinder mit Belohnungen zum Suchen animiert (*„Wenn wir ihn finden, kriegt jeder 2-3 Donuts!!!"*). Er war unauffindbar! Immer wieder kam mir eine neue Idee, wo ich noch suchen konnte, aber jedes Mal Fehlanzeige. Bei jeder Autofahrt war uns das Fehlen unseres USB-Sticks schmerzlich bewusst ...

6 Monate vergingen und jeder suchte immer wieder und scheute sich daran zu denken, wieviel Zeit und Arbeit wir verloren hatten und aufwenden müssten, wenn wir ihn nicht finden würden, weil sich die digitalisierten Versionen der CDs ja ausschließlich auf diesem Stick befanden.

Eines Sonntagmorgens, vor einer Ausflugsfahrt, sagte ich schließlich zu meinem Mann: *„Komm, jetzt müssen wir endlich mal anfangen, unsere ganzen CDs wieder auf den Computer zu übertragen, damit wir sie auf einen neuen Stick laden können und endlich wieder Musik und Hörspiele im Auto haben. Irgendwann müssen wir ja damit anfangen."* Andi schaute mich an und sagte: *„Nein! Wenn, dann übertragen wir nur die neuesten CDs, weil wir ja glauben und erwarten, dass wir den USB-Stick wiederfinden! Dann haben wir ja die alten CDs wieder."*

„Was für einen Glauben dieser Mann hat", dachte ich still bei mir. *„Schon so lange suchen wir den Stick jetzt und haben ALLES mehrmals untersucht, da wäre es doch ziiiiiiemlich unwahrscheinlich, dass der jetzt noch irgendwo rauskommt. Aber gut"*, dachte ich, *„das ist echt Glaube, da mach ich mit. Ich weiß ja, dass Gott alles kann."*

An diesem Sonntagabend kamen wir von unserem Ausflug zurück und luden die Kinder, samt ihren Mützen und dicken Winterjacken aus dem Auto aus. Da stieß Andi plötzlich ein lautes *„Woah!"* aus. Unser langgesuchter USB-Stick war aus dem Auto herausgefallen, direkt vor seine Füße! Halleluja! Das konnte doch echt nicht wahr sein! Niemand wusste, wo genau er hergekommen war, und eigentlich war das auch nicht möglich, wir hatten ja 100-mal alles abgesucht! Aber: Gott tut Wunder! Er kann alles!

Gott tut Wunder! Er kann alles!

Diese Story erfüllte mich so mit staunender Dankbarkeit und dem Bewusstsein der Kraft des Glaubens, dass ich sie unbedingt weitererzählen wollte, weil ich dachte, dass andere Menschen bestimmt auch so ermutigt werden und neuen Glauben für Dinge bekommen würden. Das hatte ich gelernt, dass das die Kraft des Zeugnisses ist: Was Gott einmal tut, das kann er wieder tun! Also nahm ich die Geschichte am nächsten Morgen auf Video auf und schickte sie in die Mama-Ermutigungsgruppe „Mut4Mamis" und veröffentlichte sie online auf meinem Kanal bei YouTube, den ich ein paar Monate zuvor eingerichtet hatte.

Was Gott einmal tut, das kann er wieder tun!

Ungefähr 4 Wochen später erhielt ich eine Nachricht von Sissi, einer Frau, die ich nicht kannte, in der sie sich für eben dieses Video bedankte, da daraus ihr persönliches Wunder entstanden sei:

Sie erzählte mir, dass sie und ihre Familie schon mehrere Jahre auf der Suche nach einem Haus seien und diese Suche sich aber sehr schwer gestaltet habe und einfach nichts Passendes zu finden gewesen sei, sodass sie nun nach dieser langen Zeit ganz verzweifelt gewesen war und ihre Hoffnung und auch den Glauben daran verloren hatte. In dieser Situation befand sie sich, als sie mein Video anschaute und dann abends in ihrem Bett so dachte: *„Also Gott, wenn du dieser Familie ihren Stick geschenkt hast, der anscheinend so wichtig für sie war, dann kannst du uns auch ein Haus schenken!"* Und so betete Sissi mit neuem Glauben und neuer Hoffnung und legte ihren Wunsch nach einem Haus ganz neu in Gottes Hände.

„Und ob du es glaubst, oder nicht", am nächsten Morgen entdeckte sie in ihrem Postfach eine Nachricht, geschrieben am Abend davor! Von jemandem, der ihnen seine Doppelhaushälfte zum Kauf anbot!!! Er wolle gerne an eine Familie verkaufen, die schon lange etwas suche, weil er selber auch lange auf der Suche nach einem Haus gewesen sei. Sie konnten ihr Glück kaum fassen und dürfen sich zum jetzigen Zeitpunkt Besitzer eines Eigenheims nennen! HALLELUJA! Danke, Jesus! Gott tut Wunder!

Du • 🙏 Mut4Mamis 2 💎
https://youtu.be/Ohui9LeOxKw

Hallo Sarah, danke für dieses coole Video und deine Botschaft - daraus ist mein persönliches Wunder entstanden 🤗😍. Sprachi folgt 😊

13:09

3:21   13:12

Gib deinen Glauben nicht auf!

Vielleicht steckst auch du gerade in einer Situation, die hoffnungslos scheint und in der du keinen Glauben mehr hast. Vielleicht betest du schon lange und es verändert sich nichts. Dann möchte ich dir heute sagen: Gib deinen Glauben nicht auf! Lege das, was dich belastet, in Gottes Hände, egal wie groß oder klein es ist, und bitte ihn einzugreifen. Vertraue ihm deine Lasten an und glaube, dass er Unmögliches möglich machen kann. Er interessiert sich für dich, er sieht dich und er liebt es, dich zu beschenken!

„Darum werft euer Vertrauen nicht weg, welches eine große Belohnung hat" (Hebräer 10,35).

Vielleicht hast du aber auch schon das ein oder andere Mal erlebt, wie Gott Dinge in deinem Leben getan und verändert hat. Dann möchte ich dich auch dazu ermutigen: Erzähle es weiter! Egal wie klein oder groß es dir vorkommen mag. Sprich darüber, deine Worte haben große Kraft und sie beeinflussen Menschen mehr, als du denkst.

„So lasst euer Licht leuchten vor den Menschen, damit sie eure guten Werke sehen und euren Vater im Himmel preisen" (Matthäus 5,16).

Sarah Lauser I Jg. 1987 I verheiratet, 4 Mädels I Ermutigerin, Blog www.laususa.com I Sozialpädagogin, Autorin und bald zertifizierter Coach

Wenn Gott dir einen Traummann backt

Es war der 31.12.2015. Erst wenige Wochen vorher hatte ich mich von meinem damaligen Freund getrennt. Noch erschüttert von dieser neuen Situation, tieftraurig über das Scheitern dieser Beziehung und desillusioniert von der ganzen Sache mit der Partnersuche und der Liebe, saß ich im Café und schrieb Gott mein Herz aufs Papier. All meine Traurigkeit, all die Scherben der vergangenen Jahre, die ganze Geschichte meiner Partnersuche. Ich schrieb und schrieb und schrieb … und ließ los: *„Gott, hier hast du den ganzen Kram. Ich bin raus. Von nun an überlasse ich dir das Feld. Mach du – ich krieg's nicht hin!"*

Und nun zeigte der Kalender den 31.12.2015 an. Mein altes Leben hatte ich nicht mehr. Wie sollte ich Silvester feiern? Eine Freundin kam auf die verrückte Idee, zu einer Single-Silvester-Party zu gehen. Ich war mir sicher: Ich will niemanden kennenlernen und hab aktuell null Interesse an einer Beziehung. Aber gut – warum nicht mitkommen, um sie in ihrer Partnersuche zu unterstützen? Und Spaß haben werden wir allemal auf der Party, warum also nicht?! Und so trafen wir uns an diesem Tag und machten uns fertig. Ich war überhaupt nicht aufgeregt, schließlich hatte ich nichts zu verlieren, denn das hatte ich doch erst kürzlich. Ich wollte erst einmal keinen neuen Mann gewinnen, sondern einfach nur einen coolen Abend haben.

Wir kamen an der Party-Location an. Da, wo ich eine stylische Lounge-Atmosphäre erwartet hatte und gedimmtes Licht, begrüßte mich stattdessen ein grell ausgeleuchteter Raum. Die Single-Menschen – vor allem die Männer – waren durchschnittlich deutlich älter als ich. Meine Freundin und ich nahmen an einem Gruppentisch Platz und wir versuchten mit den anderen Gästen am Tisch ins Gespräch zu kommen. Aber schnell wurde vor allem meiner Freundin deutlich, dass sie sich gar nicht wohlfühlte. Irgendwie sprang der Funke zwischen ihr und dieser Veranstaltung nicht über.

Ich merkte das zwar, war aber innerlich gewillt, das Beste aus diesem Abend zu machen. Ich war gut drauf, lachte viel, vielleicht sogar besonders viel, weil ich die gesamte Situation – uns auf einer Single-Silvester-Party – urkomisch und irgendwie irreal empfand. Ich war gut drauf und amüsierte mich über die Luftballons, die bis zum Anschlag vollgepustet waren und dementsprechend immer wieder von verschiedenen Seiten einen lauten Knall abgaben. Auch das Essen schmeckte uns irgendwie nicht. Die Drinks fanden wir langweilig. Während ich die Geschichte gerade schreibe, denke ich: Mann, sind wir verwöhnt und anspruchsvoll! So sorry – aber irgendwie hatten wir was anderes erwartet.

Beim Dessert kam ich mit dem einzigen Mann in meinem Alter ins Gespräch. Wir unterhielten uns nett über dies und das, was wir so beruflich machen und so ... ein sehr lockeres Kennenlernen, während wir unser Dessert löffelten. Das Gespräch war sehr angenehm und sympathisch, und so holte er sich kurz darauf einen Stuhl und setzte sich zu unserem Gruppentisch. Wir lachten und redeten und hatten einfach eine gute Zeit miteinander, als wir vom legendären Luftballon-Tanz unterbrochen wurden.

Nun hieß es, dass sich jeder Mann eine Frau für den Luftballon-Tanz auswählen dürfe. Er und ich fanden diesen Programm-Punkt irgendwie urkomisch und schon ein wenig „weird" (sonderbar), und so war klar, dass wir diesen Programm-Punkt zusammen überstehen wollten. Auch bei diesem Tanz redeten wir ununterbrochen weiter und schauten uns in die Augen und redeten und tanzten und schauten uns in die Augen ... bis die Wahrheit plötzlich in mein Herz krachte – mit voller Wucht und Klarheit: *Diesen Mann wirst du heiraten, Nelli.*

Das wusste ich plötzlich sonnenklar. Ich fühlte mich bei ihm so wohl, wie noch nirgendwo sonst. Ich spürte ein unbegreifliches Vertrauen ihm gegenüber, ohne ihn groß zu kennen. Die Gespräche waren lustig und gleichzeitig tiefgründig. Ich hatte das Gefühl, meinen „langjährigen besten Freund" nach vielen Jahren endlich wiederzusehen und ihm alles erzählen zu müssen, was so in den letzten Jahren passiert ist.

Das war der Mann von meinem Wunschzettel im Herzen.

Er erzählte mir, dass er Fotograf ist, Chemie-Ingenieur, gerne verreist, ein Herz für Jugendliche hat, Jesus ohne Ende liebt. Wow – dabei dieses Leuchten in seinen Augen und diese tolle Ausstrahlung. Ein Mann wie aus dem Bilderbuch, exakt auf mich zugeschnitten. Genauso hatte ich mir immer den Mann für mein Leben vorgestellt. Das war der Mann von meinem Wunschzettel im Herzen. Von dem Wunschzettel, den ich desillusioniert und enttäuscht zerknüllt und in meinen imaginären Papierkorb geworfen hatte, weil es diesen Mann wohl nicht gab und ich so einen nirgendwo kennenlernen würde.

Und nun – stand er da vor mir. Lachte mich an, stellte mir viele Fragen, tanzte mit mir bis in die Morgenstunden. Seine Art löste in mir viele Gefühle aus, und jede Sekunde bei ihm fühlte sich an wie ein Film-Moment. Als er mal kurz aufs Klo musste, flüsterte er mir zu: *„Bitte warte hier auf mich. Nicht, dass du, wie in einem Film, gleich weg bist und ich dich nie wiedersehe."* Ich wartete – und ob ich wartete. Ich war von ihm begeistert und fühlte so viele Schmetterlinge in meinem Bauch: Tatsächlich, ich hatte mich Hals über Kopf verliebt.

Er kam zurück und der ewige Tanz ging weiter. Obwohl er nicht der Macho-Typ ist – also gar nicht – fing er an, mich mit Komplimenten zu umgarnen. Ja – es waren Momente, in denen unsere Zeit stehenblieb. Sie wirkten irreal und ganz und gar himmlisch. Auch für ihn wurde an diesem Abend klar, dass ich seine Frau fürs Leben werden sollte. Später erfuhr ich von ihm, dass er zu Hause zu seinen Eltern sagte: *„Ich habe die Frau für mein Leben kennengelernt."* Gott schenkte uns beiden diese Gewissheit ins Herz – welch ein Geschenk!

Auf dem Weg nach Hause ließ ich im Auto meinem Frust freien Lauf. Ja – Frust, weil ich mich emotional noch gar nicht für eine nächste Dating-Phase bereit fühlte. Warum jetzt, Gott – mitten in meinem Trennungs-Gefühlschaos – dieser umwerfende Mann? Der Zeitpunkt hätte nach meinem Geschmack nicht schlechter gewählt sein können – hatte ich doch die Trennung noch gar nicht verarbeitet. Gleichzeitig wusste ich im Herzen: *Ich kann mich jetzt aufregen und sauer sein, weil mir der Zeitpunkt nicht passt und ich lieber noch etwas im Selbstmitleid schmoren will.* Ja, ich kann dieses Geschenk von Gott sogar ablehnen und daran vorbeigehen. Oder aber Gottes Geschenk in Dankbarkeit annehmen und mich darüber freuen. Ja – und sogar Gott mein Vertrauen schenken, dass er am besten weiß, welcher Zeitpunkt gut und sinnvoll für den Start unserer gemeinsamen Geschichte ist.

Ich entschied mich für das zweite. Und so traf ich ihn nach nur zwei Tagen wieder. Wir verbrachten 13 Stunden zusammen und erlebten all das, wozu andere vielleicht mehrere Dates benötigen: Wir gingen Kaffeetrinken und ins Restaurant, spazieren und redeten ohne Ende. Wir erlebten Regen und Sonne und Kälte. Ganz ehrlich sprachen wir miteinander, und ganz ehrlich und direkt sagte er mir auch, dass er mit mir zusammenkommen will. Ganz ehrlich erzählte ich ihm von meinen Ängsten, weil ich doch erst in einer Beziehung gewesen war. Was würden die Menschen sagen? Da ich wusste, dass er der Mann für mein Leben war, nur über den Zeitpunkt so unglücklich war, schlug ich ihm vor, zunächst mit einer mehrmonatigen Brieffreundschaft zu beginnen. Davon war er nicht begeistert – er wollte gleich in eine Beziehung starten, worauf sollten wir mit Ende 20 noch warten?

Irgendwann standen wir vor der Pizzeria, und ich fasste meinen Mut zusammen und gab ihm einen kleinen Kuss. Er fragte mich: *„Darf ich das als ein Ja von dir annehmen?"* Ich sagte: *„Ja, aber ich habe noch Angst."* Er meinte: *„Ich nehme lieber ein Ja mit Angst, als eine lange Brieffreundschaft."* Wir lachten und gingen glücklich in die Pizzeria. Wir bestellten uns ein leckeres Essen – aber bekamen beide kaum einen Bissen runter. In mir kam der Gedanke auf: *„Was ist das bitte für ein wahnsinnig toller Mann – oh, mein Freund! Dabei kenn ich ihn noch kaum. Jetzt heißt es, meinen Freund kennenzulernen. Den Mann, mit dem ich mein Leben verbringe."*

Gott hat meine Scherben aufgekehrt.

Aufregende Zeiten, die für uns unvergessen bleiben! Nur sechs Wochen später machte er mir einen Heiratsantrag in der Kirche „Michel" in Hamburg. Und nach neun Monaten Beziehung waren wir bereits verheiratet. Ja – das Tempo war manchmal ein wenig überfordernd – übrigens nicht nur für uns. Aber da wir keinen Zweifel in uns trugen, gingen wir eben gleich fokussiert auf die gemeinsame Zukunft und Hochzeit zu.

Wenn ich heute an diese ersten Momente unserer Beziehung denke und an das Kennenlernen, den ersten Kuss, der ewige Tanz, das längste Date unseres Lebens … wow, dann erfüllt sich mein Herz mit

unbeschreiblich viel Dankbarkeit. Gott hatte all meine Scherben aufgekehrt – und die Sache mit den Männern einfach mal in die Hand
genommen, mir einen Mann vorgestellt, der so unbeschreiblich gut
zu mir passt, der mein Gegenüber ist, mein bester Freund, mein Geliebter, mein Wegbegleiter, und mit dem ich – was mir am allerwich-
tigsten war und ist – Jesus nachfolgen kann.

Jesus nachfolgen, in leichten und in schweren
Zeiten. Davon können wir ein Liedchen singen.
Auch wenn unser Weg so zuckersüß und wie in
einer Schnulze begonnen hatte, so warteten auch
Herausforderungen auf uns: Der Umgang mit der
Kinderlosigkeit, Christians Depression, einige Fragen im Blick auf unsere Zukunft. Doch führten all
diese Situationen dazu, dass wir uns noch tiefer
lieben und schätzen lernten. Wir erleben, dass Gott
unsere Liebe größer und tiefer werden lässt – trotz
oder vielleicht gerade durch manche stürmische
Zeit im Leben. Aber: Mit Jesus im Team sind wir sicher. Er führt uns, und wir werden ihm folgen.

Nelli Bangert | Jg. 1987 | verheiratet | Linsengericht | Autorin, Redak-
teurin, Referentin | www.nelli-bangert.de

Anstatt Abenteuerbücher – Abenteuer mit Gott

Ich bin während des Kommunismus in einer deutschstämmigen Familie
in Rumänien aufgewachsen, als viertes von sechs Kindern. Meine Eltern lehrten mich schon früh zu beten und Gott zu vertrauen, was
wir als 8-köpfige Familie auch dringend nötig hatten, weil die Läden
ziemlich leer waren.

Mit der Zeit fand ich unser Leben richtig spannend, weil wir viele
kleine und größere Wunder mit Gott erlebten:

Ich lernte zu beten für Kleidung, die ich mir wünschte und die es nicht
zu kaufen gab; für Dinge, die ich verlor, damit ich sie wiederfinde:
verlorene Armbanduhren, Handschuhe usw.; für Lebensmittel, die es
nur selten gab, und dafür, dass unser Geld bis zum Ende des Monats
reichte, damit wir genügend zu Essen hatten. Und siehe da, auch
wenn wir die Münzen aus allen Jackentaschen sammeln mussten,

reichte es aus. Wir beteten auch, wenn wir krank waren, und erlebten, wie es schnell besser wurde.

Wir beteten um Bewahrung, wenn die Geheimpolizei meinen Vater verhörte, ob wir in letzter Zeit Bibeln erhalten hatten. Und immer wieder erlebten wir, dass Gott unsere Gebete erhörte.

Es war verboten, Bibeln zu empfangen und zu verteilen.

Gott erhört Gebete. Wenn man erwischt wurde, konnte einem Gefängnisstrafe drohen. Touristen wurden an der Grenze beim Einreisen immer wieder gefragt, ob sie Waffen oder Bibeln dabeihätten. Anscheinend waren beide gleich gefährlich für den Kommunismus, denn durch die Bibel konnten wir lernen, Gott mehr zu gehorchen als den Menschen und in unserer Weltanschauung frei zu werden.

Mein Vater weigerte sich, in die kommunistische Partei einzutreten, obwohl er dadurch viele materielle Vorteile erhalten hätte, wie z. B. eine größere Wohnung, Zugang zu Lebensmitteln, die es nicht im Laden gab, usw. Grund für seine Weigerung war, dass er hätte schwören müssen, der kommunistischen Partei treu zu sein und zu tun, was sie ihm sagte. Aber wie hätte er das tun können, nachdem er wusste, dass in den 60er Jahren der Präsident den Befehl gegeben hatte, die Bibeln, die ins Land gebracht wurden, zu Toilettenpapier zu verarbeiten? Mein Vater sah einen Zusammenhang zwischen dieser Entscheidung des Präsidenten und der wirtschaftlichen Krise, welche unmittelbar danach folgte. Tatsächlich kann ich mich an die Jahre davor erinnern, in denen es noch, ohne Schlange zu stehen, Wurst und Käse in Fülle zur Auswahl im Laden gab.

Natürlich hatte die Weigerung, in die Partei einzutreten, Folgen für meinen Vater. Er verlor seinen Job, als Vater von damals noch 5 Kindern. Die Mutter meiner Mutter lebte seit der Entlassung aus der Zwangsarbeit zum Wiederaufbau Russlands in Amerika. Wir hatten jedoch wenig Kontakt zu ihr, und ich habe sie nie kennengelernt. In dieser Krise half sie uns jedoch, als Familie das Einbürgerungsrecht für Amerika zu erhalten.

Mein Vater fand aber keinen Frieden darüber, dieses Angebot anzunehmen. Er wusste, dass er in seinem Beruf dort keine Arbeit finden würde, und machte sich auch Sorgen darum, dass seine Kinder durch den Wohlstand Gott vergessen könnten. Er besprach das mit uns, und wir standen voll hinter seiner Entscheidung, die Einreise nach Amerika abzulehnen, wenn er keine Berufung von Gott dafür erhalte. Zwei

Wochen später bekam er seinen Job als Forstingenieur zurück, ohne dass er Parteimitglied wurde, weil er sehr gut in seinem Beruf war und sie ihn brauchten.

Trotzdem hütete sich mein Vater nicht davor, Menschen aus dem Ausland zu empfangen, die uns halfen, in unserer Beziehung zu Gott zu wachsen. Wenn er verhört wurde, gab er an, keine Bibeln erhalten zu haben. Dass meine Mutter diese empfing und mit unserer Hilfe schnell versteckte und später verteilte, verriet er nicht. Und Gott hielt seine schützende Hand über uns. Als eines Nachmittags in unserer kleinen 3-Zimmer-Wohnung eine spontane Hausdurchsuchung gemacht wurde, waren meine Mutter und meine Schwester alleine zu Hause. Meine Mutter hatte die Weisheit zu sagen: *„Wir haben nur das, was sie hier sehen"* und zeigte damit auf das Bücherregal, in dem ein paar kleine Porzellanfiguren vor den Büchern standen. Die Geheimpolizei war wie geblendet. Sie sahen die Bibel nicht und auch nicht die Bücher, nach denen sie gefragt hatten. Dann öffneten sie die Schubladen einer Kommode, alle außer der obersten, in der wir Predigt-Kassetten und christliche Musik-Kassetten aufbewahrten, was verboten war, und fanden nur Socken von uns Kindern. Somit wurden wir wieder bewahrt.

Bis heute danke ich Gott für das reiche Erbe an Gottvertrauen und Risikobereitschaft, das mir meine Eltern mitgegeben haben.

Ich betete als Teenager zu Gott: *„Gott, ich möchte nicht viele Abenteuerbücher lesen, sondern ich bitte dich, mein Leben zu einem Abenteuer mit dir zu machen."*

Das tat Gott dann auch, indem ich lernte, meinem himmlischen Vater meine Anliegen sehr konkret zu formulieren und ihn vertrauensvoll darum zu bitten.

Nach dem Fall des Kommunismus waren die Menschen in Rumänien sehr interessiert daran, Bibeln zu erhalten, und wollten unbedingt mehr von Gott erfahren. Ich war 18 Jahre alt, hatte mein Bacalaureat (Abitur) hinter mir, und der Großteil meiner deutschstämmigen Kollegen und Freunde wanderte nach Deutschland aus. Trotz Einbürgerungsrecht in Deutschland wollte ich aber die Chance nicht verpassen, den Menschen in Rumänien jetzt die Bibel zu bringen und ihnen die gute Nachricht zu erklären, was früher nur eingeschränkt und unter Gefahr möglich gewesen war.

So bat ich Gott, mir einen Mann aus Deutschland zu schicken, der ein Herz für Rumänien hatte und bereit war, eine Zeitlang dort zu wohnen. Das schien ziemlich unmöglich, da Rumänien noch sehr arm war und alle eher ausreisen wollten. Ein Jahr später lernte ich ihn kennen. Gott hatte Christoph, der im Schwarzwald wohnte, Rumänien aufs Herz gelegt. Er wollte nach dem Abi ein Jahr in Rumänien mitarbeiten und sich während dieser Zeit überzeugen, ob Gott ihn gerufen hatte, oder ob es nur Abenteuerlust war. Daraus wurden für ihn dann 15 Jahre in Rumänien.

Wir arbeiteten unter anderem unter der türkischen und tatarischen Minderheit in Rumänien, wo es viele Analphabeten gab, halfen Menschen, den Glauben an Gott zu finden, und nahmen ein Straßenkind auf, das bis heute wie unser Sohn ist. Er hat inzwischen eine Frau und zwei Kinder, für die wir Oma und Opa sind.

Gott kümmert sich wie ein Vater.

Es war nicht immer leicht, in Rumänien zu leben, und obwohl es inzwischen fast alles zu kaufen gab, überraschte uns ein harter Winter, und die einzigen Stiefel meines Mannes, der Schuhgröße 48 hat, gingen kaputt. In Rumänien wurden Schuhe nur bis Größe 46 verkauft, und wir konnten erst im Frühjahr nach Deutschland. So ging ich ins Zentrum und bat Gott um ein Wunder. Wir waren doch ihm zuliebe in Rumänien geblieben. Als ich mich umsah, bemerkte ich, dass bei einem Laden gerade neue Schuhe geliefert wurden. Es waren Winterstiefel, die für Deutschland hergestellt und aus irgendeinem Grund abgelehnt worden waren. Als ich nachfragte, hatten sie tatsächlich die Schuhgröße meines Mannes! Das kam einmal vor, danach nie wieder. Ebenso betend, fand ich Pullis mit extra langem Arm für ihn, als er diese brauchte; auch die gab es nur ausnahmsweise.

In vielen kleinen und großen Situationen durfte ich erleben, dass Gott sich wie ein Vater um mich kümmerte, weil ich mich entschieden hatte, ihm zu erlauben, mein Vater zu sein.

Ich möchte dich als Leserin bzw. Leser ermutigen, das Abenteuer mit Gott zu wagen. Er erhört Gebet und er braucht dafür nur unser volles, kompromissloses Vertrauen.

Astrid Scharnweber | Jg. 1971 | verheiratet | Willsbach-Obersulm | Lic. Psychologin Univ. Bukarest | www.perspektiv-wechsel.info, www.membercarecenter.de

Unser David

Wir hatten einen kleinen Sohn, David. Er war ein quirliger, lebensfroher und gutherziger Junge – der Sonnenschein der Familie. Als David etwa 3½ Jahre alt war, sagte er beim Spielen und Kuscheln zu mir, dass Gott mit ihm gesprochen hätte. Ich dachte, er würde mir nun eine Geschichte erzählen wollen und fand es süß. Daher frage ich ihn, was Gott denn gesagt hätte, und David sagte: *„… dass er mich bald zu sich holt!"*

Was für ein Schock! Er sagte es so authentisch, dass ich ihm Glauben schenken musste.

Wir sprachen in der Familie darüber, aber es wollte außer mir keiner glauben. Verständlich. Man schiebt so eine schreckliche Tatsache lieber weg und tut es natürlich als „Kindergeschwätz" ab. Ich aber konnte diesen Moment, diese Aussage nicht mehr vergessen. Und so oft, wenn ich den kleinen Schatz im Arm hielt, dachte ich: *„HERR, ich weiß, du wirst mir dieses Kind irgendwann nehmen."* Ich spürte, dass das real war – dass ich es akzeptieren musste, auch wenn man das mit dem Verstand nicht erfassen kann.

David blieb erstmal gesund. Doch etwa zwei Jahre später saß er im Bett, weinte bitterlich und sagte: *„Mama, ich muss bald sterben, und das Schlimme ist, ich muss ohne euch gehen."* Ich versuchte ihn zu trösten, aber im Innern wusste ich ja, dass es irgendwann so sein wird. Und er wusste es auch.

David war Jesus sehr zugewandt. Er erzählte seinen Freunden immer wieder, dass sie an Jesus glauben müssen. Sie sollten sich vom Satan abwenden und an Jesus glauben. Das war eine wichtige Botschaft, die David stets weitergab. Auch seinen muslimischen und nichtgläubigen Freunden, gerade denen, legte er das ins Herz. Zu uns als Familie sagte er, dass nichts wichtiger sei als Gott. Geld sei nicht wichtig, nichts sei wichtig, außer nur Gott. Und das im Alter von nur 5 Jahren! Einmal sagte er zu mir, dass ich Gott mehr lieben müsse als ihn. Ein MUSS.

Eine Mutter liebt auf der Erde nichts mehr als ihre Kinder. Sie gibt ihr Leben für sie hin. In diesem Fall aber wusste ich, dass David recht hatte. Um das, was bevorstand, anzunehmen, MUSSTE ich Gott mehr lieben als ihn. Ich war und bin Mutter durch und durch. Für meine

Kinder kämpfe ich wie eine Löwin. Doch hier war klar, dass ich den Egoismus, dass unser Kind uns gehörte, aufgeben musste. Die Kinder, die wir bekommen, sind uns anvertraut. Aber sie gehören uns nicht. Sie sind und bleiben Kinder Gottes. Genau als das muss man sie sehen und behandeln. Kinder Gottes, die uns anvertraut wurden, damit wir sie erziehen und uns um sie kümmern. Aber sie sind nicht unser Eigentum.

An Weihnachten 2018 schielte David und bekam Kopfschmerzen. Am 28.12.2018 bekamen wir die Diagnose, dass David einen unheilbaren Hirntumor hatte, ein Ponsgliom. Man kann im Hirnstamm nicht operieren. Zum Arzt in der Klinik sagte ich weinend: *„Ja, David hat mir vor etwa zwei Jahren gesagt, dass Gott ihn zu sich nehmen würde."*

Und die Odyssee begann. Wir versuchten es mit Chemotherapie und Bestrahlung. Die Bestrahlung hat David nicht gut vertragen. Dennoch machten wir weiter und wir bekamen so ein paar Monate mit ihm geschenkt. Ohne Therapie wäre er innerhalb weniger Wochen verstorben. Wir haben so gehofft, dass Gott ihn vielleicht doch heilen würde. Ich glaube an Heilungswunder, da ich selbst welche erleben durfte. Daher hofften wir bis zum letzten Tag.

Doch David war schlauer. Im März 2019 sagte er uns, dass er eine Abschiedsparty machen wolle und dass wir Weihnachten vorfeiern müssten, da er an Weihnachten nicht mehr da sein würde. Er musste das von Gott gesagt bekommen haben, denn selbst die Ärzte konnten keine Prognose geben. Die Therapie schlägt bei jedem anders an.

Im Sommer schließlich träumte David dreimal den gleichen Traum. Darin wurde ihm gezeigt, wie er sterben würde. Der Traum war wie folgt: *„Ich werde dann immer schwächer und kann immer weniger. Und dann kann ich mich nicht mehr bewegen. Dann kann ich auch nichts mehr sehen und nichts mehr hören. Das dauert aber nur ganz kurz, so eine Minute (oder ein paar Minuten?). Und dann kann ich plötzlich alles wieder!"*

Ich fragte ihn: *„Und wo bist du, wenn du alles wieder kannst?"* Er sagte: *„Im Himmel!"* *„Wirklich?"* David nickte.

David machte sich große Sorgen um uns. Was mit uns geschehen würde – wie es uns gehen würde, wenn er nicht mehr da war. Wir versprachen ihm, dass wir das schaffen und Menschen von Gott erzählen würden. Das beruhigte ihn sehr.

So wurde unser kleiner Schatz von Monat zu Monat schwächer und sein kleiner Körper immer gelähmter. Doch seine Freude hat er nie verloren. Er konnte immer lachen – über Witze, Filme, lustige Begebenheiten …

Vier Wochen, bevor er starb, setzte er die Chemotherapie ab. Er sagte, er könne mit seinem Leben jetzt nichts mehr anfangen und wolle nun „nach Hause gehen" – nach Hause zu Jesus.

Der Tumor wuchs nun rasant und David war Anfang Oktober kopfabwärts gelähmt, seine linke Gesichtshälfte schon länger. Wegen einer schweren Komplikation, David atmete Blut in die Lunge ein, mussten wir ins Krankenhaus. Drei Wochen verbrachten wir dort und David wurde immer schwächer, bis er fast nur noch schlief. Am 21.10.2019 holte der HERR unseren Schatz zu sich in den Himmel, genauso wie David es vorhergesagt hatte. Er war ganz ruhig, als wäre seine Seele schon vorausgegangen, als er seine letzten Atemzüge tat.

All dies, weil er Jesus so sehr vertraut hat.

Christina Probst | Jg. 1974 | verheiratet | 1 Sohn, 2 Kinder im Himmel | Riegelsberg | Dipl. Betriebswirtin und Diätassistentin, z. Zt. Pflegerin der kranken Mutter

Leise Impulse und der Mut zu vertrauen

„Meine Gedanken sind nicht eure Gedanken und eure Wege sind nicht meine Wege – Spruch des Herrn. So hoch der Himmel über der Erde ist, so hoch erhaben sind meine Wege über eure Wege und meine Gedanken über eure Gedanken." (Jes 55,8-9 EÜ)

Sonntagmorgen. Ich sitze im Gottesdienst in der ersten Reihe. Mein Stimmverlust nach 500 Konzerten innerhalb von 6 Jahren geht mir doch tiefer, als ich anfangs dachte. Die Wochenenden waren ja eigentlich für Touren reserviert, doch sie mussten alle abgesagt werden. In diesem unfreiwilligen Sabbatjahr sitze ich am Sonntagmorgen nicht wie gewohnt am Flügel auf der Bühne und auch nicht im Tour-Bus, sondern als ganz normaler Gottesdienstbesucher in meiner Gemeinde. Beim letzten Konzert hatte ich noch nicht mal mehr den Soundcheck geschafft, die Stimmbänder hatten gestreikt.

Die Frage, die ich nicht aussprechen kann, weil sie einfach komisch klingt, drängt sich doch immer wieder auf. Wer bist du? Wer bist du, wenn du nicht singen kannst? Doch mein Wunsch, dieses Jahr mit Jesus zu verbringen und seine Zusage in meinem Herzen, er würde mir meine Stimme ohne OP geheilt wieder zurückgeben, wenn ich ihm nur vertraue, klingt immer wieder in mir nach. Natürlich wäre eine OP schneller. Ich könnte möglicherweise innerhalb von Wochen wieder singen. Außerdem wäre eine Heilung ohne OP laut Ärzten wohl gar nicht mehr möglich. Die beidseitigen Ödeme hatten stur allen Therapien standgehalten und mir auf den Bildern des Phoniaters wie ein Schutzpanzer entgegengestarrt.

Wer bist du?

Vielleicht wollte mein Hirte mir Zeit mit ihm schenken? Zeit, in der ich gar nichts leisten muss. Nicht mal singen. Zeit, in der er mich gesundlieben könnte. Vielleicht sogar so weit, dass die Schutzpanzer an den Stimmlippen sich ganz von selbst verabschieden würden. Dass diese Liebe, von der ich dem Publikum immer wieder gesungen und erzählt habe, auch die tiefsten Schichten meines Herzens erreichen würde. Vielleicht. Ich musste einfach vertrauen.

Inzwischen hatte ich mich sonntagmorgens schon in die erste Reihe gesetzt. Ich wollte nicht mehr nur ein Gast sein, sondern ein Gemeindemitglied, dass sich einbrachte. Neben mich setzte sich Anja (Name geändert), die verspätet in den Gottesdienst kam. Sie war erst kürzlich als krebsfrei deklariert worden und auch die Haare wuchsen wieder. Während des Lobpreises kam mir auf einmal der Impuls, sie zu berühren. Einfach so. Am Rücken. Eigentlich fragt man Menschen, bevor man sie berührt, doch Anja und ich, wir kannten uns. Feste, lange Umarmungen waren ganz normal zwischen uns. So strich ich ihr während der Predigt immer wieder über den Rücken, wie ich das auch bei meinen Kindern tun würde.

Ich saß also im Gottesdienst, konnte weder den Lobpreis leiten, noch mitsingen. Zu nichts zu gebrauchen, irgendwie. So kam ich mir vor. Saß einfach da und genoss den treuen Dienst aller anderen und strich der Frau neben mir über den Rücken.

Nachdem der Gottesdienst vorbei war, stellte sich Anja direkt vor mich hin und sagte mir mit festen Worten: „Du hast mir heute so gutgetan. Das kannst du dir gar nicht vorstellen, Sefora. Ich bin Single und werde nie berührt. Und deine Berührung heute war so ein Geschenk, es war wie Heilung für mich. Danke von Herzen!"

Ich war SO baff und SO dankbar!

Wie limitiert unsere Gedanken doch sind. Entweder wir sind in unserer Berufung im Einsatz oder wir fühlen uns auf dem Abstellgleis.

Wer bist du?

Du bist ein fest geliebtes Kind Gottes, das vertrauen kann, dass der Hirte gut führt. Auch dann, wenn wir es gar nicht verstehen. Auch dann, wenn wir nichts leisten können. Auch dann, wenn wir scheinbar ganz aus Versehen jemanden gesegnet haben.

Ich möchte dich ermutigen, Gott so sehr zu vertrauen, dass, auch wenn Dinge so ganz anders laufen, als du erwartet hättest, wenn du dich auf dem Abstellgleis fühlst, scheinbar zu nichts zu gebrauchen, ER dich trotzdem gebrauchen möchte, dich trotzdem segnen möchte.

Gott sprach zu Abraham: *„Ich will dich zum großen Volk machen und will dich segnen und dir einen großen Namen machen, und du sollst ein Segen sein."* (1. Mose 12,2-3)

Sefora Nelson | Jg. 1979 | verheiratet | 2 Kinder | Raum Stuttgart | Singer/Songwriter, Autorin, Mutter, Ehefrau | www.seforanelson.com

„Dann kündige!"

Kennst du diese Tage, an denen man sich fragt, was man hier auf der Erde eigentlich genau für einen „Job" hat oder haben sollte? Oder anders ausgedrückt, was der Sinn deines Daseins ist?

So eine Grundidee hat man meistens. Und wenn man in der Bibel liest, dann ist das Ziel unseres Daseins doch irgendwie, Gott kennenzulernen, Gottes Kind zu sein, mit ihm an seinem Reich hier auf der Erde zu bauen und am Ende des Lebens in der Ewigkeit bei ihm anzukommen. So weit, so gut – aber wie baut man an seinem Reich, wenn man das Gefühl bekommt, in seinem eigenen Job völlig falsch zu sein, und die Umstände einen dazu bringen, an Gottes Treue und seinen guten Plänen zu zweifeln? Was könnte helfen, wenn langsam, aber sicher dein ganzes bisheriges Leben und deine Lebenspläne in Frage gestellt werden? Lass dich mitnehmen auf eine kleine Reise in mein Leben, in der mir genau diese Fragen begegnet sind.

Eigentlich konnte ich überhaupt nicht klagen: *Ich hatte einen unbefristeten Arbeitsvertrag, habe einen wundervollen Ehemann, glaube an Gott, hatte seine Führung im Leben schon oft erlebt und wusste eigentlich, dass er alles im Griff hat. Klingt doch bestens, oder?*

Aber da gab es diesen Deal, den ich mit Jesus hatte: „*Wenn ich schwanger bin, dann darf ich die Firma verlassen, bei der ich arbeite.*" Ich hatte ein tolles Team im Geschäft. Und obwohl es nicht mein Herzensanliegen war, Handwerkerbedarf in sämtliche Länder der Welt zu schicken, war es für eine bestimmte Zeit in Ordnung. Doch wusste ich innerlich: „*Irgendwie reicht es mir nicht, irgendwie muss Gott noch mehr mit mir vorhaben. Was bleibt denn von der Arbeit, die ich tue?*" Hinzu kam, dass mein Mann in seinem Beruf auch gleichzeitig einen Teil seiner Berufung ausleben konnte – für ihn super, für mich aber an manchen Tagen auch deprimierend, weil ich genau dies vermisste.

Ich steckte also in diesem Job fest, und die Aussichten, gehen zu können, waren nicht gerade gut. „Wir" waren zwar 2019 schon einmal schwanger gewesen, doch leider hatte das Baby in der Frühschwangerschaft die Abkürzung in den Himmel genommen, sodass ich ganz normal weiter in meinem Job blieb. Doch durch Corona und die daraus folgenden Veränderungen meines Arbeitsalltags wurde es für mich zunehmend herausfordernd. Irgendetwas musste sich ändern. Mein Mann hatte ganz schön zu kämpfen und zu beten, dass ich meinen Glauben nicht an den Nagel hängte und die Vollkrise bekam (vor allem, weil um uns herum viele in 2020 ihre Babys zur Welt brachten).

Im Oktober 2020 hatte ich schon auf eine Vier-Tage-Woche reduziert, um mehr Zeit zu haben, für die Menschen und Dinge, die mir wichtig waren und auf dem Herzen lagen. Dennoch hatte ich im Januar 2021 die „Schnauze voll" und jammerte nicht nur meinem Mann mal wieder etwas vor, sondern beschwerte mich auch bitterlich bei Jesus. Ich fragte ihn, ob er mich vergessen habe, und sagte ihm, dass ich keinen Bock mehr darauf habe, dort zu arbeiten, dass ich es unfair fände, dass „wir" immer noch nicht schwanger waren und ich einfach nicht mehr wolle.

Seine Reaktion darauf hat mich völlig überrascht: *„Dann kündige!"* Wer kündigt denn bitte einen unbefristeten Arbeitsvertrag mitten in der Corona-Pandemie, in der Menschen froh und dankbar sind, wenn sie noch einen Job haben? Und was sollte ich stattdessen bitte tun? Auf diese Fragen kam ebenfalls eine Antwort: *„Schreibe für mich. Schreibe, was ich dir aufs Herz lege."* Verrückter ging es irgendwie auch nicht, oder?! Ja, ich schreibe gerne und habe durch das ein oder andere Projekt auch schon Impulse und ähnliches für Jesus geschrieben, aber das sollte mein Job werden?

Mir kam Gideon in den Sinn, der damals sicher- gehen wollte, dass es wirklich Gottes Plan war, was er gehört hatte. Er bat Gott ganz konkret um Bestäti- gung für seinen Auftrag, und er bekam sie. Also bat ich Gott ebenfalls darum, mir irgendwie zu bestätigen, dass ich wirklich kündigen und für ihn schreiben solle. Und was soll ich sagen? 30 Mi- nuten später erreichte mich eine WhatsApp von einer Freundin, in der Folgendes stand:

„Caro, ich wollte dir schon lange einmal schreiben bzw. dich fragen, ob du mal ein Andachtsbuch oder so etwas schreiben willst? Ich finde du hast eine extreme Gabe, Texte zu schreiben und Fragen zu stellen, die andere zum Nachdenken anregen und motivieren weiterzugehen in ihrer Beziehung zu Gott. Das sind aber nur so meine Gedanken …"

Ich war ziemlich sprachlos, als ich diese WhatsApp las, die aus „heite- rem Himmel" kam (die Freundin wusste weder von meinem Deal mit Jesus, noch davon, dass ich meinen Job gerade als vertane Zeit ansah). So eine prompte Bestätigung hatte ich nicht erwartet. Um ehrlich zu

Ich bat Gott um Bestäti- gung.

sein, hatte ich eigentlich gar keine erwartet. Ich besprach die ganze Sache mit meinem Mann, und sein Fazit war ebenfalls eindeutig: *„Wenn das Gottes Plan mit dir ist und er es sogar so schnell bestätigt hat, dann mach das!"* Es folgten in der kommenden Woche noch zwei ähnliche Bestätigungen, und schließlich reichte ich meine Kündigung für Ende Juni 2021 ein. Die nächsten Wochen waren geprägt von Freude einerseits, aber auch der Ungewissheit, wie alles werden würde, wenn ich mich als Autorin selbständig machte.

Am 30.06.2021 durfte ich gehen – und war sogar schwanger! Ich hätte nicht damit gerechnet, dass Jesus trotz des ganzen Chaos mit mir, der Kündigung und dem neuen „Job" auch noch unseren Deal einhält. Ich konnte nur staunen über Gott und seine unverdiente Treue.

Mit der Freude im Herzen, endlich tun zu können, wozu ich wohl berufen war, begann ich meinen Alltag neu zu strukturieren und zu schreiben, was mir aufs Herz kam. Es füllten sich einige Blätter, und mittlerweile befindet sich ein ganzer Stapel gesammelter Gedanken auf meinem Schreibtisch. Was Gott damit ganz genau vorhat, weiß ich derzeit immer noch nicht. Aber er wird zu seiner Zeit etwas daraus machen und uns bis dahin auch mit allem versorgen, was wir für unser tägliches Leben brauchen. Einen kleinen Teil davon durfte ich tatsächlich schon gebrauchen und mit meinen „Wertvoll-Adventskalendern" für Frauen auf den Weg schicken: Adventskalender der besonderen Art, mit einem Impuls, einem passenden Bibelvers inklusive einem passenden Gegenstand, die Frauen ganz neu und auf eine eigene Art die Liebe und Wertschätzung Jesu sichtbar machen sollen. Dank der Freiberuflichkeit und der Bereitschaft anderer Menschen, die Adventskalender zu verschenken, konnte bzw. durfte ich 2021 100 Adventskalender machen, die sich auf Spendenbasis mittlerweile nicht nur hier im Umkreis verbreiten, sondern sogar auch ihren Weg zu Menschen in ganz Deutschland finden. Auch so eine verrückte Idee, die Jesus mir damals 2019 aufs Herz gelegt hatte, der ich gefolgt bin und die er mir bisher jedes Jahr wieder neu aufs Herz gelegt hat.

Eine verrückte Idee von Jesus.

Durch diesen ganzen Prozess zwischen Verzweiflung, Wut, Ungewissheit und zehntausend Fragen hat Gott mich doch nie alleine gelassen. Einmal mehr hat er mir gezeigt, dass er für wirklich jeden, auch mich, die doch zeitweise gefühlt kilometerweit von ihm weg war oder nichts mehr von ihm wissen wollte, einen guten Plan hat. Er kennt den Zeitpunkt, wann etwas für uns dran ist, und fordert uns dann auch heraus, Schritte im Vertrauen zu gehen, wenn er uns einen neuen, noch unbekannten Weg oder eine Idee zeigt. Er kennt die Gaben und Fähigkeiten, die er in jeden einzelnen Menschen hineingelegt hat – viel besser, als wir sie oft selbst erkennen, entdeckt haben oder bereit sind einzusetzen.

Egal, wie deine Umstände aussehen, wie verfahren deine Lage auch scheint: Gott weiß, wo es hingeht. Er ist derjenige, der auch dir an solchen „Tagen" neue Kraft, neues Vertrauen, neue Hoffnung und einen Sinn geben kann. Und wenn wir selbst nicht zu ihm können, dann bringen uns unsere Freunde zu ihm. Entscheiden müssen wir aber schlussendlich selbst, ob wir den Weg mit Jesus gehen, den er uns zeigt, oder ob wir starrsinnig dabeibleiben, unseren eigenen Weg zu gehen und versuchen unseren Willen durchzusetzen.

Bleibe an ihm dran! Er meint es wirklich gut mit dir, auch wenn du seine Wege und Gedanken vielleicht nicht verstehst (mir hilft hierbei oft Jesaja 55,8-9: *„Meine Gedanken sind nicht eure Gedanken und meine Wege sind nicht eure Wege"*, sagt der Herr). Sei mutig und entschlossen, Gott zu fragen, was er für dich bereithält, und mache dich darauf gefasst, dass er antworten wird – manchmal anders als gedacht oder gewünscht, aber immer mit dem Besten im Sinn für dich. Es lohnt sich!

Carolin Renz | Jg. 1989 | verheiratet | 1 Sohn | Haiterbach | freiberufliche Autorin und Bloggerin | www.herrlichwertvoll.com

Schwimm!

Ich wuchs in einem kleinen Dorf in einer liebevollen Familie auf, die mich mit allem versorgte, was ich brauchte. Trotz aller Fürsorge war es meiner Familie nicht möglich, mich vor allem zu beschützen! Und so wurden ein Zimmer im Dachgeschoss und ein Schuppen im Hinterhof für mich zum bedrückendsten Ort meiner bis dahin kindlichen Welt.

Da waren diese beiden Männer, die zu unserem engeren Bekanntenkreis gehörten. Doch keiner in meinem Umfeld ahnte, wie nah sie mir kamen. Ich war noch so klein – erst vier Jahre alt – und ich dachte: „Die dürfen das ..." Meine Kindheit war von sexuellem Missbrauch geprägt. Der Missbrauch wurde für mich zur Normalität, denn so war ich es über viele Jahre gewohnt. Und trotzdem hoffte ich jedes Mal, dass mich irgendjemand rettet und aus all dem, was ich erleben musste, herausholt. Gleichzeitig wollte ich nicht, dass jemand zu dieser Tür hereinkam und sah, was ich da machte, denn die Scham war unsagbar groß und ich fühlte mich schuldig. Die Angst davor, entdeckt zu werden, war so stark, dass ich einfach nur hoffte, dass es schnell vorbeigehen würde und ich wieder raus dürfte.

Erst einige Zeit später, als die Männer begannen, mich zu erpressen, ahnte ich, dass sie das eigentlich nicht dürfen. Sie sagten: *„Wenn du jemandem davon erzählst, machen wir es mit deinem kleinen Bruder."* Also schwieg ich.

Mein Schweigen sollte noch einige Jahre andauern.

Der Missbrauch endete erst, als ich etwa elf Jahre alt war. Einer der beiden Täter verstarb bei einem Verkehrsunfall, und ich beschloss, meine Vergangenheit mit allen Erlebnissen in mein tiefstes Unterbewusstsein zu stecken und nicht darüber zu sprechen. Für mich war es damals so, als habe er die gerechte Strafe bekommen und ich durfte jetzt endlich vergessen. Es funktionierte auch zuerst einmal, denn ab diesem Tag lebte ich einige Jahre, als wäre das nie passiert. Doch das Erlebte hatte Folgen! Ich hatte überhaupt kein Durchhaltevermögen mehr und wurde rebellisch.

Es begann eine Odyssee von einem Psychologen zum nächsten; mit 18 Jahren endete ich für drei Monate in einer Psychosomatischen Klinik. Dort kamen die Erinnerungen mit aller Macht zurück, und es war, als wäre alles erst gestern gewesen. So begann ein jahrelanger Heilungsweg mit vielen Traumatherapien.

Bis dahin ahnte keiner in meiner Familie etwas von dem Missbrauch. Erst als ich 20 Jahre alt war, konnte ich mein Schweigen brechen und ihnen davon erzählten.

Meine Oma hatte mir früher immer von Gott erzählt, und in den Jahren der Aufarbeitung begann auch ich zu beten. Ich sagte zu Gott: „*Wenn es dich tatsächlich gibt und du der Gott des Himmels und der Erde bist und du mich tatsächlich geschaffen hast, dann musst du doch in der Lage sein, mein Leben ab jetzt komplett zu verändern.*"

Und das tat er.

Wenn meine Vergangenheit wieder einmal über mich hereinbrach, konnte ich zu ihm fliehen. Er war meine beste Therapie und half mir auf dem schmerzhaften Weg der Heilung. Durch Jesus konnte ich all die Bitterkeit und Rebellion, all die Wut und die Scham loslassen; ich konnte den Schuldigen vergeben, und die Erlebnisse quälten mich nicht mehr länger.

Ich spürte schnell, dass mein Herz für Frauen und Mädchen schlug, die ebenfalls sexuellen Missbrauch erlebt hatten. Mein Herz brach für Frauen, die Opfer von Menschenhandel zum Zweck der sexuellen Ausbeutung geworden waren.

Ich gründete die Hilfsorganisation „Hope e.V.", um Frauen und Kindern aus der Zwangsprostitution eine neue Perspektive aufzuzeigen.

In der Anfangszeit war ich tief verunsichert, ob ich überhaupt dazu geeignet war, ohne Erfahrung, viel zu jung und ohne passende Aus-

> Ich konnte zu Gott fliehen.

bildung. Ich war keine Ärztin, keine Lehrerin, hatte nicht studiert. *Also, was soll ich, eine kleine Frisörin, schon ausrichten? Bestimmt gibt es viel Geeignetere, die das besser können als ich.* Ich verglich mich viel zu sehr mit anderen Menschen, die die passenden Ausbildungen hatten und die mir genau das einredeten: *Ich sei nicht gut genug für diese Arbeit! Ich habe ihnen geglaubt und war schon gleich am Anfang wieder kurz davor aufzugeben.* Doch dann war da diese eine Nacht, die alles veränderte. Am Abend schlief ich noch unter Tränen ein, in dem Glauben nicht gut genug zu sein. Und ob du es glaubst oder nicht, mitten in der Nacht trat Jesus an mein Bett und sagte: *„Katja, setz dich zu mir, ich möchte dir eine Geschichte erzählen."* Ich setzte mich zu ihm auf und Jesus öffnete ein Buch, das voller Bilder war, und er erzählte mir die Geschichte dazu:

Schwimm!

Ein kleiner Holzstamm fragte sich: Wer bin ich denn? Ich bin nur aus einem einfachen Holz geschnitzt, was bin ich schon?

Der kleine Holzstamm hatte große Zweifel und verglich sich immer wieder mit den Metallen, wie der Eisenstange, dem Goldbarren, dem Silberstück und der Bronzemünze. Was bin ich den schon im Vergleich zu diesen edlen Metallen, die so viel wertvoller sind als ich?

Doch in diesem Augenblick, wo er so nachdachte, wurden die Umstände des kleinen Holzstammes plötzlich bedrohlich. Er spürte, wie die Erde bebte und ein reißender Strom kam, der alles mit sich riss, was er erreichen konnte. Der kleine Holzstamm wurde von den reißenden Wassermassen erfasst. Während alle Metalle augenblicklich versanken und auf dem Grund liegen blieben, wurde der kleine Holzstamm jedoch von der Strömung mitgetragen und schwappte an die Wasseroberfläche. Er war froh, in all dem Chaos um ihn herum vom Wasser getragen zu werden und zu leben. Aber er war auch verzweifelt und dachte: Oh weh, wie komme ich hier nur wieder heraus? Hier gehöre ich doch gar nicht hin. Ja ok, ich treibe an der Wasseroberfläche, ich kann atmen und ich darf die Sonne sehen. Aber ich werde bestimmt mit der Zeit von dem Wasser ganz morsch und abgetragen, bekomme Löcher und ende als ein altes, modriges Treibholz.

Doch was zerrte denn da so an ihm?

Inmitten dieser Zweifel begriff der kleine Holzstamm plötzlich, dass er mehr als nur ein altes Treibholz war – denn es hielt sich jemand an ihm fest, der verzweifelt versuchte, nicht unterzugehen. So wurde der kleine Holzstamm zum Lebensretter. Er wusste: *Ich bin zwar aus einfachem Holz geschnitzt, doch Gott sieht mehr als nur das Holz. Gott sieht die Fähigkeit, die in mir steckt, die Fähigkeit zu tragen und zu retten.*

Jesus sagte: „*Katja, du wirst gleich aufwachen, schreib dir alles auf, damit du es nicht vergisst.*" Ich sagte noch zu ihm: „*Aber ich möchte nicht wach werden.*" Doch schon im selben Moment war ich wach. Ich knipste das Licht an, es war 3 Uhr in der Nacht, und ich bat Jesus mir zu helfen, alles genau aufzuschreiben.

Diese Geschichte ist nicht nur für mich, sie ist für dich. Er sieht mehr in dir – er befähigt dich – er wird da sein, wenn das Wasser kommt – und er trägt dich, wenn es tief wird. Ich weiß nicht, wie dein Morgen wird oder wie deine Zukunft aussieht, aber eins weiß ich: Du kannst schwimmen!

Du kannst schwimmen!

Ich wusste damals noch nicht, dass ich heute, neun Jahre nach diesem Traum, mit einem zwanzigköpfigem Team Frauen auf ihrem Heilungsweg begleiten darf. Ich erlebe, wie Frauen und Kinder in unserem Schutzhaus ein neues Zuhause bekommen und in ihre eigene Freiheit zurückfinden. Wie ich dürfen auch sie ganz neu erleben, dass in ihnen Fähigkeiten stecken, von denen sie noch gar nichts wussten.

Glaubst du, dass Gott auch in dich Fähigkeiten hineingelegt hat, von denen du noch gar nichts weißt?

Er sagt zu dir: *„Schwimm!"*

Katja Ryzak | Jg. 1986 | verheiratet | 2 Kinder | Heilbronn | Gründerin und 1. Vorsitzende von Hope e.V. | www.hope-hoffnung.de

Jesus, bitte mach den Gurt auf!

Am 23.10.2010 erlebte ich den schlimmsten Tag meines Lebens! Eine Freundin, Mama von 5 Kindern, und ich fuhren mit unserer Tochter und einem ihrer Söhne mit dem Auto Richtung Nürnberg.

Wir waren gerade ein paar Kilometer von zu Hause weg, da fuhr ein junger Mann mit extrem überhöhter Geschwindigkeit in mein Auto rein.

Meine Freundin war sofort tot, der vordere Teil meines Autos schob sich komplett zusammen in meine Richtung, und somit hatte ich über 50 Knochenbrüche, 3 Liter Blutverlust, Lunge und Leber gequetscht. Beide Oberschenkel waren komplett zertrümmert.

Ich fing zu beten an.

Unsere beiden Kinder blieben, Gott sei Dank, nahezu unverletzt!

Ich war vom Kopf her total da und bekam alles mit, außer den Aufprall!

Ein Anwohner kam zu mir und versuchte mich aus dem Wrack zu befreien, aber leider klemmte mein Gurt! Er versuchte immer wieder, ihn aufzubekommen, doch er wollte einfach nicht aufgehen.

Ich fing zu beten an, laut! „Jesus, bitte mach den Gurt auf!"

Und plötzlich ging er auf. Mega!

Der Anwohner bestätigte mir das später genauso. Er war nicht gläubig und sehr bewegt!

Dann kamen mehrere Krankenwagen und der wirklich schwere Kampf ging für mich erst los! Viele Wochen Krankenhaus, mehrere Operationen, wochenlang durchgeweint, die Schmerzen trotz Morphium kaum ausgehalten, aber mein Gott war mein Anker, meine Hoffnung, und unsere einjährige Tochter war mein Antrieb, wieder fit zu werden!

Am schlimmsten war für mich der Verlust meiner Freundin! Das zu realisieren und zu verarbeiten war unbeschreiblich hart.

Sie legten mich in den ersten zwei Tagen in ein künstliches Koma, und das Hauptproblem war, dass meine Körpertemperatur auf 34 Grad sank. Der Arzt meinte, dass diese dringend steigen müsse, sonst wüsste er nicht, ob ich durchkomme.

Mein lieber Mann und mein Papa waren auf der Intensivstation und beteten: *„Jesus, du bist das Licht der Welt. Licht bedeutet Wärme, bitte lass die Temperatur steigen!"*

Und siehe da, die Temperatur stieg langsam nach oben! Was für ein Zeugnis, wieder waren nichtgläubige Zeugen dabei.

Was für geniale Zeugnisse! Das macht mich sprachlos und unendlich dankbar! Jesus erhört unsere Gebete, er ist voller Liebe für uns da!

Nur durch ihn und meine wunderbare Familie bin ich durch diese verdammt harte Zeit gekommen. Ich habe mich zurückgekämpft ins Leben, musste das Laufen neu lernen! Es war echt ein harter Weg, mit vielen Tränen, aber meine tiefe Liebe zu Jesus und meine Liebsten gaben mir Ansporn, weiterzutrainieren!

Heute bin ich, trotz Arthrose in beiden Knien, total fit und so unendlich dankbar dafür!

Am allerschlimmsten ist für mich, dass meine Freundin nicht mehr am Leben ist. Damit habe ich bis heute immer noch zu kämpfen, und Worte fehlen bei solch einem Drama.

Ein paar Jahre nach meinem Unfall fragte mich ein Mann, dessen Schwester auch einen sehr schweren Autounfall überlebt hatte, ob ich mich nicht um sie kümmern und ihr Mut zusprechen könne. Ich sagte natürlich ja!

Ich ging zu ihr, und nach vielen ermutigenden Gesprächen meinte sie, dass es ihr guttue, zu sehen, dass jemand, der einmal genauso dagelegen hatte wie sie, wieder strahlend vor ihr stehen könne.

Leg alles in SEINE Hände, vertrau auf IHN! Er ist für dich da!

Sandra Stahl I Jg. 1978 I verheiratet, eine Tochter I Bopfingen I Fachangestellte für Medien und Informationsdienste

Worte – wertvoller als Gold und Silber

Seit 2015 schreibe ich Erlebnisse nieder, die ich mit Gott erleben durfte. Es sind große und kleine Dinge, die mich und auch andere zum Staunen bringen. Vor allem „echt erlebt"! Meine erste Geschichte, die ich bereits 2009 zu Papier brachte, will ich euch hier mitteilen, und es gab nach 12 Jahren eine Fortsetzung. Man könnte also sagen, es ist eine Zwei-in-Eins-Geschichte.

Damals, am 6. November 2009, drängte Gott mich sehr, das gerade Erlebte in Worten zusammenzufassen und niederzuschreiben:

Während des morgendlichen Anziehens meines Sohnes Johannes, der damals drei Jahre war, verkündigt er aus heiterem Himmel und überglücklich: *„Danke, danke, danke, danke, danke Mama, dass du mich geboren hast!"* Völlig verdutzt wiederholte ich den Satz, ob ich es auch richtig verstanden hatte. Daraufhin wiederholte er freudig noch einmal den gleichen Satz: *„Danke, danke Mama, dass du mich geboren hast!"* Dabei drückte und umarmte er mich immer wieder ganz fest.

Natürlich freute ich mich und lachte über diese merkwürdige Aussage von einem gerade mal Dreijährigen, und nach einer Weile erwiderte ich ihm auch, wie schön es sei, dass er bei uns sei, und dass wir ihn alle sehr lieb hätten.

Danke, dass ich leben darf!

Dieser Dank von einem glücklichen, lebensfrohen Jungen war für mich wie eine Himmelsbotschaft, die auch lauten könnte: *„Danke, dass ich leben darf!"* Als ich mehr darüber nachdachte, kam ich auf den Gedanken, dass es ein Dankeschön an alle Mütter sein könnte, die ihre Kinder geboren haben, sodass sie leben dürfen.

Kritiker könnten an dieser Stelle sagen: *„Für manche(n) wäre es besser, er oder sie wären nie geboren worden."* Das mag in ihren Augen stimmen, aber was wissen wir über das Heute und Morgen unserer Kinder? Ich glaube fest: Gott soll über unser Leben wachen und entscheiden.

Johannes wurde als viertes Kind in unsere Familie geboren. Ich war fast 43 Jahre alt, als er zur Welt kam. Ehrlich gesagt, war ich völlig überfordert, als ich schwanger wurde, denn in unserem kleinen Betrieb als Selbstständige gab es selbst und ständig viel Arbeit plus Haushalt, Garten, Schule und vieles mehr.

Es war zwar eine ungeplante Schwangerschaft, doch von Gott gewollt, das war mir durch meinen Glauben an Jesus Christus immer klar. Als ich innerlich ein Herzens-JA zu dieser Schwangerschaft hatte, wurde ich auch aus meinem großen Tief geholt, in dem ich mich damals befand. Ich las in einem Buch die befreienden Sätze, dass es in Frankreich üblich sei, eine Schwangere zu beglückwünschen, weil sie in „Guter Hoffnung" sei.

„JA", sagte ich, „ich trage eine gute Hoffnung in mir." Es war, als würde man einen Lichtschalter betätigten und vom Dunkeln ins Licht kommen. Jetzt weiß ich, dass es so etwas tatsächlich gibt.

Die Geburt selbst war sehr schwierig, der Geburtsverlauf wurde über drei Tage dreimal eingeleitet. Am 3. Tag hätte das Kind kommen müssen, aber es kam nicht. Als erlösende Tat wurde der Kaiserschnitt eingeleitet, nachdem ich Gott laut im Kreißsaal um Hilfe gebeten hatte. Johannes und ich hätten es ohne Kaiserschnitt nicht überstanden. Doch so überlebten wir beide gesund. Johannes darf bis heute in einer glücklichen Familie groß werden. Mittlerweile ist er schon 15 Jahre alt, und zusammen hätten wir einige Geschichten zu berichten, wie groß und wunderbar Gott ist.

Hier könnte ich mit meiner Geschichte enden, jedoch erlebte ich eine besondere Heilung meiner Seele 15 Jahre später, denn es gab eine direkte Vorgeschichte zu dieser Schwangerschaft.

Es war Pfingsten 2021, wir waren wegen Covid 19 zu Hause und ich hörte mir die Pfingstpredigt von Gabi Wentland auf dem Handy an. Schon bald erzählte sie ein persönliches Zeugnis, dass sie selbst ein Kind im dritten Monat verloren hatte und darüber sehr, sehr traurig war. Weinend und betend vor Gott, bekam sie eine Bestätigung, dass Gott dieses Kind zu sich geholt hatte.

Auf jeden Fall traf mich das alles so tief in mein Herz, dass ich das Handy sogleich zur Seite legte und zu beten begann. Warum? Wieder einmal kam Verschüttetes in mir nach oben. Vor der Geburt von Johannes, unserem vierten Kind, hatte ich eine Fehlgeburt gehabt.

Mich, traf alles tief ins Herz.

Damals hatte ich nicht gewusst, dass ich schwanger war. Um mich herum waren so große Schwierigkeiten, die in mir große seelische und körperliche Nöte mit Schwäche auslösten. Diese Situation hatte mich krank gemacht und mir Kraft geraubt.

Eines Nachts bekam ich sehr starke Schmerzen, die mich an Wehen erinnerten. Das Ziehen wurde so schlimm, dass ich den Drang hatte, auf die Toilette zu gehen. Da ich meine Regel tatsächlich einige Zeit nicht bekommen hatte, dachte ich, dies sei der Psyche geschuldet, und dass sich nun ein Blutpfropfen lösen würde. So fühlte es sich an. Doch es muss etwas Größeres gewesen sein, als ich es auf dem WC in den „Abort" drückte. Schreckliche, ungewisse Gedanken schossen mir durch den Kopf. Was war das? Ich sehe nur viel Blut! Wo war das „Etwas"? Ich sehe nichts! Soll ich jetzt die Toilette spülen? Im Hin und Her meiner wirren Gedanken machte ich, was man nach einem Toilettengang macht. Man spült die Toilette „sauber". Doch mein Gewissen war nicht sauber. Zurück im Bett, voll Ungewissheit und bedrückt, meinte ich zu Max: *Ich glaube, ich habe gerade eben einen Abgang erlebt."*

Betroffen und innerlich zerrissen mit Schmerzen lag ich dann bis zum Morgengrauen im Bett. Am Vormittag nahm ich sogleich Kontakt zu meiner Frauenärztin auf und berichtete der Sprechstundenhilfe, was nachts passiert war und was ich vermutete. Diese meinte jedoch, sie habe erst in drei Tagen einen Termin frei, den ich dann auch wahrnahm.

Die Untersuchung bestätigte meinen Verdacht. Meine Ärztin teilte mir mit, dass ich eine Fehlgeburt gehabt hatte und das Kind mindestens in der 12. Woche gewesen war. Eine Einweisung ins Krankenhaus erfolgte sogleich. Zwölf Wochen, die Vorstellung war schrecklich. Wer schon mal ein Foto von einem 12 Wochen alten Kind im Mutterleib gesehen hat, weiß und erkennt, dass da vom Schöpfer schon alles angelegt und zu sehen ist.

Wieder und wieder fühlte ich mich schuldig und unrein, denn da waren Fragen, die mich anklagten. *Warum bist du nicht zum Arzt gegangen, wegen deiner ausgebliebenen Regel?* Meine Periode hatte ich nicht mehr regelmäßig. Aber ich konnte nicht leugnen, dass ich auf meinen Körper nicht achtgab. Und am Tag vor der Fehlgeburt war ich über irgendeine Sache so wütend gewesen, dass ich einen Wutanfall bekommen und zu schreien angefangen hatte. Dass mir das so passieren konnte, war für mich ein einschneidendes Erlebnis, wofür ich Gott sooo sehr um Vergebung bat und ihm sagte, dass ich das nie, nie mehr tun wolle. Aber das Geschehene konnte ich nicht rückgängig machen, und die bösen Gedanken klagten mich an, ich hätte deshalb das Kind verloren, weil es nicht mehr leben wollte mit so einer Mutter.

Diese Gedanken der Anklage begleiteten mich eine ganze Zeit lang. Immer wieder brachte ich es Gott. Natürlich sprach ich mit Max darüber und mit einzelnen, sehr vertrauten Menschen. Die Ungewissheit blieb, die schreckliche Vorstellung, ein Kind, mein Kind, in der Toilette hinuntergespült zu haben.

Wo ist mein Kind jetzt? In der Kläranlage? Kein Grab? Als „Abort" entsorgt, zusammen mit Fäkalien? (Unsere eigene Biokläranlage befindet sich auf unserem Grundstück.)

Ca. 16 Jahre vergingen bis zu dieser Predigt von Gabi Wentland. Jetzt war die Gunst der Stunde, die wohlangenehme Zeit, Gottes Zeit, meine Zeit. Es war schließlich Pfingsten. Wir feierten den Heiligen Geist, die Ausgießung des Heiligen Geistes auf die Gläubigen. Das Versprechen, dass Gott uns mit seinem Geist einen Beistand sendet und wir nicht alleine sind in unseren Nöten.

Wahrlich, es war ein „Pfingsterlebnis"! Als ich die Predigt unterbrochen, das Handy beiseitegelegt und gebetet hatte, und dann auch sogleich mit meiner Familie darüber sprach, fing Gott mächtig an zu wirken.

> Gott fing mächtig an zu wirken.

Ich erzählte von meiner Not, meiner schrecklichen Vorstellung, dass Samuel in der Kläranlage liege. Ja, ihr habt richtig gelesen, Samuel hatten wir im Glauben unser Kind genannt, allerdings erst nach Jahren, weil wir gehört hatten, eine Fehlgeburt sei besser zu verarbeiten, wenn dieses Kind einen Namen habe.

Unser Jüngster, Johannes, er war an Pfingsten fast 15 Jahre, hörte jetzt zum ersten Mal davon. Als wir zusammen beteten, hatte Esther, unsere Tochter, einen Eindruck von Gott. Dies hat sie mir zunächst erstmal alleine mitgeteilt.

Es würde hier den Rahmen sprengen, wenn ich auf alle Details eingehen würde, doch zusammenfassend gebe ich das Reden Gottes hier wieder, so wie Esther es durch eine bildhafte Erscheinung wie in einem Traum empfangen hatte: Gott selbst hat mit seinen Händen ein kleines Grab ausgehoben und den kleinen Sarg in Babygröße behutsam in die Erde gelegt. Darüber war ein frischer Erdhaufen zu sehen und ein Holzkreuz, wie bei einem frischen Grab. Kurz darauf sah Esther Samuel im Himmel in einem weißen Kleid, helles Haar und ungefähr 16 oder 17 Jahre alt. Er war sehr fröhlich, sprang im Kreis, und sie hörte Samuel wunderschön lachen.

Samuel ist also bei Gott im Himmel, und Gott selbst hat ihn in die Erde gelegt. Samuel ist bei Gott schon groß geworden und er scheint sich riesig zu freuen über sein Begräbnis, und ich erst recht.

Die Worte fehlen, diesen großen Frieden im Glauben oder im Verstand zum Ausdruck zu bringen. Es sind Worte, die diese zwei Geschichten zu einer Geschichte machen und die weit mehr wert sind als Gold und Silber. Nun ist mein Herz darüber mit Frieden und Dankbarkeit erfüllt. Nur Gott kann diesen Frieden geben.

Auch du kannst diesen Frieden erfahren, wenn es in deinem Leben etwas Schreckliches gibt, das dich nicht in Ruhe lässt. Gottes Hände sind auch für dich da, um Altes zu begraben.

„Hieran werden wir erkennen, dass wir aus der Wahrheit sind, und wir werden vor ihm unser Herz zur Ruhe bringen, dass, wenn das Herz uns verurteilt, Gott größer ist als unser Herz und alles kennt" (1. Johannes 3,19-20 ELB).

Elisabeth Wiedenmann I Jg. 1963 I verheiratet I 4 Kinder hier auf Erden, 1 Kind im Himmel I Kaisheim I Floristin und Autorin für kreative Ideen I www.Bastelspass24.de und www.naturfloristik-wiedenmann.de

Schönheit in der Krise

Krise! Wenn ich das Wort höre, zieht sich in meinem Magen alles zusammen. Wer mag schon gerne persönlich eine Krise durchleben? Wenn ich im Fernsehen die Krisen in fernen Ländern verfolge und mir das Ganze zu nahe geht, kann ich einfach den Knopf drücken und schon bin ich bei einem fröhlicheren Programm. Aber wo ist der Knopf bei meinen eigenen Krisen?

Wir kamen gerade von einer für mich außergewöhnlichen Reise aus Kalifornien zurück (ich war zuvor noch nie in Amerika gewesen). Mein Mann und ich hatten dort bei einem internationalen, sehr inspirierenden Treffen mit ganz unterschiedlichen Geschäftsleuten teilgenommen, als bei ihm das Telefon klingelte. Es war die Hausbank der Firma. Der Berater sagte am anderen Ende der Leitung: *„Herr Dlugokinski, wir müssen uns dringend treffen. Mit ihrem Partner und dem Konto stimmt etwas nicht!"* Tausend Gedanken schossen uns durch den Kopf. Was meint der? Was kann das sein?

In den darauffolgenden Tagen und Monaten kam dann fast täglich eine schlechte Nachricht nach der anderen reingeflogen und viele Dinge kamen ans Licht, die uns fassungslos machten. Mein Mann hatte seinem Partner vertraut, und jetzt zeigte sich schonungslos, dass dieser sich an der Firmenkasse reichlich und geschickt bedient hatte.

Wir schalteten sofort in einen Überlebensmodus um (oder sollte ich lieber Kampfmodus sagen?), nur das Licht am Ende des Tunnels fixierend und schlichtweg funktionierend. Mein Mann musste viele Gespräche führen – die meisten davon eher unangenehm. Er musste den Job seines Partners von heute auf morgen übernehmen, da dieser sich aus dem Staub gemacht hatte, die Mitarbeiter beruhigen, mit den Anwälten korrespondieren etc. Unsere Existenz war von heute auf morgen extrem bedroht. Gefühle von Wut, Enttäuschung, Verzweiflung und Überforderung durchwühlten uns und wechselten sich ab mit Momenten der Hoffnung und nüchternen strategischen Überlegungen.

Was man in solchen Zeiten braucht, ist ein Anker und gute Freunde um sich herum, die einem helfen, das alles durchzustehen.

Es dauerte mehrere Jahre, bis wir diese Krise überwunden hatten, wieder in voller Fahrt waren und sogar ein neues Start-up gründeten. Ja, und dann, dann kam die nächste Krise, und die hat uns so richtig den Boden unter den Füßen weggezogen ...

Um es kurz zu machen, weil einer der Hauptkunden seine Rechnungen nicht mehr bezahlte, mussten wir Insolvenz anmelden. Dem ging ein monatelanger Kampf mit Verhandlungen, Kreditanträgen und der Überzeugung voraus, dass wir es schaffen würden. Aber nun war Schluss. Endgültig! Alle Hoffnungen waren enttäuscht worden. Die Vision, mit der wir gelaufen waren, lag in Schutt und Asche. Alles Kämpfen war umsonst gewesen. Nichts – es war einfach nichts mehr da! 120 Mitarbeiter entlassen, die Produktionshalle und alle Büros leer. Was blieb, war ein Berg voller Schulden. Viele, viele Fragen: *Warum? Warum haben wir die erste Krise überstanden und diese nicht? Warum erleben wir überhaupt schon wieder eine Krise? Was hätten wir noch tun können? Wo haben wir falsche Entscheidungen getroffen? Wie soll es weitergehen?*

Dann nur noch Lähmung.

Ich habe gefühlt erst mal wochenlang nur geschlafen. Vom Bett zum Sofa und zurück. Ich wollte nur noch meine Ruhe, mit niemandem reden, nichts denken müssen (der Fernseher leistete da großartige Dienste). Da kam mir „Corona" ganz Recht – wie egoistisch. Jeder blieb zu Hause, vieles war geschlossen, und das passte gerade sehr gut zu meinem Leben. Den Nachbarn musste man sich auch nicht groß erklären, man konnte ja so tun, als ob man jetzt coronabedingt im Homeoffice ist, anstatt arbeitslos.

Dann stundenlanges Analysieren, wiederholen von Gesprächen, die mein Mann und ich eh schon x-mal geführt hatten, sich mit den Anwälten absprechen, sich ärgern, weil nichts vorangeht, sich aneinander aufreiben, die Angst vor dem Gerichtsvollzieher an der Haustür und das bleibende Gefühl, dass man sich nur im Kreis dreht. Es hat eine Weile gedauert, bis wir begriffen haben, was passiert war und dass es keinen Weg mehr zurück gab. Das Endgültige zu akzeptieren. Tagein und tagaus Gefühle von Schmerz und Scham zu empfinden. Diese Krise hat mich überfordert. Mitanzusehen, wie mein Mann vom Insolvenzverwalter und einigen Schuldnern behandelt wird, ihn so zerbrochen und meine Kinder leiden zu sehen, hat mich überfordert. Keine Perspektive mehr zu haben und nur ums nackte Überleben kämpfen zu müssen, hat mich überfordert. – *Und dann diese Leere.*

Der Schöpfer liebt Schönheit.

In mir wuchs eine starke Sehnsucht nach Schönheit. Ich hatte so viel Hässliches erlebt, dass ich mich nach Schönheit sehnte. Keine bösen Briefe lesen, in keine traurigen Gesichter schauen zu müssen, sondern einfach etwas anzuschauen, bei dem die Seele aufatmet. Jeder Blick aus dem Fenster, zum Garten oder in den Himmel, stillte diese Sehnsucht ein wenig. Ich nahm Sonnenuntergänge viel intensiver wahr als je zuvor und beobachtete den Wechsel der Jahreszeiten im Garten viel genauer. All das Schöne, was ich sah, sagte mir, dass auch der Schöpfer Schönheit liebt.

Ich weiß nicht, was passiert wäre, wenn ich meinen Anker verloren hätte. Immer wieder haben uns Menschen, Freunde und andere, die wir noch nie zuvor getroffen hatten, Hoffnung und Zuversicht zugesprochen. Dieses göttliche, prophetische Reden war es, das uns überleben ließ. Daran haben wir uns festgeklammert und es wie eine Litanei ständig ausgesprochen. Auch in Worten kann so viel Schönheit liegen ...

Die Musik war für mich schon immer ein wichtiges Kommunikationsmittel. Ich muss nicht nach Worten suchen, sondern kann einfach mein Herz in die Tasten meines Klaviers fließen lassen und mit den Klängen in die Weite schweben, um mit dem zu reden, der mich auch ohne Worte versteht. Das ist einer meiner wichtigsten Anker.

In diesen Monaten habe ich neben allen schmerzvollen auch so viele unsagbar tiefe und wertvolle Erfahrungen gemacht.

Ob mein Herz schon ganz geheilt ist, weiß ich nicht. Die Insolvenz ist nach zwei Jahren immer noch nicht abgeschlossen, aber ich laufe wieder – manchmal noch hinkend – auf neuen Wegen, in neue Abenteuer, hoffnungsvoll.

Mal ehrlich, wenn du in deinem Leben zurückschaust, in welchen Zeiten bist du am meisten gereift und hast du die wichtigsten Lektionen gelernt?

Die Schönheit in Krisen zeigt sich in den Erfahrungen, die wertvoll sind und die ich niemals gemacht hätte, wenn ich sie nicht durchlebt hätte: Freunde zu erleben, die uns geduldig zuhörten, zu uns standen und mit unfassbaren Summen uns mehr als einmal finanziell gerettet haben; oder den Zusammenhalt einiger unserer Mitarbeiter bis zur letzten Minute zu erleben; oder die regelrechten Wunder, die uns ins Staunen versetzten. Als Ehepaar zusammenzubleiben, habe ich immer als Geschenk gesehen. Weitere Perlen in dieser Trostlosigkeit waren die tiefen Gespräche, die wir niemals ohne diese Krise geführt hätten, oder in der Persönlichkeit weiter zu reifen, gefestigter zu werden und Dinge zu tun, die wir niemals sonst getan hätten. Oder diese Erfahrungen: wenn man Menschen auf eine Art kennenlernt, wie es nur in einer Krise geschehen kann; wenn man gemeinsam auf Knien Siege erringt; oder wenn man mitten im wildesten Sturm tiefen Frieden spüren darf ... Das sind die schönen und wertvollen Erfahrungen, die sich unauslöschlich bei mir eingeprägt haben.

Und schließlich, die leise Stimme dessen zu hören, der mir immer wieder zuflüstert: *„Ich bin da! Ich liebe dich! Ich gebe dir eine Zukunft!"* Ich habe tiefer gegraben und meine Wurzeln wachsen lassen in das, was wirklich zählt: In die tiefe Liebe meines himmlischen Vaters, der mich niemals verlässt, der meinem Leben Sinn gibt, auch in einer Krise, und der mein Anker ist.

Tamara Dlugokinski | Jg. 1970 | verheiratet | 2 Töchter | Pfinztal | studierte Musikpädagogin, Fernstudium zur „Fachreferentin für Familie und Erziehung", Referentin, Ermutigerin, zurzeit Arbeit als Sozialpädagogin mit Jugendlichen

Ich habe nicht zu wenig!

Wie oft kaufe ich etwas, das ich gar nicht brauche? Habe ich nicht genug Dinge, die nur im Keller rumliegen? Dinge, die man im ersten Moment vielleicht zu brauchen glaubt, die aber dann doch in einem Regal verstauben. Kleidung, die schön aussieht, aber dann doch nicht passt und den Kleiderschrank überfüllt. Genug Essen, das dann doch leider im Mülleimer landet. Genug Geld, um mir Dinge zu kaufen, die mir gefallen – kurzfristig.

Als ich von Januar bis April 2022 in Südafrika ein Praktikum machen durfte, sah und erlebte ich den wohl größten Unterschied zwischen arm und reich. Auf der einen Seite stehen die Luxusvillen mit Blick aufs Meer, riesigem Garten, mehreren Autos in den Garagen und umfassenden Sicherheitsvorkehrungen, bewohnt von Menschen, die einen sicheren Arbeitsplatz haben und genug Geld verdienen, um sich einen solchen Lebensstandard leisten zu können.

Auf der anderen Seite Hütte an Hütte, ohne Garten und ohne viel Platz, dafür mit viel Wellblech, Brettern, Plastik zusammengeschustert. Die kleinen Hüttchen haben ungefähr drei Zimmer für eine Großfamilie, aber kein Badezimmer. Es gibt sanitäre Anlagen an mehreren Sammelplätzen, die sich viele Familien teilen. In diesen sogenannten Townships leben Menschen, die froh sind, wenn sie einen Job haben, um ihre Familie ernähren zu können.

Trotzdem gibt es in einigen Townships auch gemeinsame Treff-punkte, wie eine Bar, und die meisten Menschen dort haben trotz aller Umstände eine gewisse Zufriedenheit und Fröhlichkeit.

Auch hier in Deutschland wird mir immer wieder bewusst, dass mich Gott total reich beschenkt hat!

Ich habe eine Wohnung, in der ich genug Platz habe, um auch andere Menschen einzuladen.

Ich habe die Möglichkeit zu studieren und mich weiterzubilden.

Ich habe eine Krankenversicherung, die die meis-ten Arztkosten übernimmt.

Ich habe genug Geld, um mir Essen und Kleidung zu kaufen und um in den Urlaub zu fahren.

Ich habe einen wundervollen Ehemann, meine liebe Familie und herzensgute Freunde.

Wie oft sind diese Tatsachen selbstverständlich für mich und ich bin mir nicht bewusst, dass ich mehr als genug besitze? Durch verschie-dene Faktoren in unserer Gesellschaft wird mir immer wieder vor-gemacht, dass ich doch das neueste Handy oder die Markenklamotten brauche.

Aber die Frage ist: Wie gehe ich damit um? Lasse ich mich von den Vorstellungen der Gesellschaft antreiben, um immer mehr materielle Dinge anzuhäufen? Ich versuche, bevor ich etwas kaufe, mich zu fra-gen, ob ich das wirklich brauche. Denn: Ich habe nicht zu wenig!

Ich möchte dich ermutigen, nicht immer das Neuste und Beste haben zu wollen, sondern mit dem, was Gott dir schon alles geschenkt hat, zufrieden zu sein.

So steht es auch in der Bibel:

„Sei zufrieden mit dem, was du hast, und ver-lange nicht ständig nach mehr, denn das ist ver-gebliche Mühe – so als wolltest du den Wind ein-fangen" (Prediger 6,9 HFA).

Anna Zilly I Jg. 1996 I verheiratet I Remchingen I Studentin

Gott hat mich total reich beschenkt!

Gottes Plan B

„Ich lasse die Kinder hier und fliege ohne sie nach Hause", sage ich mit fester und entschlossener Stimme in den Telefonhörer. Meine Eltern sind am anderen Ende der Leitung. Sie sind erstmal still. Und dann kommt nur ein Satz: *„Nein, das machst du nicht!"*

In mir steigt wieder die Angst auf, eine Angst, die mir die Luft abschnürt, eine Angst, die mich fast ohnmächtig macht.

Ich lege auf und weiß, dass meine Eltern recht haben. Natürlich werde ich meine Kinder nicht verlassen. Sie sind mein Lebenssinn. Ohne sie gehe ich nicht. Aber bleiben werde ich auch nicht!

Ich sitze auf meiner Veranda, die Sonne scheint mir ins Gesicht. Ich zünde mir meine nächste Zigarette an. Es waren schon zu viele heute. Meine Lungen beschweren sich schon seit Wochen. Ich schaue mich fragend um und finde nichts, das mir Halt geben könnte. Obwohl ich schon seit Jahren in diesem Haus lebe, gibt es nichts, was eine positive Erinnerung hervorruft. Sogar das heiße Wetter, das ich sonst so mag, nervt mich heute. Die Sonne ist grell, die Luft glüht ...

Zu diesem Zeitpunkt war meine Scheidung voll im Gange und meine drei Kinder mitten im Gefecht dabei. Es war eine schwere und aufreibende Zeit, bis an die Grenzen unserer Kraft und darüber hinaus. Ein Rosenkrieg, der meine Existenz und die meiner Kinder gefährdete.

Wir lebten als Deutsche in einem Land, in dem wir uns alleingelassen vorkamen. Niemand war da, bei dem ich Hilfe suchen und dem ich vollends vertrauen konnte. Die Menschen, die über Jahre meine Freunde und Verwandten gewesen waren, wurden von heute auf morgen meine Feinde. Der Grund dafür war einfach. Ich hatte es gewagt, Kopf und Stimme zu erheben und ein *„Stopp!"* zur Gewalt in der Ehe zu sagen. Nicht nur das, ich wagte es, für mein Recht und das Recht meiner Kinder zu kämpfen. Das passte nicht ins hiesige Bild. Wir wurden für die Beteiligten unbequem. Sie fragten mich: *„Was ist los? Warum jetzt? Du warst so lange still, warum musst du jetzt alles hochholen?"*

Genau dieser Gedanke brannte in mir. Und in meiner Unsicherheit stellte ich mir immer wieder die Frage: *„Warum mache ich das?" Wäre es nicht leichter zu schweigen und die schlechten Tage still zu ertragen?* Doch dann sah ich in die Augen meiner Kinder, ein Sohn und zwei Töchter, die eines Tages auch erwachsen sein würden, und mir wurde wieder klar, für wen ich es tat. Ich wollte nicht, dass sie lernen: So wie Mama und Papa leben, ist es gut, so sieht Ehe aus.

So stand ich da, alleine, verstört, durcheinander und ohne Plan B. MEIN Plan A war, Scheidung, das alleinige Sorgerecht, Verkauf des Hauses, vier Tickets nach Deutschland, Wunden lecken und das Leben von vorne beginnen. Es gab keinen Plan B, denn alles andere kam einfach nicht in Frage. Ich hatte keinen israelischen Pass, und ich war keine Jüdin. Ich konnte und würde nicht alleine in Israel bleiben. Und genau diese Tatsachen, verbunden mit lähmender Angst, trieben mich zu vielen absurden Gedanken. Sie fuhren Karussell; ich fühlte mich von einer Ecke in die andere getrieben, ohne Halt und Geborgenheit.

Irgendwann konnte ich nicht mehr. Meine Seele und mein Körper waren ausgelaugt. *„Wenn Sie möchten, kann ich Sie in eine Psychiatrie einweisen lassen, da kann man Ihnen helfen"*, bot mir mein Hausarzt sorgenvoll an. Letztlich verschrieb er mir Beruhigungsmittel. Sie halfen mir, wieder essen und schlafen zu können. Denn eine Einweisung kam für mich nicht in Frage; vor Gericht sieht so etwas schlecht aus. Es wäre in Scheidung und Sorgerecht ein schwieriges Thema geworden. Dabei war die Sehnsucht nach Ruhe und sich einfach unter die Bettdecke verkriechen zu können riesig.

Doch mir war klar, dass ich nicht aufgeben konnte. Ich musste für meine Kinder und eine lebenswerte Zukunft weiterkämpfen. Aber woher sollte ich die Kraft nehmen? Meine Ressourcen waren aufgebraucht. Zu der Zeit hatte ich bereits massive Essstörungen und Panikattacken. Ich wog nur noch 47 kg bei einer Größe von 1,66 m.

Eines Tages, ich war alleine zu Hause, überkam es mich. Ich fing an, mit Gott zu sprechen. Wusste ich, was ich da tat? Eher nicht! Ich hatte nie wirklich gebetet oder eine Beziehung zu Gott gehabt. Ich hatte keine Ahnung, warum ich es auf einmal tat. Es kam einfach über mich. Ich sagte Gott wirklich alles; besonders die Dinge, die ich verbockt hatte, lagen mir auf dem Herzen. Ich schrieb sie sogar auf einen Zettel, den ich als Zeichen verbrannte. Meine Schuld und die schlimmen Sachen sollten Geschichte sein. Ich meinte es ehrlich. Ich sprach ein Gebet, in dem es darum ging, dass ich eine Beziehung, eine Freundschaft mit Jesus möchte. Das alles fand in meiner Küche statt, alleine und unspektakulär. Niemand war da, um es mit mir zu feiern.

Ich sagte Gott wirklich alles.

Es war unglaublich. Alles zuvor war immer mit viel Kraftanstrengung verbunden gewesen; Jesus zu erkennen und anzunehmen, war dagegen befreiend. Und rückblickend erinnere ich mich daran, dass meine

Schwester, die zu der Zeit schon lange gläubig war, mich immer wieder auf Jesus und die Bibel hingewiesen hatte. Meine Mutter hatte mir sogar bei einem ihrer Besuche in Israel eine Bibel mitgebracht. Es war so, als hätte Gott im Hintergrund alles vorbereitet, denn plötzlich ergab es einen Sinn. Ich erlebte, dass Jesus ein Fels ist. Er ist die Kraft, er ist der Freund – und war meine Rettung in dieser hoffnungslosen Zeit.

Ich durfte mein Leben, meine Sorgen, meine Ängste Jesus abgeben.

Es war einer der befreiendsten Momente in meinem Leben. Ich durfte mein ganzes Leben, meine Sorgen, meine Ängste Jesus abgeben. Ich musste diese unendlich schwere Last nicht mehr selber schleppen. Ich erlebte, ich darf leicht sein und durchatmen. Ich darf lachen und wissen, dass da jemand ist, der meine Lasten trägt. Es gibt jemanden, der sich darum kümmert, und der es besser macht, als ich es je könnte. Diese Erinnerung war und ist weiterhin befreiend.

Mit diesen Erkenntnissen und meinem neuen Leben hatte ich wieder Platz in meinem Herzen, Platz für etwas, das ich fast vergessen hatte, wie es ist: Lachen. Damit meine ich nicht das gezwungene Lächeln und Lachen, das meine Kinder über Jahre nur zu oft auf meinem Gesicht gesehen hatten, wenn ich eine schwierige Situation hatte entschärfen wollen. Nein, es war ein echtes Lachen voller Freude. Ein Lachen, das aus dem Bauch, aus einem freien Herzen kommt und das man nicht vorspielen kann. Als meine Kinder mich so sahen, begannen ihre Augen zu leuchten; das Leben kehrte zurück und sie hatten eine Vorahnung, dass alles gut werden würde. In diesem Moment wusste ich: So wie Jesus meine Kraftquelle ist, so bin ich die Kraftquelle meiner Kinder. Sie schauen auf mich und machen es mir nach. Diese Aufgabe nehme ich ernst.

Die folgenden Jahre waren hart. Vor allem der lange Rechtsstreit um das Sorgerecht zehrte an unseren Kräften und kostete viel Geld. Über Jahre war es mir und den Kindern nicht erlaubt auszureisen. Irgendwann wurde es mir gestattet, mit Bedingungen und einer gesonderten Erlaubnis meines Exmannes. Alles lief über Notare und Anwälte. Die Heimat und meine Familie zu besuchen, wurde jedes Mal zu einer kostspieligen Rechtsangelegenheit. Wir waren Gefangene eines Mannes, der es nicht gut mit uns meinte und der immer darauf aus war, uns zu schaden und sich selber als Opfer zu präsentieren.

Und dennoch: Wir sind erhobenen Hauptes durch diese tiefen Täler gegangen. Wir waren Sieger, denn Gott hat für uns gekämpft und für uns gesiegt. Wir waren frei! Nein, wir durften uns als Familie nicht aussuchen, wo wir in Israel wohnen wollen. Auch wenn die Reisebedingungen gelockert wurden, brauchten wir dennoch die Erlaubnis meines Exmanns. Unsere wirkliche Freiheit bestand darin, dass wir uns nicht mehr als Gefangene sahen und erlebten. Wir waren hier, weil Gott einen Plan mit uns in Israel hatte. Unsere Zukunft lag einzig und allein in seinen Händen, nicht bei einem Exmann, Anwalt oder einem Gericht.

Es ist jetzt schon sieben Jahre her, seit Jesus mein Leben gerettet hat. Die Scheidung wurde abgeschlossen und das Haus verkauft. Meine Kinder und ich konnten endlich ein neues Kapitel aufschlagen.

Ich habe wieder geheiratet, einen wunderbaren Mann. Zusammen haben wir insgesamt fünf wundervolle Kinder.

Ich weiß, dass die Türen, die ich für mich offenhalten wollte, du, Gott geschlossen hast. Aber die Türen, die du für mich danach geöffnet hast, waren umso besser. Und ich habe es keine einzige Minute bereut, dich in mein Leben gelassen zu haben. Ich habe dir mein Leben anvertraut, und du hast mich am Leben erhalten.

Ich könnte Bücher schreiben, wohin mich der Weg mit Gott geführt hat, als Frau, als Mutter und als Ehefrau. Es sind besondere Geschichten, die Gott uns als eine Patchwork-Familie, die aus Christen in einem jüdischen Land besteht, durchstehen ließ. Es sind so viele Geschichten, dass ein Buch nicht ausreichen würde. Doch eins kann ich mit Sicherheit sagen: *Egal was noch kommen wird, solange Jesus mit uns geht, werden wir es schaffen!*

Alexandra Funk | Jg. 1982 | verheiratet | 5 Kinder | Ramat Tzvi/Israel | Firmeninhaberin | www.gilboapassion.com

Ver-zweifel-t

Was soll das? Warum muss ich das alles aushalten? Warum muss das Studium so anstrengend sein? Und warum bin ich in dem allen so allein? Meine Gedanken kreisen um Fragen wie diese. Verzweifelt suche ich nach Antworten. Ich will doch nur verstehen, was hier und in mir vor sich geht. Doch statt Antworten zu finden, kommen immer mehr Fragen dazu.

Es ist am Beginn meines Studiums, eines neuen Lebensabschnitts. Voller Zuversicht starte ich hinein und bin motiviert, meinen neuen Alltag zu gestalten. Doch es fällt mir schwer anzukommen. Irgendwie scheinen die anderen alle anders. Aktiver. Initiativer. Lauter. Da passe ich nicht rein. Ich probiere mitzuhalten, mitzureden, auch wenn ich lieber beobachten würde, mitzumachen bei den spontanen Aktionen, auch wenn ich lieber Ruhe hätte. Doch so sehr ich mich auch anstrenge, ich kann die Erwartungen des Idealbilds nicht erfüllen.

Ich beginne mich zu fragen, was ich falsch gemacht habe, dass die anderen mich nicht als Person wahrnehmen. Bemüht habe ich mich wirklich. Vielleicht bin ich einfach nicht gut genug. Vielleicht bin ich falsch. Selbstzweifel dominieren meine Sicht auf mich selbst. Ich verachte mich. *Wenn ich es nicht einmal schaffe, Beziehungen zu Kommilitonen aufzubauen, wie sollte es mir dann gelingen, im sozialen Bereich zu arbeiten? Was soll das, dass ich hier noch weiter Theologie und Pädagogik studiere?* Zweifel an meinem Weg dominieren die Sicht auf meinen Studienalltag. In der Vorlesung aufzupassen, erscheint mir vergeblich, meine Aufgaben zu erledigen, sinnlos. Vielleicht sollte ich das Studium abbrechen und etwas ganz anderes machen? Aber am Anfang ist alles neu und herausfordernd. Vielleicht waren das alles nur Herausforderungen, um daran zu wachsen und stärker zu werden. So beschließe ich, lieber mal noch eine Weile durchzuhalten.

Es wird immer unerträglicher. Die Zweifel schlagen in meinem Kopf Purzelbäume. Morgens aufzustehen, ist eine Überwindung. Der Tag wird sowieso nichts Erfreuliches bringen. Mich nicht in meine Aufgaben zu stürzen, um nicht fühlen zu müssen, ist jeden Tag aufs Neue ein harter Kampf. Ich verstehe die Welt nicht mehr. *Sind diese Kämpfe normal? Bin ich nur nicht fähig, etwas auszuhalten und dankbar auf das Gute zu sehen? Ist die Welt denn so schrecklich?* Vielleicht ist das die eigentliche Realität. Vielleicht hatten die Leute, die mir sagten und zeigten, ich sei wertvoll und geliebt, doch nicht recht. Irgendwie muss es ja erklärbar sein, was ich im Moment erlebe. Und was ich empfinde, passt definitiv nicht zu der Behauptung, dass ich wertvoll sein soll. *Aber wie passt diese Realität dann zu einem Gott, der voller Liebe ist und der die Welt einst gut geschaffen hat?* Ein Gott, der jeden Einzelnen einzigartig gemacht hat und die Menschen bedingungslos liebt. *Was soll das, Gott?* Ich verstehe das nicht! Ich verstehe dich nicht!

Gott hat jeden Einzelnen einzigartig gemacht!

Zweifel an Gott und seiner Liebe dominieren meine Beziehung zu ihm. So einfach kann ich Gott nicht mehr glauben. So einfach kann ich seine Liebe nicht mehr annehmen. Dann müsste er doch auch meine Situation ändern. Im Gespräch mit Gott ringe ich mit ihm, darum, wer er eigentlich ist, wer ich bin und wie die Welt ist. Doch darauf gibt es keine einfachen und keine schnellen Antworten. Ich bekomme die eigenen Erlebnisse einfach nicht in Einklang mit dem, was ich über Gott weiß. Vielleicht ist dann Gott auch nicht der liebe Gott, für den ich ihn halte. Ich flehe ihn an, mir zu erklären, wie alles zusammenpasst. Aber Gott scheint zu schweigen. Also arbeitet mein Verstand auf Hochtouren. Irgendwie muss es doch logisch erklärbar sein.

Irgendwann begreife ich, dass Liebe nicht heißt, immer lieb zu sein. Wer liebt, setzt auch Grenzen, um zu bewahren. Das müsste dann auch für Gott und seine Liebe gelten. Aber zufrieden bin ich damit nicht. Das hilft mir trotzdem nicht, auszuhalten. Das beantwortet trotzdem nicht die unzähligen Fragen, die auch durch das Studium aufgeworfen werden. Ich schreie weiter zu Gott, weil ich nicht weiterweiß, aber verstehen will. Aber Gott verstehe ich immer weniger.

In meinem Kopf ist langsam nur noch Chaos. Es ist mir alles zu viel. Mein Herz verkraftet das alles nicht mehr. Nebenher soll ich schließlich auch noch studieren – und ich befinde mich inzwischen in der Prüfungsphase. Das ist ohnehin Stress pur.

Auf einmal geht mir das Lied „Größer" von Jonnes wieder durch den Kopf. *„Würd ich dich [sc. Gott] komplett verstehen, wärst du genauso klein wie wir/ Doch du bist größer als mein Groß, und das mag ich an dir."* Es braucht eine Weile, bis der Inhalt wirklich bei mir ankommt. Letztlich werden diese Zeilen jedoch zu einem Schlüssel: Ich darf an Gott festhalten, auch wenn – oder gerade weil – ich ihn nicht verstehe. Ich muss niemandem, auch mir selbst nicht, Gottes Handeln vollständig erklären können. Ich darf vertrauen. Diese Erkenntnis ist ein erster Schritt. Es wird viele weitere brauchen, um (wieder) tiefes Vertrauen zu Gott zu fassen.

Die Situation an sich ist damit auch noch keinesfalls besser geworden. Im Gegenteil: Im nächsten Semester scheint mit neuen Leuten auch wieder alles von vorne loszugehen. Immer noch habe ich meinen Platz nicht gefunden. Der Workload an Vorlesungen, Aufgaben und Projekten ist riesig. Das wirft erneut die Frage auf, ob es sich überhaupt lohnt, mich so abzumühen, wenn ich doch gar nicht weiß, ob das Studium das richtige ist. Die Zweifel werden eine richtige Last und nagen innerlich an mir. Ich kann diese Thematik nicht länger verdrängen.

Im Mentoring finde ich eine Möglichkeit, mich damit auseinanderzusetzen. Es folgen unzählige Gespräche und Gebete – mit meiner Mentorin und anderen Freunden – und Recherchen zu anderen Möglichkeiten. Ich wäge alles sorgfältig ab, mache mir Vor- und Nachteile bewusst. Doch ich finde nichts, das sich so anhört, als würde es mir mehr entsprechen und meine Situation verbessern. Das deprimiert mich.

Ich habe meinen Frieden damit.

Als ich Gott damit wieder einmal in den Ohren liege, werde ich auf einmal ganz ruhig. Keine Ahnung, wohin mich all das führen wird. Keine Ahnung, ob ich dabeibleibe oder später noch etwas anderes mache. Aber es ist fürs erste in Ordnung, weiterzumachen. Ich habe meinen Frieden damit. Es gibt einen, der schon weiß, wie es weitergeht. Deshalb ist es nicht nur ein Akzeptieren aus Resignation. Es ist wirklich okay.

Im Gegensatz dazu bin ich allerdings immer noch nicht okay. Die Selbstzweifel haben sich hartnäckig in mir festgesetzt. Tief ist die Wurzel, aus der sie sich ernähren. Verletzungen und Demütigungen aus der Vergangenheit geben ihnen einen guten Nährboden. Auch wenn ich mich lieber umdrehen und wegrennen würde, damit alte Wunden nicht wieder aufreißen, drängen sie im Mentoring doch an die Oberfläche. Völlig fertig und erschöpft bin ich nach einem dieser Gespräche. Aber ich merke: Das war entscheidend. Deshalb beginne ich, mich den Schatten aus der Vergangenheit zu stellen – mit meiner Mentorin und Gott an meiner Seite. Ganz langsam heilen die Wunden. Ab und zu entlarve ich selbstzweiflerische Gedanken, kann sie als Lüge zur Seite schieben und selbstbewusster ein befreiteres Leben führen. Ein Leben, das nicht Anerkennung durch gute Leistung braucht, um wertvoll zu sein. Ein Leben, in dem ich mir bewusst bin, dass all mein Wert und mein Sein an jemandem hängen, der außerhalb dieser Welt felsenfest steht: Gott.

Doch wie ein Bumerang kommen die Selbstzweifel und alte Verhaltensweisen zurück. Da kann ich mich mit dem Hauptcharakter aus James L. Rubarts Buch „Das Haus an der Küste" eindeutig identifizieren. Am Ende kehrt der Hauptcharakter in sein neues, anderes Leben fernab von Erfolg, Reichtum und Anerkennung zurück. Doch er muss einen harten Kampf gegen die Lügen ausfechten. Meine Lügen sind die, dass mein Wert an meiner Leistung hängt, dass meine Sicherheit die genaue Erfüllung meiner Aufgaben sei und dass meine Beziehungen und meine Beliebtheit mich wertvoll machen. Parallel zum Hauptcharakter fechte ich einen inneren Kampf gegen meine Lügen aus, bis ich schließlich nur noch zu Gott „Papa" rufen kann. Einen Moment werde ich ruhig, um dann wieder innerlich aufgewühlt nach Jesus zu rufen.

Gott nimmt mich trotz meiner Schwächen an.

Schließlich greife ich zur Bibel und bete mit alten Worten anderer Beter. Ich bekenne meine Unzulänglichkeiten, meine Unvollkommenheit und erkenne, dass ich darauf angewiesen bin, dass Gott mich mit und trotz all meiner Schwächen annimmt. Mit der Zeit wird mein Herz leicht. Ich fühle mich frei. Ich weiß, dass ich meinen Alltag anders gestalten darf, dass ich nicht alles auf die Selbstzweifel und die Anerkennung für gute Leistung aufbauen muss. Das beflügelt mich.

Ein paar Tage hält das befreite Gefühl, aber auch das verfliegt. Der Alltag kommt zurück. Vertrauen, Studium und Selbstbewusstsein sind kein Selbstläufer. Dennoch verfliegt nicht alles im Wind, denn mit jeder Erfahrung durfte ich lernen. Mit jeder Erfahrung durfte ich Gott ein bisschen mehr kennenlernen. Mit jeder Erfahrung durfte ich Gott ein Stück näherkommen.

Miriam Guilliard | Jg. 2000 | ledig | Studentin

Gott ist gut – Wirklich?

Ganz friedlich lag meine Tochter im abgedunkelten Zimmer auf dem Bett der Intensivstation. Sie sah so klein aus. Das Beatmungsgerät schnaufte gleichmäßig seine Luft in die Lunge meines Mädchens. Ab und zu meldete sich der Alarm auf dem Überwachungsmonitor. Ich zählte 16 Infusionen, die über Schläuche ihre Medikamente in den kleinen Körper laufen ließen. *„Mama ist da, Ann."* Vorsichtig nahm ich ihre reglose Hand. Sie war ganz warm. Was war das hier für ein Albtraum? Noch einen Tag zuvor war meine fröhliche Vierjährige glücklich an meiner Hand über den Krankenhausflur gesprungen. Mein jüngstes Kind war noch ein Baby, daher durfte ich es hier dabeihaben. Meine beiden großen Kinder befanden sich bei einer Freundin.

Unser Leben war sowieso schon so herausfordernd gewesen. Ich hatte nicht ahnen können, dass Gott es zulassen würde, dass dem Ganzen noch eine Schippe draufgelegt wird. Ann hatte immer schlechter sehen können, begann dann beim Laufen zu stolpern, hielt den Kopf schief. Über Monate waren wir von Arzt zu Arzt gelaufen, keiner hatte uns helfen können. Bis wir endlich in einer Klinik aufgenommen worden waren.

Und dann dieser Moment, ich werde ihn nie vergessen: Ich stillte mein Baby und Ann spielte halbblind auf ihrem Bett mit einer Kinderkamera. Eine Ärztin kam herein, setzte sich mir gegenüber und schaute mich ernst an: *„Unsere Befürchtung hat sich bestätigt. Da ist etwas im Kopf ihrer Tochter, was da nicht hingehört."* Ihre Worte klangen so weit weg, ich nahm sie kaum wahr, nickte aber ab, was sie mir erklärte. Ich muss geweint haben, denn ich spürte, wie meine Hände nass wurden.

Mitten im Kopf meiner Tochter befand sich ein 8 cm großer Hirntumor. Man würde ihn nur teilweise entfernen können, da er genau am Atem- und Schluckzentrum saß.

Wir wurden sehr zeitnah in eine andere Klinik verlegt. In der Nacht vor der Operation legte ich meine Kinder schlafen und versuchte, mich mit einer sinnlosen Fernsehsendung abzulenken. Doch plötzlich stieg Panik in mir hoch. Morgen würde der Kopf meiner Tochter geöffnet und in ihrem Gehirn herumgeschnitten werden! Mir wurde übel, mein Herz raste. Am liebsten wollte ich meine Kinder nehmen und nach Hause fliehen. Raus aus diesem völligen Wahnsinn. *„Jesus!*

Herr! Hilf uns! Unternimm etwas! Bitte hilf uns!" Ich schrie stumm in die Dunkelheit. Doch als Antwort hörte ich nur das leise Atmen meiner ruhig schlafenden Kinder. Ich wäre fast durchgedreht vor Angst. Doch Gott schien mich alleinzulassen. All die Jahre hatte ich an ihm festgehalten, zu ihm gestanden. In allem Schmerz meines Lebens. In jeder Trennung, jeder Demütigung, jeder Bedrohung. Ich hatte ihm vertraut. Und jetzt ließ er mich im Stich ...

Unfassbare Wut kroch in mir hoch. Wie konnte er das zulassen?

Acht Stunden dauerte die Operation. Die Ärzte konnten den Tumor fast komplett entfernen. Doch leider erholte Ann sich nicht wie geplant. Sie bekam sehr schwere Lungenentzündungen, musste mehrfach reanimiert werden. Außerdem konnte sie nicht mehr schlucken, wurde deshalb künstlich über eine Sonde, die über die Bauchdecke in ihren Magen führte, ernährt. Nach 8 Wochen künstlichem Koma und einem ständigen Kampf zwischen Leben und Tod wurde ihr ein Tracheostoma gelegt. Ann bekam eine kleine Kanüle in den Hals, über die sie beatmet werden konnte. Somit war sie aber komplett stumm. Sie konnte auch nicht mehr greifen, sitzen, stehen oder laufen. Alles würde sie neu erlernen müssen.

Der Tumor war gutartig, trotzdem war die Prognose niederschmetternd: Ann würde nie mehr selber essen können. Sie bliebe ein Schwerstpflegefall. Wir könnten froh sein, dass sie so klar im Kopf und nicht blind geworden sei.

Viele beteten für uns. So viele. Und in mir war nur noch Zorn auf Gott. Ich konnte nicht beten. Ich fühlte nur Schwachheit, Hilflosigkeit und vor allem eine große, schwarze Decke der Hoffnungslosigkeit. Gott strafte uns mit Nichtbeachtung – so meine Gedanken – und ich wollte es ihm gleichtun.

Vier Monate blieben wir in der Klinik. Allerdings war es nicht so, dass ich mit meinem Baby einfach dort aufgenommen wurde, sondern wir mussten jeden Tag mit der Bahn die Strecke von zu Hause in die Klinik fahren. Nebenher versuchte ich irgendwie meine Großen zu sehen, den Alltag zu organisieren und bei Ann zu sein. Ich rannte morgens fast zu ihr und blieb bis zum späten Abend.

Ann selbst war noch lange im Koma. Als sie wacher wurde, ging es ihr so schlecht, dass sie festgebunden werden musste, weil sie sonst um sich schlug. Immer wieder wurden Dinge mit ihr gemacht, die sie schmerzten oder die sie nicht wollte. Tonlos und panisch schrie sie nach mir. Ich konnte nur bei ihr sein, sie beruhigen. Helfen konnte ich ihr nicht. *„Was bist du nur für ein Gott! Wie herzlos musst du sein …"* Und doch wusste ich, ohne Jesus war ich verloren. Aber ich verstand ihn nicht.

Es war einer dieser Tage, an denen ich dachte, ich falle irgendwann einfach um. Durch einen Infekt hatte ich hohes Fieber, überspielte das aber, um bei meinem Kind sein zu können. Ich saß schweißgebadet auf dem Stuhl an ihrem Bett, während mein Baby vergnügt und quietschend über den frisch gewischten Boden robbte. Ich war so müde. Ich schloss die Augen und hatte das Gefühl zu fallen. *„Ich kapituliere, Herr. Ich kann nicht mehr. Mach du!"*

Nach diesem Gebet war nicht alles gut. Aber ich erkannte, dass Gott längst wirkte. Mein Blick war voller Sorge auf die Zukunft gerichtet, anstatt dass ich erkannte, wie sehr Gottes Liebe uns längst trug. Auf der Intensivstation gab es so viel Leid, so viele weinende Eltern, schwer kranke Kinder, Tod. In unserem Raum aber war Licht: Wir hatten oft christliche Kinderlieder an, die auf „hochlaut" über die halbe Station dröhnten. Dabei nahm ich Ann samt Kabeln und Schläuchen auf meinen Schoß und wir wippten lachend zur Musik, alberten dabei herum und machten Blödsinn mit ihren Kuscheltieren. Die Schwestern hielten sich gern bei uns auf, waren sprachlos, wie unbeschwert und fröhlich wir mit der Situation umgingen. So schickten sie uns verzweifelte Eltern, denen wir Mut machen durften.

In unserem Raum war Licht.

Aber das war längst nicht alles: Ab dem Moment, in dem Ann durch ihre Kanüle im Hals verstummte, ließ Gott mich Lippen lesen. Ich konnte jedes stumme Wort meiner Tochter verstehen. Wir haben so ganze Unterhaltungen geführt! Obwohl noch vieles schief lief: Gott drehte die Dinge immer zum Guten.

Die Ärzte hatten großes Vertrauen in uns, da sie sahen, wie schnell ich lernte, mich um mein beatmetes Kind zu kümmern. So durften wir nach vier langen Monaten mit eigener Intensivstation nach Hause!

Ann konnte bis dahin einige Schritte alleine gehen und war motorisch viel fitter. Sie hat alles so unfassbar gut gemacht, führte sich sogar selbst die Sonde ein und gackerte herum, wenn ich dabei gespielt erschrocken rief: *„Mach nicht so schnell!"* Sie ist ein so starkes Mädchen!

Wir hatten eine heftige Zeit. Ein Jahr lang stand ich nachts alle 20 Minuten an ihrem Bett, weil einer der Alarme ging und ich die Atemwege meiner Tochter absaugen oder den Beatmungsschlauch neu anklemmen musste. Nebenher stillte ich alle 2 Stunden mein Baby. Dazu kam der Alltag mit vier Kindern. Das kann man nicht aus eigener Kraft schaffen – das war übernatürlich!

Leider wollte sich kein Therapeut zutrauen, meiner Tochter beim Schlucken-Üben zu helfen. So führte Gott meine Hände. Er zeigte mir Schritt für Schritt, was ich tun musste.

Ein Jahr nachdem Ann operiert worden war, biss sie am Weihnachtsmorgen herzhaft in ein Brötchen! Entgegen jeder Prognose der Ärzte konnte sie wieder völlig normal essen. Drei Monate später wurden ihr die Magensonde und auch die Kanüle im Hals entfernt. Sie brauchte fortan auch keine Beatmung mehr. Ann erholte sich rasant, konnte sogar eine normale Grundschule besuchen. Der Tumor ist nie mehr nachgewachsen. Die Ärzte hatten keine Erklärung dafür, ihnen fiel die Kinnlade herunter. Noch heute schickt der Professor der Klinik die Medizinstudenten zu uns ins Zimmer, wenn wir mal dort sind und sagt: *„Das ist Ann, unser Wundermädchen."* Und dann erzählen wir unsere Geschichte.

Ann ist heute 17. Sie will Rettungssanitäterin werden. Ich kenne kaum ein Mädchen, das solch ein Gottvertrauen und solch ein Selbstbewusstsein hat wie sie. Sie ist großartig (wie alle meine Kinder). Aber nein, nicht alles ist gut geworden. Kurz nach ihrem 5. Geburtstag erkrankte Ann an einer anderen, sehr seltenen Erkrankung, die ihr noch heute das Leben schwer macht. *Wie sollen wir das verstehen?* Gott hat in dieser Hinsicht noch kein Wunder getan. Ann leidet darunter sehr. Aber es kommt nie ein Wort der Klage, nie wirft sie Gott etwas vor. Sie weiß sicher, dass er alles in seiner Hand hält. Sie lobt seinen Namen und gibt überall Zeugnis von dem, was Gott in ihrem Leben getan hat.

Ich bin nicht immer stark. Manchmal halte ich meine Tochter im Arm, wenn sie wieder solche Schmerzen hat, und weine mit ihr. Dann schreie ich wieder stumm zu Gott: *„Wo bist du? Warum hilfst du ihr nicht?!"* Aber ich weiß, ich darf schwach sein. Ich darf in seiner Liebe kapitulieren. Er ist da. Er weint mit uns. Und er wirkt längst ...

Ja, Gott ist gut. Immer.

Maria Grace Köhler | Jg. 1981 | alleinerziehend | 5 Kinder | Witten | Tanzpädagogin

Wie Überwinden stark macht

Mein Mann und ich verliebten uns mit Anfang zwanzig. Damals lebte ich schon länger mit Jesus und war fest entschlossen, mit dem Sex bis zur Ehe zu warten. Das ist Gottes Empfehlung, die er uns durch die Bibel gibt, und ich war überzeugt davon, dass mir das den vollen ehelichen Segen einbringen würde. Denn gerade das Thema Ehe und Sex waren mir besonders wichtig, und da wollte ich einfach alles richtig machen. Genau das traf dann auch ein. Mein Mann war echt mein Traumprinz! Unsere Ehe lief einfach super. Es gab kaum mal einen Streit oder eine Auseinandersetzung bei uns. Viele Jahre hatte ich diese Schmetterlinge im Bauch und hätte nichts auf unsere Ehe kommen lassen.

Dann, im siebten Ehejahr, fühlten wir uns als Ehepaar berufen, mehr in die Arbeit für Jesus einzusteigen, um weiter im Glauben zu wachsen. Zur gleichen Zeit bekam mein Mann Schmerzen in der Brust, oberhalb des Herzens. Dieser Schmerz tauchte immer wieder auf und belastete meinen Mann. Deswegen beteten wir viel dafür und brachten das Anliegen auch an einem Abend im Hauskreis zur Sprache. Als mein Mann am nächsten Morgen erneut auf die Knie ging, um diesen Schmerz an Gott abzugeben, zeigte Gott ihm, was es damit auf sich hat: *Da war sein Herz, das Herz steht für seine Liebe, und diese Liebe bin ich, seine Frau. Und da war Dreck auf diesem Herzen.* Gott hat ihm durch den Schmerz und das Bild klargemacht, dass mein Mann Dreck in unsere Liebe hatte kommen lassen. Ihm wurde bewusst, dass er sich mir gegenüber öffnen musste und es Zeit war, sein Geheimnis offenzulegen.

Das war der Wendepunkt in unserer Ehe. Als mein Mann, der bisher mein treuer Prinz gewesen war, mir offenbarte, dass er Fantasien mit anderen Frauen hatte, sich Bilder von anderen Frauen anschaute, und das schon über Jahre, brach alles in mir zusammen. Nie hatte er mir gegenüber erwähnt, dass er andere Frauen sexy fand, oder mir auch nur den Anschein gegeben, andere Frauen könnten interessant für ihn sein, sodass ich niemals etwas hatte erahnen können. Und mit einem Mal kamen Fragen, Zweifel und Verletzung auf. *Bin ich nicht schön und sexy genug? Kann ich ihm nicht das geben, was er braucht? Was hat er sich genau angesehen? Hat er auch Pornos konsumiert, oder blieb es bei Bildern? Kann er mich überhaupt lieben?*

*Waren seine ganzen schönen Worte und Gesten nur ein Schauspiel?
Ist er auch praktisch fremd gegangen? Welche Geheimnisse hat er
noch? Wen hast du da geheiratet? Wo ist jetzt der Segen, Gott? Was
haben diese Frauen, was ich nicht habe? Wann und wo hat er sich
das angeguckt? Wie konnte er es so lange geheim halten? Wo war
ich bei dem Ganzen? ...*

Mein Vertrauen war so gebrochen, dass ich das Wort Trennung
nicht nur einmal ausgesprochen habe. Tag für Tag ballerte ich ihn
mit Vorwürfen zu. Nacht für Nacht weinte ich und überflutete ihn
mit Beleidigungen und Fragen. Bilder durchfluteten meinen Kopf. Es
gab keinen Abend mehr, an dem ich ihn einfach habe einschlafen lassen. Jeden Tag von vorne.

Inmitten meiner Enttäuschung machte mein Mann sich auf den
Weg, um sich selbst Hilfe zu holen. Er bekannte sein „Problem" nicht
nur mir gegenüber, sondern offenbarte sich jetzt anderen und ging
sogar in eine professionelle Beratung. Das war tatsächlich für mich
das erste Anzeichen dafür, dass mein Mann das Thema nun ehrlich
anging, bei der Wurzel packte und sich bemühte. Ich spürte Abend
für Abend, wie er für mich betete und im Gebet für mich kämpfte –
es waren „Gedanken-Gebete", und doch konnte ich das wahrnehmen.
Hinzu kam seine Ausdauer, die er mir gegenüber aufbrachte. Jeden
Tag aufs Neue musste er sich meinen Fragen stellen und in die Tiefe
gehen. Es waren tiefe, emotionale und aufreibende Gespräche.

Mit der Zeit konnten wir feststellen, wie ich durch seine Offenheit
und Bereitschaft, mir immer Frage und Antwort zu stehen, das Ganze Stück für Stück verarbeiten konnte.
Zu jeder Zeit gab er mir, meinen Gedanken und
Emotionen Raum. Es dauerte sehr lange, aber der
Schmerz wurde ganz langsam weniger, wie eine
Wunde, die zu heilen begann. Und im Laufe dieser
emotionalen Wende habe ich mich entschieden,
ihm wieder zu vertrauen. Denn genau in dieser Zeit
lernte ich eine ganz andere Seite meines Mannes kennen. Und vor allem habe ich erkennen können, wie tief er mit Jesus
verbunden ist. Denn diese Geduld, Hoffnung, Liebe und hingebungs-
volle Haltung und auch der starke Wille, für die Ehe so zu kämpfen,
konnte nur Gott ihm gegeben haben.

Der Schmerz in der Brust meines Mannes ist nach seiner Offenlegung
vergangen. In den ganzen Jahren des Verschweigens hatte er zwar

Ich erkannte, wie tief er mit Gott verbunden ist.

diese Sache immer wieder an Gott abgegeben, aber das hatte in dem Fall nicht gereicht. Denn vor Gott sind wir eins, und deswegen war es wichtig, den Weg gemeinsam zu gehen.

Heute kann ich sagen, dass unsere Ehe an Tiefe gewonnen hat; wir sind offener geworden und haben eine stärkere Bindung. Es ist nicht mehr nur ein Verliebtsein, sondern eine Liebe, die starke Wurzeln geschlagen hat. Vorher war da ein grüner Baum mit Knospen, aber schwachen Wurzeln, der trotzdem schön anzusehen war. Jetzt, nachdem der Baum diesen heftigen Sturm durchlebt und Blätter und Knospen verloren hat, steht er fest; dicke Wurzeln halten ihn und er blüht in voller Pracht. Selbst wenn ein Sturm kommt und Blätter und Blüten fallen, so steht er fest verankert. Und auch mein Vertrauen in Gott ist gewachsen sowie die Gewissheit, dass er gebrochene Herzen heilt. Rückblickend finde ich es unglaublich, wie der Heilige Geist an uns arbeitet, wenn wir uns ihm hingeben und von ihm verändert werden.

Abschließend möchte ich sagen, dass mein Mann später oft die Möglichkeit bekommen hat, über das Thema Pornografie-Sucht mit anderen Männern zu sprechen. Ich glaube sogar, dass es bei fast jedem christlichen Männer-Event thematisiert wird. Daran wird deutlich, wie groß das Ausmaß der Sache ist, aber auch, dass es viele Frauen geben muss, die hinter diesen Männern stehen. Diese Frauen bekommen nicht die Chance, sich mit anderen Frauen auszutauschen und ihrer Geschichte Raum zu geben. Ich selbst habe es meiner Mama auch nur erzählen können, weil ich wusste, sie wird ihn oder uns nicht verurteilen. Ansonsten habe ich mich niemandem anvertraut, weil ich meinen Mann nicht bloßstellen wollte und um die Ehe zu schützen. Es ist sehr schade, dass wir darüber nicht offener kommunizieren und Frauen die Möglichkeit geben, ohne Scham darüber sprechen zu können.

Laura Hepner | Jg. 1987 | verheiratet | Gummersbach | Kreative Selbstständige, Verkauf von Accessoires über Instagram: ladetails

Geheilt durch Krebs!?

Im Oktober 2000 wurde bei mir ein Ovarialkarzinom diagnostiziert. Wir waren als Missionare in Kapstadt/Südafrika, unsere Kinder waren 6 und 7. Es folgten Operation und Chemotherapie und eine gute Prognose, die auch unseren Kindern half, diese Episode in unser aller Leben gut wegzustecken, ohne Ängste und Trauma. Aber vier Jahre später kam der Krebs zurück, diesmal mit vielen Metastasen und einer denkbar schlechten Prognose. Für uns alle, aber insbesondere für unsere Kinder, war die emotionale Situation diesmal eine ganz andere. Wir waren alle traumatisiert – jeder für sich, aber auch in unseren Beziehungen untereinander.

Krebs frisst und fordert Raum im menschlichen Körper. Er kann aber auch Beziehungen und Zeit fressen. Krebs macht Angst. Er hat auch unseren Kindern Angst gemacht. Kinder haben vor allem Angst davor, ihre Eltern zu verlieren. Unsere beiden gingen sehr unterschiedlich mit der „Möglichkeit" um, dass ihre Mutter an Krebs sterben könnte.

Unser Sohn war 11 und unsere Tochter 10 Jahre alt, als ich 2004 dieses erste Rezidiv – also zum zweiten Mal Krebs – bekam. Für unseren Sohn war das Glas schon immer halb voll, für unsere Tochter halb leer. Die Wahrscheinlichkeit, ihre Mutter an dieses *„Leben fressende und Raum fordernde"* Monster zu verlieren, war real und riesengroß für unsere Tochter. Und wenn Kinder Angst haben, dann verstecken sie sich oder machen die Augen zu. Auch unsere Tochter versteckte sich – in sich selbst und hinter einer großen, undurchdringlichen Mauer.

Viele Jahre war kein Durchkommen zu ihrem angsterfüllten Herzen mehr möglich. Als sie dann ins Junge-Erwachsenenalter kam, half alles Gut-Zureden, diese Sache seelsorgerlich anzugehen, nichts. Es wurde mit *„Ich mach das allein aus mit GOTT"* oder *„Seelsorge nützt eh nix"* abgewürgt. Über die Jahre gesellte sich zu dem seelischen Schmerz auch noch körperlicher: vor allem Migräne, begleitet von neurologischen Ausfällen. Seit geraumer Zeit ist sie deshalb auch regelmäßig beim Neurologen in Behandlung.

2018 hatte ich ein zweites Rezidiv und erhielt wieder Chemotherapie. Diese war erfolgreich, eine Erhaltungstherapie (PARP-Hemmer) schloss sich an. Die Erhaltungstherapie musste aber leider nach 14 Monaten abgebrochen werden, da ich Herzbeschwerden bekam. Mein

Herz war dauerhaft geschädigt, was schließlich einen Herzschrittmacher erforderlich machte. Kurz darauf (2021) wieder ein Rezidiv, das dritte nun in sehr kurzer Zeit. Eine erneute Chemotherapie wirkte nur begrenzt. Im Moment erhalte ich eine Antikörpertherapie, und wir hoffen und beten, dass die Tumore dadurch schrumpfen oder zumindest nicht weiterwachsen.

Diese beiden letzten Rezidive 2018 und 2021 wirkten wie Katalysatoren für unsere nun erwachsenen Kinder, sich noch einmal intensiv mit der Situation in ihrer Kindheit auseinanderzusetzen: Was hatte es mit ihnen gemacht, in so jungen Jahren mit dem Verlust der Mutter bedroht zu sein? Wir sind als Familie näher zusammengerückt, unsere Beziehungen wurden tiefer. Wir verbringen bewusst und mehr Zeit miteinander. Auch unsere Tochter begann, aufzuarbeiten, was sie so lange verdrängt hatte.

Im Propheten Joel lesen wir: *„Und ich werde euch die Jahre erstatten, die die Heuschrecke, der Abfresser und die Heuschreckenlarve und der Nager gefressen haben …"* (Joel 2,25 ELB). Der „Abfresser" hat unserer Tochter die unbeschwerten Kindheits- und Jugendjahre weggefressen – und auch uns als Eltern gemeinsame Jahre mit ihr. Ich habe es als Mutter als sehr schmerzlich empfunden, so gar keinen Zugang zu ihrem Herzen mehr zu finden. In der letzten Zeit dürfen wir erfahren, was es heißt, diese Jahre zurückzubekommen, bei und mit beiden unseren Kindern.

Sie möchten beide bewusst für mich da sein, wenn Hilfe nötig ist. Während der Herzerkrankung und der vierten Chemo war ich oft auf Hilfe angewiesen, gerade wenn Frederick, mein Mann, dienstlich von zu Hause weg sein musste. Unsere Tochter möchte Zeit nachholen und vorholen mit mir. Im Dezember durfte ich sie nach Madeira zu einer Konferenz begleiten und dort schöne Tage mit ihr verbringen.

Ich persönlich gehe durch einen Prozess des Trauerns und gleichzeitig des Zeitauskaufens. Das in Einklang zu bringen, ist ein Spagat. Gerade wenn ich mit meinen Liebsten zusammen bin, zu denen nun auch die uns sehr liebgewordenen Schwiegerkinder gehören, werde ich mir meiner durch den Krebs möglicherweise begrenzten Lebenszeit sehr bewusst. Ich spüre dann, was ich verlieren werde. Zeit mit meinen Liebsten zu genießen ohne diese Trauer, ist kaum möglich.

Gott ist allmächtig!

Ich teile mit meinen Kindern unterschiedliche Interessen, über die wir uns intensiv austauschen. Es ist etwas unheimlich Schönes, auf dieser Ebene auch ein Erbe zu hinterlassen. Ich merke, wie sehr ich doch aus der Perspektive „Abschied" schreibe.

Mein lieber Mann Frederick, unsere Kinder und Schwiegerkinder und auch ich haben die Hoffnung nicht aufgegeben, dass der Krebs meine Lebenszeit nicht verkürzt und ich tatsächlich einmal nicht an Krebs, sondern eines „natürlichen" Todes, alt und lebenssatt, sterben darf. Gott hat uns große Wunder sehen lassen in den vergangenen 21 Jahren seit der ersten Krebsdiagnose. Jeder, der etwas Ahnung davon hat, weiß, dass (Zitat eines Onkologen) ich *„jeglicher medizinischen Erfahrung widerspreche"*: 14 Jahre (2004 – 2018) ganz ohne Metastasen und Tumore sind ein Wunder. Wir wissen, GOTT IST ALLMÄCHTIG!

Bin ich geheilt? Nein. *Bin ich traurig?* Ja, sehr manchmal. Aber das, was ich gerade geschenkt bekomme, überwiegt alles. Ich bekomme Zeit zurückerstattet – insbesondere mit meiner Tochter auf einer sehr tiefen und heilsamen Ebene, für sie und mich.

Was der Krebs geraubt hat, schenkt Gott meiner Familie und mir wieder, auf eine sehr schöne Weise. Wie unendlich dankbar bin ich doch dafür!

Doris Kammies I Jg. 1956 I verheiratet I 2 verheiratete Kinder I Rodgau I Missionarin mit Jugend mit einer Mission im Bereich Member Care

ER ist da!

Ich heiße Claudia und bin in einer katholischen Familie aufgewachsen, in der es gang und gäbe war, jeden Sonntag in die Kirche zu gehen. Durch die Kindstaufe habe ich alle Sakramente, wie Kommunion und Firmung, mitgemacht, das heißt auch zehn Jahre Religionsunterricht. Man muss dazu sagen, dass das für ostdeutsche Verhältnisse sehr viel Glaube und Kirche war. Aber wenn ich ehrlich bin, hat mich das zu dieser Zeit nicht interessiert, ebenso wenig wie ich es verstanden habe. Ich kann mich nicht daran erinnern, in der Familie mal eine Bibel aktiv in Benutzung gesehen zu haben oder erklärt bekommen zu haben, warum es gut und wichtig ist, an Gott zu glauben und eine Beziehung mit ihm zu leben. Mit 16 Jahren demonstrierte ich dann mein Desinteresse am Glauben, indem ich einfach nicht mehr in die Kirche ging. Als ich älter wurde, beschränkten sich meine Kirchenbesuche auf wenige Male, immer dann, wenn ich halt Lust und Laune dazu hatte. Das Vertraute oder eine Gemeinde, in der ich mich wohlfühlte, gab es zu diesem Zeitpunkt nicht.

Durch Mobbing an meinem Arbeitsplatz hatte ich eine Zeitlang starke Depressionen. Zwar waren die Depressionen irgendwann bewältigt, zurück blieben allerdings starke Angstzustände und Selbstzweifel, die in unbekannten und unsicheren Situationen immer wieder auftraten. Mein Leben verlor dadurch sehr an Qualität und Lebensfreude. Ich traute mich nicht einmal mehr allein in die Stadt oder unter Leute. Zwar war ich deswegen bereits in Therapie, doch so richtig geholfen hat es nicht.

Durch eine Frau in meinem Wohnblock ließ ich mich eines Tages in die „Oase" einladen, eine Gemeindegründung im nächsten Viertel. Der erste Gottesdienst hat mich gleich sehr berührt. Besonders in den Lobpreiszeiten berührten mich die Texte so sehr, dass ich bitterlich weinen musste. Ich spürte in mir etwas ganz Besonderes, das ich bis heute nicht beschreiben kann; ich weiß nur, dass es mir sehr guttat.

Dieses schöne Gefühl wollte ich bald nicht mehr missen, und so war ich ab da regelmäßig in der Kleingruppe und in den Gottesdiensten. Keiner machte mir Druck, doch innerlich wusste ich irgendwann, dass es Zeit war, mein Leben ganz Jesus zu geben. Ich traf mich mit der Frau aus meinem Block. Zu dieser Zeit wusste ich noch nicht, wie man betet, wie man in der Bibel lesen kann und wie ich überhaupt mit Jesus reden sollte.

Dieses Gebet war einer der intensivsten Momente in meinem Leben. Die Frau sprach vor und ich sprach nach. Nach dem „Amen" schien die Sonne direkt auf uns. Ich fühlte mich wie neugeboren. Ich fühlte mich befreit und so, als würde jede Last von mir genommen und eine positive Kraft in mich hineingepumpt werden. Ich bin so dankbar, seitdem diesen Weg mit Gott zu gehen und zu wissen: Er ist da! Das Übergabegebet war für mich sehr entscheidend. Seit diesem Tag änderte sich mein ganzer Umgang mit Ängsten und Sorgen; ich wusste nun genau, wohin damit, und ich wusste, ich bin nicht mehr allein.

Ich fühlte mich wie neugeboren.

Ich kann jeden ermutigen, den Weg mit Gott zu gehen und sich ihm ganz zu öffnen, auch wenn es nur in kleinen Schritten passiert. Gott gibt jedem die Möglichkeit, sich ihm anzuvertrauen, ganz ohne Druck. Ich kann sagen, die Gemeinde und Gott haben mir geholfen – und helfen mir noch immer –, mit meinen Ängsten fertig zu werden. Meine Selbstzweifel sind viel weniger geworden, und meine innere Stärke wächst zusammen mit meinem Glauben. Ich fahre wieder allein in die Stadt und bin wieder gerne mit Menschen unterwegs; das war zu der Zeit, als ich Jesus noch nicht kannte, nicht möglich gewesen. Auch wenn noch nicht alle Ängste und Sorgen ganz verschwunden sind, weiß ich nun ganz genau, an wen ich mich wende, wenn sie hochkommen: an meinen Gott.

Ich ermutige euch auch, andere Menschen in eure Gemeinde einzuladen. Ohne den Mut dieser Frau in meinem Wohnblock, die mich zu ihrer Gemeinde eingeladen hat, hätte ich diesen Gott vermutlich nie kennengelernt, und ich wüsste immer noch nicht, an wen ich mich mit meinen Sorgen und Ängste wenden kann. Nun weiß ich es.

„Denn Gott hat euch nicht einen Geist der Furcht gegeben, sondern einen Geist der Kraft, der Liebe und der Besonnenheit" (2. Timotheus 1,7 NLB).

Claudia Niedhoff | Jg. 1985 | verheiratet | 1 Tochter | Neubrandenburg | Servicefachfrau

Wort-Geschenke

2017 kam ich zum Glauben an Jesus Christus. Es passierte in meiner Küche, allein, nur durch ein YouTube-Video. Dort ging ich auf die Knie und gab Jesus mein ganzes Leben. Gott veränderte sofort mein Herz, mein ganzes Wesen, gab mir einen Frieden, den ich so bisher noch nie erlebt hatte und eine lebendige und persönliche Beziehung zu ihm.

Gott veränderte sofort mein Herz.

Wenige Wochen nach diesem Moment zog es mich auf die Straße, um den Menschen die gute Botschaft von Jesus Christus zu bringen. Doch was sich so leicht anhört, stellte sich anfangs als eine unüberwindbare Sache für mich heraus. Ich war voller Menschenfurcht. Wann immer ich versuchte, auf eine Person zuzugehen, überkam mich Scham und Angst. Ich ging an der Person einfach vorbei. Tag für Tag versuchte ich es, und Tag für Tag versagte ich und brachte Gott unter Tränen mein Versagen. *Wie würde die Person reagieren? Was, wenn ich abgelehnt werde? Was, wenn ich ausgelacht werde? Was, wenn ich nicht die richtigen Worte finde?* Ich kannte anfangs weder andere Menschen, die gläubig waren, noch wusste ich, dass es Flyer, Schriften und Traktate gibt oder dass man sich solche Dinge bestellen kann.

Aber ich bat Gott um Hilfe und seine Hilfe kam. Hörbar vernahm ich die Worte in meinem Herzen: *„Schreib doch mal auf. Was würdest du den Menschen gerne sagen?"* So schrieb ich einen kleinen Text auf ein Stück Papier. Hundert Mal schrieb ich das und sagte mir: *„Gut, ich geh jetzt mit den kleinen Briefen raus und verteile sie, ohne was sagen zu müssen."*

Man könnte meinen, dass meine Menschenfurcht durch diese Lösung besiegt gewesen wäre, doch keine zwei Minuten später musste ich feststellen, dass ich nicht mal das schaffte. Während ich mit meinen kleinen weißen Zetteln draußen herumlief, sagte ich mir: *„Ana, das ist so hässlich, das möchte entweder keiner haben oder es landet sofort im Müll."* Ich ging also wieder nach Hause, mit allen 100 Stück, und fing an sie so zu dekorieren, dass jedes einzelne wie ein kleines Geschenk aussah. *„Das lehnt man sicher so schnell nicht ab"*, dachte ich mir. *„Und hat die Person das Wort erstmal gelesen, gibt es kein Zurück mehr."*

„Gottes Wort kommt nicht leer zurück" (vgl. Jesaja 55,11).

Wieder machte ich mich auf den Weg und kam zum ersten Mal ohne einen einzigen Zettel zurück. Man kann sich kaum vorstellen, wie sich das für mich anfühlte. Gott hatte mein Versagen und meinen Hilferuf in seine Hände genommen und etwas Wunderschönes daraus gemacht. Ich schrieb jede Woche meine 100 Zettel und verpackte sie liebevoll. Woche für Woche. Ein Jahr lang. Wo auch immer ich war, nahm ich die kleinen Geschenke mit und verstreute sie großzügig. Die pure Freude war das für mich.

2018 wollte ich ein Studium beginnen. Ich hatte zu der Zeit einen Vollzeitjob als Lageristin und nie besonders gut verdient. Ich hatte mir Gedanken über die Zukunft gemacht und wie gut es wäre, mehr Geld zu haben und für meine Familie sorgen zu können.

Gerade als ich damit beginnen wollte, hörte ich, wie Gott sagte: *„Lass das Studium sein. Ich möchte, dass du das Evangelium kostenlos für andere Geschwister anbietest."* Auch das liest sich wieder so leicht. Aber ich weinte bitterlich über diesen Vorschlag. Alle meine Wünsche wurden mit dieser einen Bitte über Bord geworfen. Ich musste mich der Tatsache stellen, dass ich nie studieren würde, dass ich nie genug Geld haben würde, ich mich niemals finanziell um meine Familie kümmern könnte und stellte mir diese Frage: *„Was, wenn sich kein Mensch für diese Art der Evangelisation interessieren wird und ich einen Riesenfehler mache?"*

Nach zwei Tagen im Gebet und unter vielen Tränen stand mein Entschluss fest: *„Ich werde das tun, worum mich Gott gebeten hat, auch wenn ich überhaupt keine Ahnung habe, wie oder wer das überhaupt bezahlen soll und ob sich überhaupt jemand dafür interessiert."*

Ich machte mich an die Arbeit, bestellte Material, arbeitete ein bisschen vor, machte Fotos und stellte sie online. Obwohl ich wusste, dass ich Gottes Stimme wahrgenommen hatte und ich selbst niemals auf so eine verrückte Idee gekommen wäre, überraschte es mich jedes Mal, wenn eine Bestellung reinkam. Im Jahr darauf wuchsen die Bestellungen so sehr, dass ich nicht mehr Vollzeit arbeiten gehen konnte. Ich beschloss, auf eine 70%-Stelle runterzugehen; wieder ein halbes Jahr später musste ich auf eine 50%-Stelle runtergehen. Im darauffolgenden Jahr entstand eine Schriftmission und die Arbeit formte sich zu einem ehrenamtlichen Verein. Tausende von Texten mit dem Evangelium verließen jede Woche mein Zimmer. Ich fing an, palettenweise Ware zu

Es überraschte mich jedes Mal.

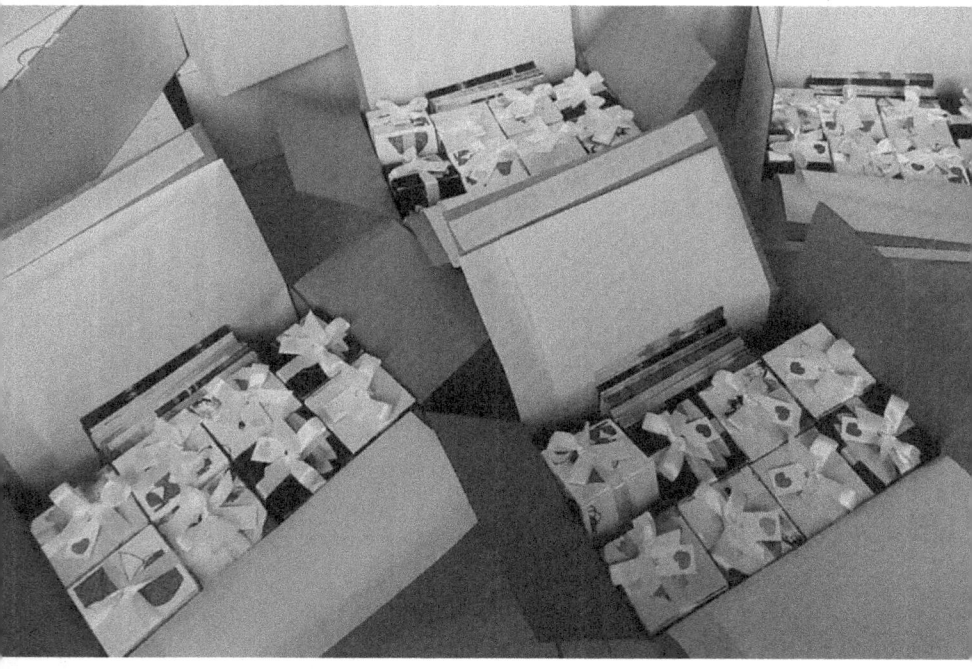

bestellen und mein Zimmer zu einem Lager umzubauen, mittendrin mein Bett und paar Klamotten. Es war ein Abenteuer, aber ich war in dem, was ich tun sollte, und war überglücklich.

Die Kosten beliefen sich im zweiten Jahr bereits auf 30.000 Euro (was ich niemandem erzählte). In den darauffolgenden Jahren stieg das noch weiter an, und Gott kümmerte sich um jede Rechnung. Er schenkte mir ein Team von Freunden, die sich von ganzem Herzen mit einbrachten, und das bis heute tun. Die erste Webseite entstand (www.giveaway.live), weitere Texte kamen dazu, und sie wurden in 21 Sprachen übersetzt. Es gibt Texte speziell für Frauen, und es wurden Karten in Blindenschrift gedruckt. Alles wird weltweit kostenlos versendet.

Heute, vier Jahre später, ist hier 1.150.000-mal das Evangelium rausgegangen. Ja da steht echt eine Million, ich kann es selbst nicht fassen.

Von der 50%-Stelle musste ich auf einen Aushilfsjob runter. Das Zurückschrauben im Beruf hatte gleichzeitig zur Folge, dass ich lernen musste, all mein Vertrauen auf Gott zu setzen. Das Gehalt hatte schon lange nicht mehr gereicht, um meine Fixkosten zu decken. Gott musste immer mehr Wunder tun – das tat er auch! Das begann bei der Versorgung für die Miete, für Kleidung, Essen und Zugfahrten und hörte auch nicht auf, als ich für Shampoo betete. Jeden Monat sendete er mir Menschen über den Weg, die mich mit allem versorgten, was ich brauchte. Wie ein Vater nahm er mich bei der Hand und lehrte mich, auf ihn allein zu schauen.

Der Tag kam, an dem ich die Entscheidung treffen musste, mich von dem Aushilfsjob zu lösen. Ich hatte noch 1200 Euro auf der Seite und sagte mir: *„Egal was passiert, wenigstens kannst du für die nächsten 6 Monate deine Krankenversicherung bezahlen."* WORST CASE SZENARIO!

Ich legte den Aushilfsjob nieder und war gespannt, wie Gott mich versorgen würde. Ja, ich hatte Angst, aber es hielt sich in Grenzen, da ich die letzten Jahre gesehen hatte, zu was Gott fähig ist.

Eines Tages dann ging der Backofen einer Freundin kaputt, und ich bat den Herrn, ihr einen neuen Backofen zu geben. Da hörte ich, wie Gott sagte: *„Ana, kauf du ihr einen."* Ich war empört über diesen Vorschlag und entgegnete, dass ich überhaupt kein Geld hätte.

„Ana, du hast 1200 Euro, du kannst ihr einen Backofen kaufen", hörte ich in meinem Herzen. Doch ich regte mich nur noch mehr darüber auf und blieb bei NEIN. Das ist für meine Krankenversicherung! *Hallo? Geht's noch?*

Doch Gott ließ nicht locker. Am zweiten Tag merkte ich eine tiefe Unruhe in mir, und während ich hin und her überlegte und mich immer wieder über diese unlogische Idee aufregte, nahm ich einen Umschlag und legte 300 Euro rein. Ich gab den Umschlag weg und wartete ab, was passierte. Ich hatte etwas Angst und gleichzeitig Frieden. Komische Kombination, aber ich wusste: Entweder Gott holt mich hier raus, oder es ist eh alles aus. Nicht mal die Krankenversicherung konnte ich jetzt zahlen.

Aber Gott tat ein Wunder, und zwar ein gewaltiges. Die nächsten zwei Tage kamen so viele Menschen auf mich zu und segneten mich so sehr (auch welche, die ich gar nicht kannte), dass auf meinem privaten Konto plötzlich mehrere Tausend Euro lagen. Und ich hatte absolut niemandem von meiner Situation erzählt. Boah, hab ich geheult!

Ich hatte zudem gerade frisch meinen Führerschein gemacht und dachte: *„Das ist der Segen, um den ich lange gebetet habe, um mir ein Auto kaufen zu können."* Aber auch da hatte Gott andere Pläne.

Ein mir unbekanntes Ehepaar rief mich genau in diesen Tagen an und sagte: *„Ana, wir haben von deiner Schriftmission gehört, und Gott hat uns aufs Herz gelegt, dir ein Auto zu schenken. Du darfst dir ein neues Auto deiner Wahl aussuchen und wir bezahlen es. Wir zahlen auch die Steuern und die Versicherung und legen noch was obendrauf für den Sprit."* Es war überwältigend. Niemals kann ich in diesen Zeilen beschreiben, was in mir vor sich ging, als das alles passierte.

Ich dankte für die Kraft, die er mir gab.

Ich kniete und weinte in meinem Zimmer und dankte dem Herrn. Für die Kraft, die er mir gab, ihm zu vertrauen. Für seine Treue – in allen Dingen. Für die Versorgung in der Schriftmission. Ich dankte ihm, dass er mich immer getragen hatte. An jedem Tag, wenn ich ihn um Hilfe bat, war er da. Ich dankte ihm auch für die Tage, an denen ich ihm nicht vertraute und er trotzdem treu war. Und ich dankte ihm, dass er mir half, mein Letztes wegzugeben, und wie unglaublich er diese Situation wendete.

Und jeden Tag natürlich danke ich ihm für diesen wunderschönen Dienst und Weg, Menschen von seiner Liebe zu erzählen.

Ana Feineis | Jg. 1987 | verheiratet | Buxtehude | Gründerin www.giveaway.live, Vollzeitdienst Schriftmission, gelernte Einzelhandelskauffrau

Gnade

„Es sollen wohl Berge weichen und Hügel hinfallen, aber meine Gnade soll nicht von dir weichen, und der Bund meines Friedens soll nicht hinfallen, spricht der HERR, dein Erbarmer." (Jesaja 54,10)

Als ob es gestern gewesen wäre, erinnere ich mich daran, wie ich mir die Spruchkarten ansah, um mir meinen Konfirmationsspruch auszusuchen, und wie ich immer wieder an diesem Vers hängenblieb. Vielleicht wünschte ich mir so sehr einen Gott für mein Leben, der – egal was auch passiert – immer an meiner Seite ist, mir hilft und mich nie verlässt. Damals konnte ich noch nicht ahnen, dass ich so manchen Berg und Hügel fallen sehen sollte, aber immer wieder neu auch Gottes Gnade erleben durfte.

Als ich Depressionen bekam und dadurch meinen Job verlor, schenkte Gott mir den Mut, offen damit umzugehen, und die Kraft, innere Wunden zu heilen und wieder aufzustehen. Ich fand zu mir selbst und eine neue, bessere und für mich viel passendere Stelle.

Als mein Mann schwer und chronisch krank wurde, trug Gott uns durch die harte Zeit und lehrte uns, mit den Einschränkungen zu leben und trotz allem unsere Träume zu verfolgen und zu leben. Immer wieder durften wir erleben, wie sehr Gott uns liebt, auch wenn wir Schweres durchleben müssen.

Gott trug uns durch.

An einem Berg bin ich jedoch beinahe zerbrochen, und mein Glaube wurde auf eine harte Probe gestellt. Seit ich denken kann, wünschte ich mir eine Familie. Zu heiraten und eine Familie zu gründen war für mich immer das, was ich wirklich wollte. Als ich in Carsten nicht nur meinen besten Freund, sondern auch – IHM allein habe ich das alles zu verdanken! – einen wundervollen, verständnisvollen und treuen Ehemann fand, wurde mein Traum von einer Familie zu unserem Traum, und wir dachten, nun würde er sich sicher bald erfüllen. Leider wurde Carsten schwer krank und wir mussten unseren Kinderwunsch zunächst hintenanstellen. Carsten wurde nicht vollständig geheilt, aber Gott stellte uns einige sehr kompetente und wichtige Menschen an die Seite, die es ihm und uns ermöglichten, wieder ein nahezu normales Leben zu führen. Wir mussten dennoch viel Geduld und Vertrauen aufbringen, denn es dauerte Jahre, bis wir körperlich und seelisch wieder bereit waren, uns unserem Kinderwunsch erneut zuzuwenden.

Wir waren überglücklich, als ich dann recht schnell schwanger wurde. Wow, was für ein Gefühl, einen positiven Schwangerschaftstest in den Händen zu halten, ein kleines Wesen in mir zu wissen! Wir waren so überwältigt und freuten uns so sehr, dass wir uns weinend in den Armen lagen. Wir hatten dieses – unser – Kind so lange herbeigesehnt, es schon so sehr geliebt, noch bevor das kleine Herz das erste Mal schlug. Wenig später durften wir dann den Herzschlag auch sehen, und so etwas Wundervolles hatte ich in meinem ganzen Leben noch nicht erleben dürfen. Mir war nicht klar, wie sehr man jemanden lieben kann, ohne ihn zu kennen; es war überwältigend. Die Vorstellung, dass nun ein kleines zweites Herz unter meinem schlug, war unsagbar schön, und ich freute mich so sehr auf diesen kleinen Menschen und unser gemeinsames Leben.

Doch es sollte nicht sein, denn wenige Wochen später bekam ich Blutungen. Das passiert manchmal, versuchte ich mich erst zu beruhigen, aber sie wurden stärker. Ich spürte, da stimmt was nicht. Zitternd und weinend lief ich zu meinem Mann und sagte ihm, wir müssten ins Krankenhaus. Die Fahrt dorthin war Folter – eine Mischung aus Bangen, Beten, mit dem Schlimmsten rechnen und doch Hoffen. Unsere Hoffnung wurde aber enttäuscht, der Arzt konnte keinen Herzschlag mehr finden. Er suchte und suchte, wir suchten verzweifelt mit, aber ihm blieben letztlich nur noch die Worte *„Ich finde keinen Herzschlag. Es tut mir sehr leid."* Ich hatte unser Kind verloren.

Wie benebelt liefen wir aus dem Krankenhaus, und kaum draußen, brach ich zusammen und schrie zu Gott: *„Warum?"* Ich bekam keine Antwort, aber was für ein Gott konnte das zulassen? Ich verstand die Welt nicht mehr, und es war, als ob die Zeit stehen blieb. So sehr wir uns mit ganzem Herzen auf dieses Kind gefreut hatten, so sehr litten wir jetzt unter dem Verlust.

Mit diesem Kind nahm Gott mir gefühlt alles, und ich war völlig verloren und zutiefst getroffen. Wochenlang konnte und wollte ich nicht mit Gott sprechen, zu tief saß der Schmerz, zu heftig war die Enttäuschung. Dabei vermisste ich Gott – so sehr, dass es weh tat. Ich wollte wieder vertrauen, wollte den Weg weiter mit ihm gehen, fand aber lange nicht die Kraft. Ich musste trauern – um unser Kind, dass ich schon so unendlich geliebt hatte, ohne es jemals richtig gesehen zu haben und in den Händen zu halten. Ich musste Kräfte sammeln, um Kommentare wegzustecken, wie *„war ja erst mal nur ein Zellklumpen"*, und vermeintlich gute Ratschläge, wie *„einfach weiter-*

machen". Für mich war es unser erstes Kind, und ich konnte und wollte nicht einfach weitermachen.

Nach und nach aber konnte ich das Ganze verarbeiten, hörte mit den Fragen nach dem Warum auf und fing wieder an, mich auf Gott einzulassen. Ein Leben ohne ihn konnte und wollte ich nicht leben, auch wenn das bedeutete, dass ich schwierige und schmerzhafte Wege gehen musste – solange ich sie mit ihm gehen konnte.

Ich fing wieder an, mich auf Gott einzulassen.

Der Wunsch nach Kindern war aber weiterhin groß und ich spürte tief in mir die Gewissheit, dass wir irgendwann eine Familie sein würden. Daran hielt ich fest. Und ich hoffte so sehr, dass es auch Gottes Wunsch war.

Ein paar Monate später wurde ich erneut schwanger und war natürlich glücklich darüber. Dennoch konnte ich es kaum genießen, fühlte mich um eine unbeschwerte Schwangerschaft betrogen, zu groß war die ständige Angst. Jeder Gang auf die Toilette war eine Qual, und die kurzfristige Erlösung kam erst, wenn ich sah, dass ich nicht blutete. Aber jedes Mal kam schon kurze Zeit später die Angst zurück, und so ging es Stunde um Stunde, Tag um Tag. Und die Angst war berechtigt, denn ich musste wenig später eine weitere Fehlgeburt verkraften. Bei einer Routineuntersuchung konnte die Ärztin keinen Herzschlag mehr finden. Es brach mir das Herz und raubte mir jegliche Kraft und Lebensfreude.

Als ich das Ganze dann ein drittes Mal erleben musste, war ich am Boden und konnte und wollte nicht mehr. Vielleicht war es doch nicht Gottes Wunsch, vielleicht sollte es einfach nicht sein? Aber ein Leben ohne Kinder konnte und wollte ich mir nicht vorstellen. Wie konnte Gott so einen Wunsch in mich hineinlegen und ihn dann nicht erfüllen?

Ich brauchte wiederum Zeit zu trauern, all das zu verarbeiten, und ich nahm sie mir auch. Und ich gab Gott meinen Traum. Ich gab ihn nicht auf, aber ich gab ihn an ihn ab.

Und dann schenkte Gott mir nicht nur die Hoffnung und Kraft, weiterzumachen, er stellte mir mit meiner neuen Frauenärztin auch eine sehr kompetente und einfühlsame Begleiterin an die Seite, die uns viel Mut machte und sehr bemüht war, uns bei der Erfüllung unseres Traums zu helfen, was ihr letztendlich auch gelang. Sie hatte unter anderem die Idee, mein Blut auf Thrombophilie (Gerinnungsstörung) untersuchen zu lassen, und tatsächlich wurde diese diagnostiziert.

Die Wahrscheinlichkeit war hoch, dass das der Grund für die frühen Fehlgeburten gewesen war. Ich schöpfte Hoffnung und war froh, dass man dies medikamentös behandeln konnte.

Als ich wieder schwanger wurde, kam allerdings die Angst zurück, und ich war um jeden Tag froh, an dem unser Kind leben durfte. Es verging Woche um Woche, und das kleine Herz schlug weiter. Die kritischen Wochen waren schließlich überstanden, aber die Angst blieb. Wir erfuhren, dass da ein kleines Mädchen in mir heranwuchs und waren unfassbar glücklich. Als ich sie das erste Mal spüren durfte, war ich überwältigt von so viel Glück. Als mein Mann sie das erste Mal spürte, legte er gerade seine Hand auf meinen Bauch, und unsere Tochter trat so kräftig dagegen, dass ich gleichzeitig lachen und vor Freude weinen musste. Es war so ein Geschenk, aber ich hatte Angst, es anzunehmen. Zu groß war die Sorge, dass wir wieder ein Kind verlieren würden. Aber die Wochen vergingen und alles war, wie es sein sollte.

40 Wochen durfte ich unsere Tochter in mir tragen, dann konnte sie es nicht mehr erwarten und kam gesund zur Welt. Gott hatte uns hindurchgetragen, und nun durften wir unser Geschenk endlich in den Händen halten. Wir gaben ihr den Namen Hanna, was bedeutet: „Gott ist gnädig". Und ja, das ist er. Drei Jahre später schenkte er uns noch einen Sohn, den wir Theo nannten – das Geschenk Gottes –, denn wir waren reich beschenkt worden, von einem Gott, der einen wunderbaren Plan für unser Leben hat.

Gott hat uns hindurchgetragen.

Was ich durch diese harte Zeit lernen musste und durfte, ist, dass Gottes Wege oft nicht die sind, die ich mir aussuchen würde. Aber es sind gute Wege, auch wenn es sich manchmal nicht so anfühlt und man Vieles auch nicht (auf den ersten Blick) versteht. Und Gott geht jeden einzelnen Schritt mit uns, auch wenn wir uns von ihm entfernen. Er lässt uns nicht los, er liebt uns bedingungslos, führt alles zum Guten und hat nur das Beste für uns im Sinn. Ich habe gelernt, zu meinen Gefühlen zu stehen. Mich nicht zu vergleichen, denn jeder geht einen anderen Weg. Geduld zu haben, denn Gottes Timing ist nicht meines, aber es ist perfekt. Gott zu vertrauen, auch wenn es streckenweise hart ist und er uns so manches Leid nicht erspart. Aber er ist immer da und tröstet und geht mit uns gemeinsam durch das Leid. Wenn ich nur den Ausschnitt sehe, sieht Gott das Ganze. Und er liebt mich und weiß genau, was ich mir wünsche und was ich brauche.

Ich wünsche niemandem solche schwere Schicksalsschläge oder harten Prüfungen. Aber ich wünsche jedem, dass er die Treue, Gnade und Liebe Gottes spüren und erfahren darf.

Jasmin Herkt I Jg. 1980 I verheiratet I 2 Kinder I Auenstein I Personalsachbearbeiterin

Der besondere Geldschein

Vor ein paar Jahren war ich als Dozentin beim Marburger Bibelseminar angestellt. Eines meiner Fächer war „Ethik". Unterrichtet habe ich unter anderem Themen der Bergpredigt, und dabei ging es auch um das Geben. Eines Tages war ich selbst gefordert zu leben, was ich gelehrt hatte. Das kam so:
Ich hatte in der Innenstadt von Marburg zu tun gehabt und war gerade auf dem Heimweg. Da sprach mich in der Fußgängerzone eine junge Frau an, dem Alter nach vielleicht Mitte zwanzig.
„Können Sie mir helfen?", fragte sie.
„Ja, natürlich, wenn es mir möglich ist. Was kann ich denn für Sie tun?", war meine Antwort.
„Ich brauche etwas Geld", sagte sie. *„Ich habe Hunger, schon zwei Tage nichts gegessen und kein Geld. Können Sie mir was geben?"*
Die Frau hatte gar nicht ausgesehen wie eine Bettlerin – soweit man das von außen sehen konnte. Aber sie tat mir leid. Also holte ich meine Geldbörse hervor und gab ihr einen 5-Euro-Schein.
„Oh, vielen Dank, das ist sehr nett", sagte sie.
Dann trennten wir uns und jede ging ihrer Wege. Ich weiß noch, dass ich mir einigermaßen großartig vorkam, hatte ich doch nicht nur eine Münze, sondern sogar einen Schein herausgerückt!

Zufrieden machte ich mich auf den Heimweg, mit einem kurzen Zwischenstopp bei Netto, weil ich ein paar Sachen brauchte. An der Kasse bezahlte ich für etwas Obst, Tee, eine Kekspackung und zwei Brötchen 6,27 Euro. Als ich den Bon sah, schlug plötzlich mein Gewissen: Ich war mir so freigiebig vorgekommen, aber ich hatte der Frau noch nicht mal genug für einen ordentlichen Einkauf gegeben! Wie beschämend!

Jesus liebt dich!

Den Rest des Heimwegs dachte ich über das Erlebte nach und beschloss: Das passiert mir nicht noch einmal. Zuhause setzte ich mich gleich hin, nahm einen 20-Euro-Schein aus meinem Geldbeutel und schrieb mit Rot darauf: *„Jesus liebt dich!"* Den Schein faltete ich klein zusammen und steckte ihn in die Hosentasche. Der nächste, der mich nach Geld fragen würde, sollte ihn bekommen.

„Herr, schick mir einen passenden Menschen, jemanden, der das Geld und die Botschaft braucht", war mein Gebet. Dann wartete ich ab, immer mit dem zusammengefalteten Geldschein in der Hosentasche. Ich war sehr gespannt, was Gott tun würde. Aber es dauerte eine Weile.

Mehrere Monate später fuhr ich mit dem Fahrrad zu Ahrens, einem Kaufhaus in der Marburger Innenstadt. Vor der Tür schloss ich gerade mein Rad ab, als ein Obdachloser an mich herantrat. Diesmal war ziemlich eindeutig zu erkennen, dass dieser Mann auf der Straße lebte.

„Haben Sie einen Euro für mich?", kam auch schon die Frage.

Das ist der Moment, wurde mir schlagartig klar, und mit einem leisen Lächeln zog ich meinen Geldschein hervor.

„Ja, das habe ich", sagte ich zu dem Mann. *„Aber ich habe auch eine Bitte: Ich gebe Ihnen das Geld und Sie lesen, was ich auf den Schein geschrieben habe, einverstanden?"*

Der Mann nickte und ich gab ihm den Geldschein. So schnell konnte ich gar nicht gucken, wie er ihn in seiner Tasche verschwinden ließ.

„Gell, jetzt denken Sie, dass ich mir davon Alkohol kaufe", sagte der Mann.

„Sie können davon kaufen, was Sie möchten", sagte ich. *„Es ist jetzt Ihr Schein!"*

Denn das hatte ich immer mit meinen Schülern besprochen: Jeder Mensch möchte gern selbst entscheiden, was er oder sie mit seinem Geld macht. Das gilt nicht nur für uns, das gilt auch für jeden anderen, egal wo oder wie er lebt. Wenn ich jemandem vorschreibe, was er mit „meinem" geschenkten (!) Geld machen soll, dann nehme ich dem anderen die Würde. Und kaum etwas ist auf der Straße wichtiger, als dem anderen die Würde zu erhalten.

„Aber ich kauf mir keinen Schnaps", sagte der Mann da. *„Wollen Sie wissen, was ich mit dem Geld mache?"*

„Ja, klar!", nun war ich doch gespannt.

„Ich mache jetzt Schluss für heute und dann kauf ich mir ein Kotelett und das brate ich mir heute und dann mach ich mir einen schönen Abend!"

„Das finde ich gut", sagte ich überrascht und auch erfreut. *„Dann wünsche ich Ihnen viel Freude an diesem Abend."*

Tatsächlich packte der Mann seine Tüten zusammen und zog los. Ich schaute ihm noch nach und dachte tief berührt und dankbar: *„Herr, jetzt habe ich mit meinem Geldschein einem Menschen einen Bettlertag verkürzen können. Er kann sich heute mit einem Kotelett einen schönen Abend machen. Vielleicht trinkt er auch einen Schnaps dazu. Soll er, wenn es ihm hilft, mit seinem Alltag fertigzuwerden. Wer bin ich, dass ich darüber richten wollte. Ich bete einfach, dass er auch die Botschaft auf dem Schein liest und dass du was Gutes daraus machst. Ich bete, dass er in seinem Leben irgendwie erfährt, dass es für ihn stimmt: Jesus liebt ihn. – Du liebst ihn!"*

Leider habe ich nie erfahren, was aus der Botschaft geworden ist. Aber wer weiß, vielleicht hat er sie gelesen, vielleicht auch die Kassiererin, bei der er das Kotelett kaufte, oder der Bankbeamte, bei dem der Schein später eingezahlt wurde. Das ist Gottes Sache, und bei ihm ist sie gut aufgehoben.

Ich weiß auch nicht, was aus dem Mann geworden ist. Ich habe ihn nie wieder getroffen. Und irgendwann bin ich dann auch aus Marburg weggezogen. Aber die Erinnerung an diese Begebenheit ist mir geblieben. Und jedes Mal, wenn ich an diese Geschichte zurückdenke, wird mir wieder neu klar: Jesus liebt mich. Und jeden anderen Menschen, egal in welcher Lebenslage er oder sie sich gerade befindet. Diese Erkenntnis wärmt mir mein Herz – und so bin es am Ende ich selbst, die mit dieser Geschichte immer wieder neu von Gott beschenkt wird.

Dr. Annette Kessel | Jg. 1966 | ledig | Böblingen | Ökonomin und Theologin, Verwaltungsleiterin im Diakonissenmutterhaus Aidlingen | www.dmh-aidlingen.de

Mutig und stark

„Seid mutig und stark, alle die ihr auf den Herrn vertraut" (Psalm 31,25).

Das war mein Taufspruch im vergangenen Jahr (2021). Ich fand ihn schön, ohne mir groß Gedanken zu machen. Wenn ich jedoch genauer darüber nachdenke, könnte kein Vers meinen Weg mit Gott in den letzten Jahren besser beschreiben.

Kinder können sehr unterschiedlich sein, und manche Persönlichkeitsmerkmale zeigen sich schon sehr früh. Mein Bruder zum Beispiel provozierte immer noch weiter, wenn man ihn ermahnte, sodass oft erst ein sehr strenger Ton und die Androhung von Strafe dazu führten, dass er sein Verhalten änderte. Ich dagegen begann schon zu weinen, wenn mich meine Eltern nur strenger anschauten.

In der Grundschule bekamen wir am Ende der Woche für gutes Verhalten immer eine kleine Belohnung. Als ich einmal wusste, dass ich keine Belohnung für mein Benehmen bekommen würde, sagte ich meinen Eltern, dass mir schlecht sei und ich Bauchweh hätte, nur um nicht in die Schule zu müssen. So große Angst hatte ich – um ehrlich zu sein, weiss ich selbst nicht, wovor.

Natürlich, das ist jetzt schon einige Jahre her. Aber auch in meiner frühen Teenagerzeit änderte sich daran nur wenig. Ich hatte einfach ein sehr geringes Selbstbewusstsein, war schüchtern, konnte nur schlecht mit fremden Menschen reden und war supersensibel. Wenn beispielsweise allein nur die Möglichkeit bestand, dass ich den Bus verpassen und mich dadurch verspäten würde, brach ich in Tränen aus und hatte furchtbare Angst, überhaupt in die Schule zu gehen.

So sah mein Leben aus, geprägt und bestimmt von Angst und Selbstzweifeln. Ich traute mir in keiner Weise irgendetwas zu, ging Situationen aus dem Weg, in denen die Gefahr bestand zu versagen und vermied jede Art von Herausforderung.

Oft betete ich dafür, dass ich selbstbewusster würde, dass Gott mir die Angst nähme, ich mich selbst mehr lieben und mir mehr zutrauen könnte. Und auch, dass es mir leichter fiele, mit fremden Menschen zu reden, und ich einfach nicht mehr so schüchtern wäre. Lange Zeit passierte, zumindest gefühlt, gar nichts. Natürlich, während der Pubertät verändert man sich, aber es waren immer noch super viele Ängste da. Als Teenager kam zu all den Ängsten meiner Kindheit noch die Furcht vor anderen Menschen und deren Meinung über mich. Ich wollte so sein, wie andere mich haben wollten, ihrem Ideal entsprechen, es allen recht machen. Den Mut, für meine eigene Meinung einzustehen, hatte ich nicht. Ich glaube, ich hatte oftmals nicht einmal eine eigene Meinung, sondern war nur damit beschäftigt, die Erwartungen anderer zu erfüllen.

Ich weiß nicht mehr so genau, wann ich begann, mutiger zu werden. Die Veränderung ging auch nicht von mir selbst aus, denn ich hatte ja keine Ahnung, wie ich das machen sollte und was ich tun könnte, um mutiger oder selbstbewusster zu werden. Doch irgendwie vollbrachte Gott selbst dieses Wunder. Als ich etwa 15 war, veränderte sich etwas in meinem Glauben. Jesus war schon immer mein Freund gewesen, aber etwa zu der Zeit wuchs die Sehnsucht nach mehr, und ich spürte viel mehr als früher, dass Jesus auch wirklich in jeder Situation da ist, mich unterstützt und einfach in meinem Leben dabei ist. Ich glaube, dass mir diese neue Qualität der Beziehung zu Jesus mir ein neues Bewusstsein für meine Identität gab, mir viele meiner Ängste nahm und mehr Selbstbewusstsein verlieh. Doch durch die Veränderungen in meiner Persönlichkeit veränderte sich ebenso mein Glaube. Denn auch was meine Beziehung zu Gott anbelangte, stand mir meine Angst häufig im Weg und ich traute mich weder, auf Gott zu hören, noch für ihn einzustehen.

Gott vollbrachte selbst das Wunder.

Ich weiß noch gut, wie sich mir bei dem Thema Berufung früher beinahe der Magen umdrehte. Ich soll Gott blind gehorchen und er darf mit meinem Leben machen, was er will? Niemals! Ich geh nicht weg von zu Hause, erst recht nicht ins Ausland. Urlaub okay, aber FSJ (Freiwilliges Soziales Jahr) oder Ähnliches kommen nicht in Frage.

Als einige Zeit später eine Freundin von ihrem FSJ in einer tollen, schon fast luxuriösen Unterkunft erzählte, war ich dem Thema nicht mehr so abgeneigt. Und mittlerweile steht für mich fest, dass es nach meinem Abi ins Ausland geht. Aber nichts mit viel Luxus. Ich möchte eine Herausforderung und wirklich lernen, genügsam zu sein und Gott zu vertrauen.

Ich bin sehr dankbar, dass Gott mir zur richtigen Zeit die richtigen Menschen zur Seite stellte. Leute, die mir als Vorbilder dienten und mich motivierten, Herausforderungen anzugehen. Vor allem meine damalige Ranger-Leiterin forderte mich mit ihren Ideen oft heraus und stieß mich gerne mal ins kalte Wasser. Solch einen Schubs brauchte ich sowohl körperlich als auch geistlich. Mittlerweile liebe ich Herausforderungen und mag es, an meine Grenzen zu kommen, um darin Gott zu erleben. Auch wenn ich lange nicht die mutigste Person bin, die ich kenne, kann ich nur staunen, was Gott aus mir gemacht hat, und inzwischen bin ich echt mit mir zufrieden und kann mich total annehmen, so wie ich bin. Lange Zeit fiel mir gar nicht auf, wie sehr ich mich verändert hatte. Auch hierfür brauchte ich andere Menschen, die mir das immer wieder spiegelten. Freunde oder Bekannte, die einfach auf mich zukamen, mir Komplimente machten oder mir sagten, wie selbstbewusst sie mich finden, war für mich in dieser Zeit wie Balsam für meine Seele. Gott fand auch hier einen Weg, mir zu begegnen und mir entgegenzukommen.

Natürlich fühle ich mich nicht immer stark oder selbstbewusst, und in manchen Situationen bin ich eingeschüchtert, aber es ist anders als früher. Die Furcht trifft mich nicht mehr so tief und raubt mir vor allem nicht meine Freude. Auch in schwierigen Situationen weiß ich, dass ich nicht allein bin und was meine Identität ist. Durch meinen Glauben habe ich mittlerweile eine Sicherheit und Kraft in mir, die mir niemand nehmen kann, sowie eine neue, tiefliegende Freude, die alles Schlechte überdeckt.

Auch der zweite Teil meines Taufverses hat mich sehr angesprochen: *Vertrauen.* Gott verlangt in der Bibel, dass wir ihm vertrauen sollen. Im echten Leben ist das oft schwer, aber dort, wo unser menschlicher Verstand an seine Grenze kommt und unsere eigene Kraft aufhört, fängt Gott gerade erst an.

In der 7. Klasse wurde mir in der Schule mein Handy geklaut. Der materielle Wert war mir in dem Moment völlig egal. Es ging mir vielmehr um alte Bilder, die noch auf dem Handy gespeichert waren. Schon oft hatten meine Eltern gesagt, ich solle die Bilder auf den Laptop ziehen und sie irgendwo sichern, aber irgendwie hatte ich es immer wieder vor mir hergeschoben. Und dann war das Handy auf einmal weg. Ich war völlig verzweifelt und betete Sturm. Von dem Handy gab es aber auch am nächsten Tag keine Spur. Ich sprach es in meiner Klasse an und bat darum, mir das Handy – oder zumindest die SIM-Karte mit den Bildern – einfach nach dem Unterricht auf den Tisch zu legen, sodass ich gar nicht merken würde, wer es gestohlen hatte. Aber dieser Appell blieb ungehört und das Handy tauchte nicht auf.

Tage und Wochen vergingen, es blieb verschwunden. Es fiel mir immer schwerer, noch daran zu glauben, dass es wieder auftauchen würde. Auch meine Eltern meinten, dass Gott zwar nichts unmöglich sei, dass es aber auch sein könne, dass ich das Handy nicht mehr bekomme und lernen müsse, loszulassen. Aber irgendwie wollte ich das nicht und bat Gott, mir im Traum zu sagen, ob mein Handy noch auftauchen würde oder ich die Hoffnung aufgeben solle. In dieser Nacht hatte ich einen Traum, in dem mein Handy tatsächlich wieder da war. Jetzt war ich mir sicher, dass ich es wiederbekommen würde und betete weiter jeden Tag dafür.

Es verging vielleicht eine weitere Woche, bis mich meine Lehrerin in der Pause beiseitenahm und mir mein Handy gab. Anscheinend hatte der Vater einer Mitschülerin das Handy in deren Zimmer gefunden und in der Schule abgegeben. Das war über zwei Monate, nachdem es gestohlen worden war. Für mich war das eine große Bestätigung, dass es sich lohnt, auf Gott zu vertrauen, auch wenn es hoffnungslos erscheint. Er lässt uns nicht im Stich und kümmert sich sogar um solche Kleinigkeiten wie ein verschwundenes Handy. Außerdem zeigte mir dieses Erlebnis auch, wie gnädig Gott ist. Ich hatte die Chance tausendmal verstreichen lassen, die Bilder zu sichern. So lange, bis es eigentlich zu spät war. Aber Gott gab mir noch eine Chance mehr.

Es lohnt sich, auf Gott zu vertrauen.

„Seid mutig und stark, alle die ihr auf den Herrn vertraut" – Schon lange, bevor mir dieser Bibelvers bei der Taufe zugesprochen wurde, wirkte Gott in dieser Weise in meinem Leben. Ich durfte erfahren, dass es sich lohnt, auf ihn zu vertrauen, und er erledigt den Rest. Und ich durfte erleben, dass ich mit seiner Hilfe tatsächlich mutiger geworden bin und an innerer Stärke gewonnen habe.

Was noch alles kommt? Ich weiß es nicht, aber ich habe keine Angst davor und bin bereit, immer wieder meine Komfortzone zu verlassen und zu entdecken, was Gott für mich bereithält. Ja, darauf freue ich mich.

Hanna Kimmich | Jg. 2004 | ledig | Scharnhausen | Schülerin

Das kann ich mir sehr gut vorstellen!

Ich wuchs als Kind im Ausland auf und hatte dadurch eine etwas andere Kindheit als die meisten. In Neuguinea, wo mein Vater als Missionar arbeitete, lebten wir im Hochland, ohne Strom und sehr weit abgeschieden bei einem Stamm. Mit acht Jahren musste ich bereits ins Internat, da es bei uns im Ort keine deutsche Schule gab. Meinen Eltern und mir fiel der Abschied sehr schwer, denn das bedeutete, dass wir uns meistens bis zu 10 Wochen nicht sahen und nur per Funkgerät abends um fünf Uhr miteinander kommunizieren konnten. Aber in der Schule hatte ich die Chance, mit anderen deutschen Kindern zusammen zu sein, und konnte somit auch bei unserer Rückkehr nach Deutschland in einem deutschen Gymnasium weiter zur Schule gehen und meinen Abschluss machen.

Diese Zeit als Mädchen hat mich sehr geprägt, denn ich wünschte mir immer, dazuzugehören. In Neuguinea war ich weiß und fiel schon wegen meiner Hautfarbe auf. Zurück in Deutschland wurde ich immer wieder als Buschkind belächelt, weil ich typische deutsche Traditionen, coole Bands oder Fernsehshows nicht kannte. Somit war ich umso überraschter, als man mir schließlich nach dem Masterstudium eine Promotionsstelle in der Wirtschaft anbot. Ich dachte mir immer, wieso sollte ich als „Buschkind" nun in der Lage sein, eine Doktorarbeit zu schreiben? Aber mein Professor und mein Chef ermutigten mich.

Ich schrieb über den Einfluss von Kultur auf Qualifizierungskonzepte in der betrieblichen Bildung – und glaubte selbst nicht, dass ich das wirklich könne. Aber Gott hatte mich an diese Stelle gesetzt und mich immer wieder mit den richtigen Personen zusammengebracht.

Als der Termin der Verteidigung meiner Doktorarbeit näher rückte, war ich sehr aufgeregt. Als Prüfling steht man vor einer Gruppe Professoren (in meinem Fall waren es fünf Herren), denen man eine Zusammenfassung seiner Arbeit präsentieren und anschließend Fragen beantworten muss.

Gott hat mich an diese Stelle gesetzt.

Am Tag der Prüfung herrschte Hitze. Es war die zweite Juniwoche, und in der Hochschule fand die Prüfung im dritten Stock in einem sehr warmen Raum statt. Meine Eltern waren ebenfalls gekommen und einige Freunde und Kommilitonen wollten auch dabei sein, wenn ich meine Arbeit nach vier langen Jahren verteidigen musste. Mein Vorredner überzog, und während seiner Präsentation gab der Beamer aufgrund der Hitze den Geist auf. Mein Vater, der erfahrene Missionar, hatte geistesgegenwärtig unseren privaten Beamer von zu Hause mitgebracht. Somit stand meiner Präsentation nichts mehr im Weg.

Ich, das Buschkind, stand vor der Prüfungskommission und präsentierte meine Doktorarbeit. Nachdem ich meine Präsentation gehalten hatte, stellten mir die Professoren nacheinander Fragen. Einer von ihnen kam plötzlich auf die Idee: *„Nun stellen Sie sich einmal eine kulturelle Überschneidungssituation vor, sagen wir im Busch von Papua-Neuguinea: Wie würden Sie diese beschreiben?"* Ich traute meinen Ohren nicht. Meine Eltern grinsten übers ganze Gesicht, und ich antwortete:

„Ja, das kann ich mir sehr gut vorstellen."

Als hätte Gott mir in dieser außergewöhnlicher Stresssituation sagen wollen: *„Mein Kind, ich habe dich dein ganzes Leben lang vorbereitet. Ich weiß, wer du bist und was du kannst. Lass deine Identität nicht von anderen definieren."*

Ich konnte diese Frage und einige weitere sehr gut beantworten und bestand die Prüfung. Im Nachgespräch erwähnte ich bei meinem Professor, dass ich in Neuguinea aufgewachsen war. *„Was für ein lustiger Zufall"*, meinte er. Aber ich sagte ihm, dass ich nicht an Zufälle glaube, sondern dass Gott das Gespräch so gelenkt hatte, weil er alles in der Hand hält. Er hatte mich bereits während meiner Kindheit auf diese Situation vorbereitet und ist in jedem neuen, herausfordernden Umstand dabei.

Dr. Miriam Wild | Jg. 1982 | ledig | Tamm | Personalleiterin

Mächtig hilflos, kräftig schwach

Alles begann vor mehr als einem viertel Jahrhundert. Genauer gesagt: Es war im Herbst 1996. Ein paar Monate zuvor war ich von der Bibelschule Wannsee zurückgekehrt, wo ich so vieles über mein Lieblingsbuch gelernt hatte. Noch immer waren in meinem Gepäck eine Menge guter Eindrücke, die ich – hier in meiner Heimatstadt Rostock – auspacken wollte. Ich war begeistert über meinen Hersteller, der mich in einem kleineren Rahmen irgendwann und irgendwo einsetzen würde, um in den Herzen der Menschen Hoffnung zu pflanzen, damit sie vielleicht im Glauben Früchte trug.

Der Same dafür wurde gelegt, als ein neuer Pastor in unserer Gemeinde seinen Dienst antrat und mich bereits während der zweiten Begegnung fragte, ob ich zusammen mit ihm einen Grundkurs des Glaubens leiten und gestalten wollte. Ich freute mich riesig. Und dennoch nagte der Zweifel an mir, ob ich – infolge meiner körperlichen Behinderung – dieser ehrenwerten Aufgabe gewachsen war. Denn seit frühster Kindheit war und bin ich spastisch gelähmt. Das bedeutet, dass ich meine Arme und Beine nicht kontrolliert bewegen kann und im Rollstuhl sitze. Außerdem fällt mir das Sprechen nicht nur schwer; meine Aussprache ist auch ganz – schön – undeutlich.

„Wie würden die Kursteilnehmer wohl auf mich reagieren?", fragte ich mich insgeheim. *„Nähmen sie mich überhaupt ernst? Und – könnte ich den Erwartungen auch gerecht werden?"* Damals war ich irritiert und wollte von meinem Pastor, Volkmar Glöckner, wissen: *„Warum gerade ich? Wieso fragst du ausgerechnet mich, ob ich mit dir Glaubenskurse halten möchte?"*

Weil du genau die Richtige dafür bist!

Noch heute sehe ich sein Augenzwinkern vor mir, und ich werde seine Antwort wohl niemals vergessen: *„... weil du genau die Richtige dafür bist!"*

Ehrlich gesagt: Die ersten Male kam ich mir regelrecht fehl am Platz vor. Ich fühlte mich klein und unbrauchbar. Aber irgendwann begann ich, die Glaubensgrundkurse für mich selbst noch einmal als Grundkurse des Glaubens zu betrachten. Im Meer meiner Angst, meiner Zweifel und Unsicherheit wagte ich es, immer wieder ins kalte Wasser zu springen. Und währenddessen ging ich nicht baden; ich lernte schwimmen! Ja, und die Kursteilnehmer*innen taten es mir gleich. Denn sie ließen sich nicht nur darauf ein, mehr über den christlichen

Glauben zu erfahren, sondern sie stellten sich auch ihren Hemmungen und Vorurteilen mir gegenüber – jedenfalls die meisten.

Je öfter wir unseren achtwöchigen Kurs anboten, desto mehr fühlte ich, dass ich tatsächlich an die Stelle gepflanzt worden war, wo ich blühen – aufblühen durfte. Denn schließlich ging es nicht nur darum, Wissen über die Bibel zu vermitteln, sondern auch zu erzählen, was wir selbst mit unserem Gott erlebten.

Damals war keine Einheit wie die andere. Die verschiedenen Persönlichkeiten prägten die einzelnen Montagabende. Aber so abwechslungsreich jeder Kurs auch war – eine Frage tauchte fast jedes Mal auf: *„Warum? Warum kann ein Gott der Liebe so viel Leid zulassen?"* Manchmal wurde sie rein rhetorisch gestellt, doch manchmal steckte auch eine individuelle Leid-Erfahrung dahinter. Und um die entsprechenden Personen zu ermutigen und zu trösten, gab ich dann unermüdlich preis, wie mich mein Hersteller in meinem Leben immer wieder herstellte.

Etliche Male erzählte ich den Kursteilnehmerinnen und Kursteilnehmern zum Beispiel die folgende Geschichte:

Gott kennt mich und liebt mich trotzdem.

Mit 20 Jahren bin ich zum Glauben gekommen. Es hat mich so begeistert, dass Gott mich kennt und trotzdem liebt, dass er die Haare auf meinem Kopf zählt oder dass er mich vor Grundlegung der Welt erwählt hat, sein Kind zu sein. Und natürlich ist mein Herz so ergriffen von der Tatsache gewesen, dass ich ihm so viel wert bin, sodass er für mich gestorben ist. Das Lesen in der Bibel hat mir viel Freude gemacht. Und am liebsten hätte ich jetzt erspürt, wie logisch Theologisches sein kann.

Eine Freundin war zu der Zeit gerade auf der Bibelschule in Berlin Wannsee. Immer wieder lud sie mich dorthin ein, weil sie meinte: *„Jana, das würde dir hier gefallen!"*

Einerseits träumte ich davon, diesen Weg einzuschlagen. Doch andererseits waren so viele Zweifel in mir: *„Ständig bin ich auf fremde Hilfe angewiesen. Wie soll ich an einem Ort zurechtkommen, wo mich niemand kennt und wo die äußeren Umstände keineswegs auf meine Bedürfnisse abgestimmt sind?"*

An einem Sonntag fuhr ich wieder in den Gottesdienst meiner Gemeinde. Und nichtsahnend lautete der Predigttext: *„Und der HERR sprach zu Abram: Geh aus deinem Vaterland und von deiner Ver-*

wandtschaft und aus deines Vaters Hause in ein Land, das ich dir zeigen will. Und ich will dich zum großen Volk machen und will dich segnen und dir einen großen Namen machen, und du sollst ein Segen sein. Ich will segnen, die dich segnen, und verfluchen, die dich verfluchen" (1. Mose 12,1-3).

Mitten im Gottesdienst spürte ich, dass Gott mich ermutigte, alles hinter mir zu lassen und nach Berlin-Wannsee zu gehen. Er würde selbst für mich sorgen – und mich segnen.

Auf Gottes Zusage hin verließ ich dann meine Familie, mein Zuhause, mein altes Leben. Und schon als ich auf der Bibelschule ankam, merkte ich, dass Gott auch da war. Alle anderen Mitschüler und sogar die Lehrer waren bereit, mich zu unterstützen und sich auf meine Bedürfnisse einzustellen. Und so erlebte ich Gottes Zuwendung, weil ich ganz und gar darauf angewiesen war.

Obwohl Gott mich liebt, hat er mir also eine Menge zugemutet, aber nur weil er mir viel zutraut!

Meistens waren das die intensivsten Momente, in denen die Teilnehmerinnen und Teilnehmer der Glaubenskurse ganz besonders gut zuhörten. Ich bekam oft den Eindruck, als ob sich der Himmel und die Erde berührten. Und gleichzeitig erweiterte sich der Horizont in den Herzen vieler Menschen, sodass sie sich immer mehr öffneten – für Gott und seine Welt.

Volkmar Glöckner und ich machten es uns zur Gewohnheit, dass wir uns nach Abschluss eines Kurses oder vor dem Beginn des nächsten gemütlich zusammensetzten, um Dinge auszuwerten oder neue Inhalte zu besprechen. Ich weiß es noch, als wäre es gestern gewesen, und doch muss es um die Jahrtausendwende gewesen sein: Wir saßen bei Kuchen, Kaffee und Kerzenschein in meinem Wohnzimmer, während er mich schmunzelnd ansah und meinte: *„Weißt du eigentlich, dass du mehr Kinder hast als die meisten Frauen, die ich kenne? Durch die Kurse haben Menschen Gott ihren Glauben geschenkt, sich taufen lassen und in unserer Kirche eine Heimat gefunden. Das ist auch dein Werk; das sind auch deine Babys. Du hast dazu beigetragen, dass ungefähr 30 Personen – buchstäblich – das Licht der Welt erblickt haben, das Licht der himmlischen Welt!"*

Diese Worte bewegten mein Herz. So hatte ich meine Tätigkeit noch niemals betrachtet. Sie trug tatsächlich weitreichende Früchte! Denn Volkmar Glöckner blieb noch bis Ende des Jahres 2009 der

Pastor in unserer Gemeinde. Und auch danach habe ich noch drei Glaubenskurse ohne ihn geleitet. Das bedeutet: Ich bin heute eine „kinderreiche" Frau!

Im Nachhinein kann ich nur staunen – über den Gott, der mir so viel zutraut. Denn er hat mich auf eine Bibelschule gesandt, damit ich lerne, sein Wort weiterzugeben. Er hat mich dazu berufen, Glaubenskurse zu leiten. Obwohl ich mich – durch meine körperliche Behinderung – kaum rühren kann, darf ich Menschenherzen berühren. Tja, und auch mit meiner Sprechbehinderung scheine ich etwas zu sagen zu haben. Was für ein Wunder: Gott wirkt in mir – und das *„mächtig hilflos, kräftig schwach"*!

Jana Schumacher I Jg. 1970 I ledig I Rostock I Autorin I www.jana-schumacher.com

Ein Engel mitten im Nirgendwo

Da saß ich nun – mitten auf einer weiten Wiese – eine grüne Weide im Nirgendwo am Gebirge des Monte Baldo, mit 2.218 m der höchste Berg am Gardasee. Es war heiß, ein strahlender Sommertag.

Ich war dankbar, dass ich die wunderbare Route bis zu diesem Punkt auf halbem Weg zum Gipfel geschafft hatte: durch Olivenhaine, mit wunderschöner Aussicht, bei sonnigem Wetter und besten Verhältnissen. Es war mir so wichtig gewesen, diese Tour zu machen, den Kopf frei zu kriegen, körperliche Grenzen zu testen und zu überwinden, die Ruhe zu genießen, die Natur aufzunehmen und geerdet zu werden. Doch ich wollte noch ganz hinauf, wollte den Ausblick vom Gipfel des Berges über den Gardasee genießen, die Weite aufnehmen – nicht nur visuell, sondern auch innerlich. Neue Dimensionen und neue Wege sehen.

Ich erlebte gerade eine anstrengende, fordernde Zeit, wie so oft im Leben – aber in der jetzigen forderte das Leben gerade besonders viel von mir: in den Aufträgen und Projekten bei der Arbeit; in den

Herausforderungen als alleinerziehende Mama; in der Vereinbarkeit von Familie und Beruf; in vielen Enttäuschungen in Familie, Freundschaft und Partnerschaft. Umso mehr genoss ich in diesem Moment die Auszeit mitten in den Bergen, weit weg vom Trubel, ohne Musik, ohne Lärm, ohne Unterhaltung – einfach nur ich.

Ich hatte zunächst die richtige Wegegabelung Richtung Gipfel genommen – aber nun wusste ich nicht weiter, saß hier ohne Handyempfang, der Körper auf jeden Fall schon an seinen Grenzen, das Essen war aufgebraucht, die Trinkflasche nur noch viertelvoll. Wer dieses Gebirge kennt, weiß: Da wandert man nicht „mal einfach so" hoch, über 1.800 Höhenmeter Aufstieg ab dem ersten Schritt, bei einer Steigung von 20 %, kein Wasser und keine Hütte bis zum Gipfel. Ein Drittel der Wanderung hatte mich an der Bergkante vorbeigeführt, bei schönstem Panorama, strahlender Sonne, einem weiten Blick, aber auch bei Hitze und grenzwertiger Anstrengung für Körper und Geist.

Die waren sowieso in den vergangenen Jahren an sämtliche Grenzen gekommen, aber die letzten Wochen und Monate waren besonders fordernd gewesen. Ich fühlte mich oft verlassen, mit den Herausforderungen, die auf mich einprasselten, nicht nur gefordert, sondern überfordert: Ich, 33 Jahre, Unternehmerin und alleinerziehende Mutter. Dies hier war der erste Urlaub, nur für mich. *„Cool!"*, hatte ich gedacht. *„Endlich Zeit zum Nachdenken, Abschalten, Reflektieren, Neuausrichten ..."* Die Vorfreude war groß gewesen – und auch der Fluchtgedanke: Einfach mal weg!

Nun ja – und dann war ich „ganz für mich": alleine in Riva del Garda, alleine morgens am Frühstückstisch, alleine am Strand, alleine in Verona, alleine in der Stadt, alleine mitten im Gebirge des Monte Baldo. Und jetzt: alleine im Nirgendwo – die Situation spiegelte ideal die letzten Wochen. Na super! Tränen stiegen in mir hoch ... *„Ich möchte an mein Ziel kommen – aber ich weiß nicht wie ..."*

Wer mich kennt, weiß: Wenn ich mir etwas in den Kopf gesetzt habe, dann muss das auch so sein. Eine Mischung aus charmantem, willensstarkem und doch ganz sanftem Dickkopf. Eine schwierige Mischung – jedoch ohne das wäre ich heute nicht da, wo ich bin.

Ich zückte also mein Handy: Google Maps versagte, der Empfang wenig bis miserabel. Frag mich nicht warum, aber in diesem Moment des Verlassen-Seins, des Nicht-mehr-Weiterwissens, schrieb ich meiner Mutter; wir haben ein inniges Verhältnis: *„Ich weiß nicht, wie ich weiterkomme, Mama. Ich will so gerne oben ankommen ..."*

Ich hatte eine kurze Rast eingelegt, den Rucksack abgelegt, ein Schlückchen zu mir genommen und den letzten Apfel gegessen. Mitten im Schreiben der Nachricht „zog" mich plötzlich „etwas" auf die Beine. Erst im Nachhinein wurde mir das bewusst. Die Nachricht? Habe ich bis heute nie abgesendet …

Ich nahm meinen Rucksack und lief auf dem Weg, den ich gekommen war, zurück. Nun gut, ich musste aufgeben. Schweren Herzens einfach wieder runterlaufen bis zur Mittelstation und „dann halt eben" mit der Bahn hochfahren. Im Ziele-Erreichen muss man dynamisch sein – jedoch ärgerte es mich trotzdem, aufgeben zu müssen. Im Gebirge verloren zu sein, wäre allerdings noch gefährlicher gewesen. Mit den Gedanken an meine Kinder zu Hause siegte die Vernunft.

Ich legte ein kurzes Wegstück zurück, als mir aus dem Nichts auf einmal ein alter Mann entgegenkam. Komisch. Es war sonst weit und breit keiner auf meinem Wanderweg gewesen, von Beginn am Fuße des Berges an. Der Aufstieg ist viel zu anstrengend und zäh, die Bergbahn zu verlockend.

Nach einer kurzen Skepsis, so ganz alleine auf dem Berg, kam er näher, ein alter Mann mit grauen Haaren, brauner Haut, Wanderstock und Rucksack. Er sah vertrauenswürdig aus, sodass ich ihn fragte, ob er wisse, wie ich auf den Monte Baldo komme. Auf Englisch antwortete er mir: Er sei einheimisch und lebe hier. Er laufe auch hoch, ich solle ihm einfach nachlaufen. Wow!

Ich freute mich so sehr, meinem Ziel nun doch näherzukommen. Mit Wanderpartner zu laufen, war zwar nicht mein Anliegen gewesen, aber es war, als hätte der Herr geahnt, was ich brauchte.

Obwohl der Mann bestimmt doppelt so alt war wie ich, war er sehr fit. Ich legte den Ehrgeiz ab, mit ihm mithalten zu müssen. So lief er vor, wartete an jeder Gabelung auf mich in gesundem Abstand. Nach einer Stunde schließlich wartete er ein letztes Mal auf mich, bot mir an, meine Flasche noch ein wenig zu füllen und nannte mir den weiteren Weg. Von hier aus würde es noch eine Stunde weitergehen, der letzte Kilometer unter massiver Steigung und auf steinigen Wegen. Dann sei das Ziel erreicht. Anschließend lief er alleine weiter – auf dem Berg würde ich ihn sicher wiedersehen.

Die Natur war so schön und ich freute mich, dass ich nun doch auf dem richtigen Weg war, um meine Wanderung an diesem Tag zu vollenden. Er führte durch Wälder, über Steinwege und zuletzt über eine

massive Steigung. Jeder Meter erforderte eine gewaltige Anstrengung.
10 Schritte, eine kleine Pause, weitere 10 Schritte ... Die Kräfte schwanden, der Proviant war aufgebraucht. Aber ich war zuversichtlich, denn nach Aussage des Mannes musste ich es bald geschafft haben.

Und so war es auch: die Bäume lichteten sich, ich hörte ein vielstimmiges „Mäh!" und Glöckchenläuten. Die Höhe des Monte Baldo empfing mich mit Hunderten von Schafen: zahm, ganz nah, mittendrin. Wow – was für ein Empfang! Ich durchpflügte die Schafmenge und erreichte so den Gipfel. Dort hielt ich Ausschau nach dem Mann, meinem „Wanderführer". Ich wollte ihm unbedingt danken, dass er mir den Weg gezeigt und mir geholfen hatte. Aber ich darf dir etwas verraten: Ich habe ihn weit und breit nirgendwo gesehen. Er war weg, ab der letzten Gabelung, als er mir den Weg gewiesen hatte. Wie in Luft aufgelöst. Ich konnte ihn nirgends finden ...

So genoss ich einfach die Aussicht, schoss einige Bilder – und saß da. Den Blick über das wunderschöne Panorama des Gardasees schweifend. Das Herz erfüllt mit Dankbarkeit, worin sich mir offenbarte: Gott hatte mir diesen Mann geschickt. Ein Geschenk des Himmels. Aus dem Nichts war genau das gekommen, was ich gerade gebraucht hatte. Perfekt dosiert, wegweisend und ermutigend. Jesus kennt mich: Er weiß, wie sehr es mich geärgert hätte, aufgeben zu müssen. Er schickte mir an diesem Tag einen Engel an meine Seite – echt, ganz nah in der realen Welt, war ER bei mir gewesen. Das war seine Zusage an mich: *Ich sehe dich. ICH bin bei dir. Ich versorge dich! Vertraue mir!* Und sinnbildlich für die Wanderung kam mir Psalm 23 in den Sinn:

Der HERR ist mein Hirte, mir wird nichts mangeln.
Er weidet mich auf einer grünen Aue und führet mich zum frischen Wasser.
Er erquicket meine Seele.
Er führet mich auf rechter Straße um seines Namens willen.
Und ob ich schon wanderte im finstern Tal, fürchte ich kein Unglück;
denn du bist bei mir, dein Stecken und Stab trösten mich. (...)

Ich hatte so viel Mut bekommen, so viel Motivation und Vertrauen auf IHN, meinen Weg weiterzugehen. Situationen auszuhalten und mutig voranzugehen. So massiv die Herausforderungen auch sind, ER ist immer da. ER sieht mich. ER kennt mich und liebt mich – egal was passiert. ER schenkt mir Identität und bewahrt mich davor, mich von anderen Menschen abhängig zu machen, sondern ermutigt mich, stattdessen meinen Weg in seinem Willen zu gehen. Denn er ist gut, und ich darf den wunderbaren Plan meines Lebens erfüllen und segensreich durch das Leben gehen.

So genoss ich den Tag auf dem Gipfel des Monte Baldo, genoss jeden Moment bis in die späten Nachmittagsstunden und bis zur letzten Talfahrt. Wow, ich war einfach so geflasht von Gottes Wirken!

Ich war geflasht von Gottes Wirken!

Manchmal verstehen wir Dinge und Gegebenheiten im Leben nicht, aber er meint es gut mit uns. Er lässt uns nicht im Stich und nicht alleine – er kennt uns, unseren Namen, unsere Gedanken.

Heute, acht Monate später, schreibe ich diese Zeilen, entfacht von der Begeisterung über Gottes Wirken. Und vielleicht wird es irgendwann mal eine Fortsetzung geben, wie Gott danach weitergewirkt hat. Denn die Reise war nur der Anfang des wunderbaren Vollbringens seines Plans in meinem Leben. Gottes Wirken ist groß, größer als wir uns auch nur vorstellen können.

Was ich dir mit meiner Geschichte und Gottes Wirken – mitten im Nirgendwo – mitgeben möchte: Zuversicht, Hoffnung, Freude und Vertrauen.

Sylvana Duranovic | Jg. 1987 | alleinerziehend | 2 Kinder | Stuttgart | Unternehmerin | www.7buzz.de

Unerklärlich

Zwei selbstgemachte Pistolen richteten sich auf mich, während unser Auto von sechs jungen Männern umzingelt wurde. Alle redeten lautstark durcheinander: *„Handtasche her! Autoschlüssel her! Handy her!"* Nun war eingetroffen, mit was man hier in der Hauptstadt Papua-Neuguineas tagtäglich rechnen musste: ein Überfall.
Warum befand ich mich in so einer gefährlichen Lage? Einige Jahre zuvor hatte mich eine Frage verfolgt: *„Anette, würdest du für mich deinen Job als Sonderschulpädagogin aufgeben und in eine Gegend gehen, in der du dich nicht so sicher fühlst, um dort den Menschen meine Liebe weiterzugeben?"* Ich selbst wäre nie auf die Idee gekommen, über sowas nachzudenken. Nein, ich spürte, dass dieser Gedanke von einer anderen Stelle an mich herangetragen wurde. Sie poppte immer und immer wieder auf und ließ mich nicht los. Mir wurde klar, dass diese Frage von niemand geringerem als Gott stammte. Trotzdem wehrte ich mich sehr dagegen. Schließlich wollte ich nicht freiwillig meine Sicherheiten aufgeben. Doch tief in mir spürte ich, dass es für mich dran war. So signalisierte ich Gott, offen für sein Vorhaben zu sein – was immer es auch sein mochte.
Es führte dazu, dass mein Mann und ich nach Port Moresby zogen, um uns in den Settlements zu engagieren – also in sozialen Brennpunkt-Vierteln, in denen viel Not und eine hohe Kriminalität herrschen. Unser Fokus galt den Kindern, die kulturell gesehen nicht viel Wertschätzung und Aufmerksamkeit bekamen. Anfangs sagten viele zu uns: *„Das sind doch nur Kinder! Die verstehen noch nichts! Es ist reine Zeitverschwendung!"* Wir ließen uns davon aber nicht verunsichern.
Wenn wir Kinder auf den Straßen sahen, setzten wir uns zu ihnen, spielten gemeinsam und unterhielten uns. Besonders eindrücklich war für mich eine Begebenheit. Eines Tages gesellte ich mich zu zwei kleinen Mädchen auf den Dreckboden und fragte sie, ob ich mitspielen könne. Nach einiger Zeit schaute mich das eine Mädchen mit seinen großen, dunklen Augen an und flüsterte: *„Du hast uns lieb, nicht wahr?" „Warum denkst du das?"*, wollte ich wissen. Da antwortete es: *„Sonst setzt sich keiner zu uns und spielt mit uns."* Es traf mich ins Herz. Sie spürten tatsächlich etwas von der Liebe, die Gott mir für diese kleinen Menschen gegeben hat – sogar ohne Worte.
Mit der Zeit starteten wir ein altersgerechtes Programm für die Kinder. Unser Wunsch war, ihnen ganzheitlich zu vermitteln, dass sie ge-

liebe Geschöpfe Gottes sind. Denn Gottes Liebe verändert Menschen von Grund auf. Er kann das, was kaputt ist, wieder in Ordnung bringen. Bei ihm kann man neu anfangen. Das kann man nicht erklären – das muss man erleben! Aber dazu mussten wir den Kindern Gott erstmal vorstellen – wie er ist, was er alles für uns getan hat, was er sagt und wovor er warnt. Vieles davon stand in krassem Kontrast zu der Lebenswelt im Settlement (in der Siedlung) und den hoffnungslosen, gebrochenen Vorbildern, die die Kinder dort auf der Straße vorfanden.

Bald sprach sich unser Projekt herum, sodass wir zunehmend in Settlements eingeladen wurden. Deshalb war ich auch am eingangs beschriebenen Tag mit zwei einheimischen Mitarbeiterinnen wegen eines Kids-Programms unterwegs. Da unser allseits bekannter Truck nicht angesprungen war, fuhren wir mit einem ausgeliehenen Kleinbus. Dieser hatte wohl Begehrlichkeiten bei den jungen Männern geweckt, die offensichtlich unter Drogen standen. Leider hatte ich nicht schnell genug die Autoscheibe hochdrehen können. So versuchten sie nun ins Auto hereinzugreifen, um die verschlossene Fahrertür aufzubekommen.

Es war alles total surreal – wie in einem schlechten Film. Unerklärlicherweise hatte ich keine Angst und war die Ruhe in Person. Ich wollte mit ihnen reden. Weil aber alles so ein Durcheinander war, schrie ich laut in ihrer Sprache: *„Hey, jetzt hört mir mal zu!"*
– STILLE! –

Und dann passierte etwas, was für mich bis heute unerklärlich ist: Sie ergriffen die Flucht und waren, so plötzlich wie sie aufgetaucht waren, auch wieder verschwunden. Ich fuhr etwas benommen nach Hause. Ende gut, alles gut?! Nein! So war es nicht! Sobald ich zu Hause ankam und der erste Schock überwunden war, kam die Angst. Mein ganzer Körper fing an zu zittern, und es schossen tausend Gedanken durch meinen Kopf. *„Was hätte alles passieren können? Was hätten sie mit uns Frauen gemacht, wenn sie die Autotür aufbekommen hätten? Was, wenn die Pistolen echt gewesen wären? Wenn es einmal passiert, passiert es vielleicht auch ein zweites Mal. Was, wenn es dann nicht so glimpflich ausgeht? Warum hat Gott das nicht verhindert? Wo war sein Schutz? Kann ich ihm trotzdem noch vertrauen?"* Anstatt dankbar zu sein, dass er uns vor Schlimmerem bewahrt hatte, machte ich Gott Vorwürfe.

Die folgenden Tage traute ich mich kaum auf die Straße, und wenn ich junge Männer am Straßenrand stehen sah, reagierte mein Körper mit Angst und Zittern. Ich wusste nicht, was schlimmer für mich war – das Trauma des Überfalls oder dass ich Gott nicht mehr vertrauen konnte. Das war ein existentielles Problem für mich, denn in diesem Zustand konnte ich die Programme nicht fortsetzen. *War dies das AUS für unsere Arbeit in Papua-Neuguinea?* Vor meinen inneren Augen tauchten die vielen Gesichter „unserer" Settlement-Kinder auf. Nein! Sie im Stich lassen, das wollte ich auf keinen Fall! Aber egal, wie sehr ich mich anstrengte, ich wurde die Angst und den Zweifel nicht los.

14 Tage später war es wieder so weit. Ich war in dem besagten Settlement mit dem Kinderprogramm dran. Wie gerne hätte ich gekniffen! Doch gleichzeitig wusste ich, dass ich die Angst überwinden musste, um weiterkommen zu können. Aber wie? Angst wird man nicht einfach so los! Es war in diesem Fall auch keine Kopfsache, da ja mein ganzer Körper so sensibel reagierte!

An dem Tag las ich einen Bibelvers, der exakt zu meiner Situation passte. Da hieß es: *„Denn Gott hat uns nicht gegeben den Geist der Furcht, sondern der Kraft und der Liebe und der Besonnenheit"* (2. Timotheus 1,7). Das liest sich so leicht, aber entspricht das auch der Wahrheit? Innerlich setzte ich alles auf eine Karte und forderte Gott heraus: *„Wenn das stimmt, dann möchte ich das hier und heute spüren! Nimm mir die Furcht und hilf mir, dass ich weiterhin in Papua-Neuguinea deine Liebe weitergeben kann."*

Betend fuhr ich los. Als ich beim Settlement um die Ecke bog, standen am Wegrand zwei junge Männer, die mich anhielten. Unerklärlicherweise spürte ich keine Angst – eher Kraft – und ich fragte sie keck: *„Was wollt ihr von mir? Soll ich euch mitnehmen?"* Da antworteten sie: *„Nein! Wir wollten dir nur HALLO sagen."* In dem Moment wusste ich, dass das eine Umschreibung dafür war, dass sie sich bei mir entschuldigen wollten. Und damit waren plötzlich meine Angst- und Zweifelknoten geplatzt. Wenn auch eine gewisse Sensibilität blieb, fühlte ich mich ab dem Zeitpunkt von dem „Angstgefängnis" befreit. Gott hatte meine Herausforderung angenommen und gezeigt, dass er nicht nur auf unerklärliche Weise beschützen, sondern auch Situationen, Emotionen und Gedanken wirklich verändern kann.

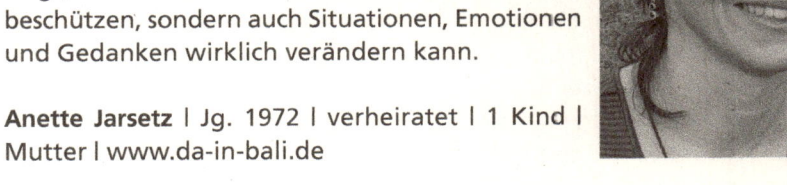

Anette Jarsetz | Jg. 1972 | verheiratet | 1 Kind | Mutter | www.da-in-bali.de

Gekentert

Vor ein paar Jahren sah ein Freund meines Mannes während eines Gebets für uns ein inneres Bild vor sich: Wir fuhren mit einem Boot auf einen See hinaus und kenterten. Als er uns von diesem Bild erzählte, überlegten wir natürlich, was das für uns bedeuten sollte. An ein Scheitern unserer Ehe jedoch konnten und wollten wir nicht denken. Ich tat diesen Gedanken also schnell wieder ab, da ich unsere Beziehung als so fest und gut ansah, dass uns doch nichts passieren könne …

In den darauffolgenden Monaten musste ich jedoch erfahren, wie leicht unser sicher geglaubtes Boot in stürmische Gewässer geraten konnte. Dass mir als Frau Anerkennung und Wertschätzung sehr wichtig waren, wusste ich bereits. Trotzdem wurde dies bei mir zur Falle.

Ich wurde neu in ein Team mit einem jüngeren, sportlichen Kollegen eingeteilt, den ich bis dahin nur vom Sehen kannte. Wir arbeiten von Berufs wegen im Team eng zusammen, müssen viel gemeinsam planen und verbringen einige Arbeitsstunden miteinander. Dieser Kollege war mir von Anfang an sympathisch, aber ich dachte mir nicht groß etwas dabei und witzelte sogar mit meinem Mann darüber.

Der Kollege machte mir immer wieder Komplimente in Bezug auf meine Art und mein Aussehen. Das tat natürlich gut, auch wenn es etwas komisch anmutete, da er ja, wie ich, in einer festen Beziehung war. Ich versuchte, mich zurückzuziehen, aber es gelang mir immer nur kurzfristig. Zu viel gab es einfach beruflich zu besprechen, und in die Kommunikation flossen immer mehr private Dinge ein, darunter viele Komplimente, teils auch anzügliche.

Immer wieder erzählte ich diese zu persönliche Kommunikation meinem Mann. Das fiel mir sehr schwer, aber ich wollte ehrlich zu ihm sein. Doch trotz dem guten Vorhaben, mich zu verändern, gelang es mir nicht immer, die Nachrichten an meinen Kollegen ganz neutral zu formulieren. Zu schön waren die Komplimente und auch die Nähe in der Zusammenarbeit. Es war mir peinlich, wie viele Nachrichten ich mit meinem Kollegen austauschte, und ich wollte nicht, dass mein Mann wusste, wie wichtig er mir mittlerweile geworden war. Also fing ich an, Nachrichten zu löschen. Das verursachte mir ein so schlechtes Gewissen, dass ich es wiederum meinem Mann erzählte. Da wurde er hellhörig. Zuvor hatte er die ganze Situation nicht allzu ernst genommen. Er ist von Natur aus nicht so schnell eifersüchtig, aber nun erkannte er den Ernst der Lage und meine Berichte verletzten ihn sehr.

Trotz vieler Gebete (sogar als Paar) und Versuche, diese Schreiberei und Nähe zu beenden, gab es immer wieder lange, intensive und sehr persönliche Kontakte. Hinzu kamen auch Träume, Fantasien und auch manche körperliche Nähe im Berufsalltag, die nicht richtig war. Verhängnisvoll waren Gedanken wie *„Da ist doch nix dabei. Es ist doch nichts Schlimmes passiert!"* Damit versuchte ich mein Gewissen zu beruhigen, und es gab mir die Legitimation, einfach weiterzumachen. Doch ich spürte genau, wie Gott mir deutlich machte, dass es falsch war und ich ganz aufhören solle. Aber ich schaffte es nicht. Mein Verstand wollte aufhören, mein Herz noch nicht.

Als ich meinem Mann unter Tränen auch von der körperlichen Nähe erzählte, bedeutete dies fast das Aus unserer Ehe. Es war die schlimmste Zeit meines Lebens. Ich dachte, dass ich drauf und dran war, alles zu verlieren, was mir wichtig war. Und ich hatte es sogar selbst mit verursacht.

Mein Mann zog sich von mir zurück und es entstand eine eisige Kälte. Ich betete viel und flehte Gott an, mir meinen Mann zurückzuschenken. Es dauerte noch einige Zeit, bis er mir vergeben konnte und wir einen Neustart wagten.

Allerdings war auch danach irgendwie noch nicht alles gut, selbst wenn es sich zwischen uns wieder gut anfühlte. Ich hatte den Eindruck, dass meiner Beziehung zu Gott noch etwas im Weg stand.

Einige Zeit später erkrankte ein enges Familienmitglied schwer. Es stand eine sehr komplizierte und lange Operation an. Mein Mann traf sich mit einem Freund, um gemeinsam mit ihm für die Operation zu beten. Im Gebet hatten sie unabhängig voneinander ein Bild vor ihrem inneren Auge, dass Jesus bei der Operation dabei sein werde, aber dass sie tödlich ausgehen würde. Als sie diese Bilder austauschten, war die Angst natürlich groß.

Es wurde uns klar, dass wir weitere Schritte gehen mussten, denn unsere gemeinsamen Gebete als Paar schienen „an der Zimmerdecke hängen zu bleiben". Mein Mann und ich spürten unabhängig voneinander, dass wir, bevor wir in wirklicher und kraftvoller Verbundenheit für das kranke Familienmitglied beten konnten, zuerst noch einmal schonungslos ehrlich einander alles bekennen mussten, wo wir am anderen schuldig geworden waren. Auch bei meinem Mann gab es einen Bereich, in dem er an mir schuldig geworden war. Bei mir waren es einzelne Situationen, die ich noch nicht im Detail erzählt hatte, da ich dachte, er wisse ja schon grob, was ich falsch gemacht hatte. Ich bat Gott um Hilfe, mir genau aufzuzeigen, welche Situationen wichtig seien, sie vor meinem Mann zu bekennen.

Der Abend der Offenheit und schonungslosen Wahrheit war sehr hart und unangenehm. Aber nachdem wir alles gebeichtet hatten, weinend auf Knien saßen, uns umarmten und die gegenseitige Vergebung zusprachen, empfanden wir beide einen solch übernatürlichen Frieden und eine Freude, dass es kaum möglich ist, dies zu beschreiben. In diesem Moment spürte ich, wie mein Gefühl des blockierten Zugangs zu Gott sich löste, ich mich einfach nur geliebt wusste und auch selbst eine ganz große Liebe für Gott empfand, der so gnädig und barmherzig mit uns ist.

Danach war es ein Leichtes, in wirklicher Einheit zu beten. Wir fasteten und beteten zusammen für Heilung und Leben. Wir erlebten

Ich empfand eine ganz große Liebe für Gott.

tatsächlich Heilung und eine komplikationslose Operation des Familienmitglieds. Ob das Bild mit dem tödlichen Ausgang eine Warnung war oder ein Aufruf zum ernsten Gebet, kann ich nicht sagen. Ich traue Gott auch zu, dass er seine Pläne durchaus von den Bitten und Flehen seiner Kinder beeinflussen lässt. Wir haben das in diesem konkreten Fall so erlebt, aber ich kenne auch viele Geschichten und Situationen, in denen Gott meine Gebete nicht so konkret und spürbar beantwortet hat bzw. anders oder aber auch scheinbar gar nicht. Gott ist und bleibt souverän. Aber für dieses Wunder sind wir dankbar.

Für uns waren es eigentlich zwei Wunder in einem: das Heilungswunder und unser Ehe-Wunder. Wir haben erlebt, wie Gott uns unsere Schuld erkennen lässt, und wie gut es tut, Vergebung zu erfahren. Total ehrlich vor ihm und vor dem anderen zu sein, schafft Freiräume für ein tieferes Gebet und eine intensivere Gottesbeziehung.

Das Bild vom Anfang hatte sich bewahrheitet. Wir waren gekentert. Aber Gott hat uns in seiner Gnade gerettet und wieder ins Boot gesetzt. Diese Erfahrung hat uns stark geprägt. Vielleicht sind wir jetzt demütiger mit anderen Paaren, weil wir wissen, wie schnell man scheitern kann. Vielleicht sind wir ehrlicher und vorsichtiger, um solche Situationen im Vorfeld zu vermeiden. Auf jeden Fall sind wir in einer noch tieferen Liebe mit Gott und miteinander verbunden.

Claudia Vettermann | Jg. 1980 | verheiratet | 3 Töchter | Ellhofen | Lehrerin

Aus der Drogen- und Dämonenwelt ins Licht

Aufgewachsen bin ich als die ältere von zwei Töchtern. Mein Vater hatte das Sorgerecht, weil unsere Mutter drogensüchtig und psychisch krank war. Eigentlich hatte ich eine schöne Kindheit. Unser Vater gab sein Bestes, damit es uns gut ginge. Trotzdem fehlte etwas.

Mit neun fing ich an, meine erste Zigarette zu paffen, mehr zum Spaß, einfach, um es mal auszuprobieren. Als ich 16 war, rauchte ich dann richtig, und zwar nicht nur Zigaretten. Ich fing an zu kiffen – Marihuana zu rauchen. Das ging vom ersten Joint bis zu fünfzehn Bongs (Wasserpfeifen) am Tag. Einfach abschalten – das war mein Ziel.

Als ich siebzehn war, starb unsere Mutter an den Folgen ihrer Drogensucht, aber statt selbst damit aufzuhören, geriet ich immer tiefer hinein.

Im darauffolgenden Sommer lernte ich eine neue Clique kennen. Wir verstanden uns auf Anhieb sehr gut und wurden Freunde. Nur waren bei ihnen plötzlich ganz andere Substanzen im Spiel. Ich wollte wissen, was ihnen daran so gefiel, also kaufte ich mir meine erste Ration Koks. Die Wirkung des weißen Pulvers fand bei mir allerdings keinen Anklang, also ließ ich es wieder sein. Was mich aber faszinierte, war Psilocybin, das in einer Pilzart zu finden ist. Bei Verzehr dieser Pilze taucht man in eine Welt des Unsichtbaren ab. Man kommt sich vor wie in der Matrix, plötzlich sieht und fühlt man Dinge, die man sonst mit bloßem Auge nicht sehen kann. Nach einer dieser Pilz-Sessions passierte es. Ich war gefangen in dieser Welt und kam nicht mehr heraus.

Ich litt an Verfolgungswahn vom Feinsten. Überall vermutete ich die Polizei. Eine Klassenkameradin beschuldigte ich, eine Hexe zu sein. Was da für krasse Dinge passiert sind, ist schwer zu verstehen.

Ich schaute in die Gesichter von Menschen und manche verwandelten sich in die scheußlichsten Fratzen, die man sich nur vorstellen kann. Ich vertraute keinem Menschen mehr. Sie alle trachteten nur nach meinem Leben. Die wollten mich wegsperren. So glaubte ich.

Obwohl ich damals von Gott und dem Teufel nichts wusste und auch nichts wissen wollte, spürte ich den Kampf dieser beiden Mächte um mich. Gott versuchte, mich da rauszuholen, aber der Teufel wollte mich töten – und beinahe hätte er es auch geschafft.

Mir wurde das alles zu viel. Ich las Bücher über Hexen und verschiedene Religionen. In einem Buch las ich von dem Weg, sich in den Tod zu meditieren und dachte: *„Klar, das muss ich machen!"*

Ich schnappte mir einen ganzen Beutel Marihuana, rauchte mir am Abend die Birne zu und wollte zum See, denn man sollte ins Wasser gehen, damit die Seele weggetragen würde, oder so in der Art. Auf dem Weg in der Dunkelheit übermannte mich plötzlich die Angst. Ich beschloss, zum nah gelegenen Teich zu gehen – würde schon reichen. Als ich so am Ufer lag, bereit mich in den Tod zu meditieren, hörte ich plötzlich Stimmen – kann man denn nicht mal in Ruhe sterben? –, aber ich sah niemanden ... Hubschraubergeräusche über mir (auch diesen sah ich nicht) brachten mich dazu, mein Vorhaben abzubrechen und wieder nach Hause zu marschieren.

Tja, da saß ich nun, und jetzt?

Da ich zu diesem Zeitpunkt immer noch niemandem vertraute, war es schwierig, mit mir zu kommunizieren, aber einer Person gelang es dann plötzlich doch. Ein Freund meines Vaters baute langsam Vertrauen zu mir auf. Das ging nicht von heute auf morgen, aber er schaffte es. Irgendwann erzählte er mir von seinem Arzt, einem Allgemeinmediziner ... und Psychologen.

Ich muss dazu sagen, dass ich in der Zeit vor den Gesprächen mit ihm schon mal wegen einer Panikattacke im Krankenhaus gewesen und dort dann mit einem starken Medikament ruhiggestellt worden war. Damit mein Geist auch mal verschnaufen könne, sagten sie, was sich auf mein Vertrauen zu den Ärzten nicht wirklich positiv auswirkte. Betäuben? Ruhigstellen? Spinnen die? Die wollen mich nur wegschaffen!

Der Krankenhausbesuch lag nun schon 'ne Weile zurück; ich beschloss also, doch mal diesen Arzt aufzusuchen. Immer noch in Alarmbereitschaft, aber irgendwer musste mir da allmählich mal raushelfen. Das ganze Spektakel dauerte jetzt schon knapp drei Monate.

Mein Verfolgungswahn ließ insoweit nach, als ich mich zumindest wieder unter Leute traute. Das nutzte allerdings auch gleich der Bruder eines Bekannten aus und fuhr mit mir gemeinsam auf ein Hippiefestival. Er wollte unbedingt einen Joint rauchen, und ich sagte ihm, ich würde dort bestimmt genug Leute kennen, die was dabeihätten. Es dauerte nicht lange und wir wurden fündig. Da saßen wir nun in einem Kreis mit etlichen anderen zusammen, und der Joint drehte seine Runde. Als er zu mir kam, lehnte ich ab.

Ich wollte das nicht mehr. Diese Joints waren bei dem Versuch, mich in den Tod zu meditieren, während des ganzen Horrortrips die einzige Droge gewesen, die ich zu mir genommen hatte. Ich hatte Angst vor den Dämonen, wollte sie nicht wieder sehen.

Der Joint wurde weitergereicht. Mir gegenüber saß ein Typ, der mich die ganze Zeit angeschaut hatte, und als der Joint aufgeraucht war, kam dieser Kerl zu mir gestürzt und meinte, mit mir reden zu müssen. Er erzählte mir von seinem Trip, und wir stellten fest, dass wir sehr ähnliche Erfahrungen gemacht hatten.

Plötzlich erzählte er mir von Gott und lud mich ein, am nächsten Tag in den Gottesdienst zu kommen. *„Ich und Gottesdienst? Nein danke!"*

Aber während des ganzen Gesprächs war ich wie in Watte gepackt, und ich fuhr mit einem guten Gefühl nach Hause. Gottesdienst? Oh Mann!

Am nächsten Morgen wachte ich auf und hörte eine Stimme zu mir sagen: *„Nina, wenn du wirklich gesund werden willst, dann komm!"* Ich wusste sofort, wer diese Stimme war ... Es war Gott.

Der Gottesdienst fand erst am Abend statt, und so saß ich dann neben einem Typen, den ich eigentlich gar nicht kannte, aber der mir irgendwie vertraut vorkam.

Jedes einzelne Wort, das der Prediger sagte, war für mich an diesem Abend Gottes Wort. Gegen Ende sagte er: *„Wer von den Ketten des Satans befreit werden will, kann jetzt nach vorne kommen."*

Schluck. Nach vorne?

Ich drehte mich zu meinem Begleiter um und fragte ihn, ob er mit nach vorne käme, aber er sagt nur: *„Wenn du das wirklich willst, musst du das allein machen."* Ooooooooookay. Nochmal Schluck. Und los geht's.

Ich stellte mich also nach vorne, schaute, was die anderen so taten und tat es ihnen gleich. Kopf senken, Hände falten. Und so stand ich da, mit geschlossenen Augen. Eine gefühlte Ewigkeit. Nichts passierte.

Ich sagte zu Gott: *„Hey, wenn es dich wirklich gibt, dann tu was, sonst geh ich!"*

Ich spürte schon, wie mein Gehirn dem Bein den Impuls gab, einen Schritt nach hinten zu tun, als mich plötzlich eine Hand leicht an der Schulter berührte und eine Stimme mich fragte: *„Soll ich für dich beten?"* – *„Ja."*

Während dieses Gebets spürte ich, dass nacheinander – wie bei einer Zwiebel – Schicht um Schicht von mir abblätterte, bis ich – Leute, ihr werdet es nicht glauben, aber es war so – bis ich nur noch von einem weißen, warmen Licht

Ich war von einem weißen, warmen Licht umgeben.

131

Ich war frei!

umgeben war und mich völlig frei fühlte. Es war weg … alles … ich war frei!

Nach dem Gottesdienst nahm mich mein Begleiter noch mit zum Jugendpastor, und auch er betete nochmal für mich. Er und seine Frau wurden für mich meine geistlichen Eltern, die mich am Anfang meines neuen Glaubens begleiteten.

Seit dem 23.07.2000 bin ich nun Königstochter. Und auch wenn es immer noch Höhen und Tiefen in meinem Leben gibt, so weiß ich doch eins:

„Weder Tod noch Leben, weder Engel noch Dämonen, weder Gegenwärtiges noch Zukünftiges noch irgendwelche Gewalten, weder Himmel noch Hölle oder sonst irgendetwas kann mich trennen von der Liebe Gottes, die er mir in Jesus Christus, meinem Herrn, bewiesen hat."
(Römer 8,38-39 GNB, auf mich bezogen)

Nina K. | Bj. 1981 | verheiratet | 2 Kinder | Mittelhessen | Ergotherapeutin, derzeit in einer Naturgruppe (KiTa) als Betreuerin |
Talk: youtu.be/x0TXEebbmSg

Sternschnuppen-Ermutigung

Mein Name ist Carmen, und seit nunmehr 30 Jahren bin ich mit Jesus unterwegs. In dieser Zeit hatten wir mit lebensbedrohlichen Krankheiten bei meinem Mann zu kämpfen, die aus heiterem Himmel kamen, und mit Krebs bei unserer Tochter. Meine schlimmsten Lebensphasen in diesen Krankheitszeiten haben mein Vertrauen in Gott gestärkt und wachsen lassen. Darin habe ich ihn besser kennengelernt, da ich viel häufiger seine Nähe gesucht habe.

Mit 18 Jahren hatte unsere Tochter kreisrunden Haarausfall, der zur vollständigen Glatze führte. Dieses hatte jedoch mit der Chemo, die sie 14 Jahre zuvor bekommen hatte, nichts zu tun. Es war für uns alle so ein Leiden, mitansehen zu müssen, wie sich täglich immer mehr Haare verabschiedeten und sie mittlerweile wie ein gerupftes Hühnchen aussah. Bei dieser Autoimmunerkrankung weiß man nicht, ob die Haare jemals wieder sprießen. Ich rang mit Gott, bot ihm sogar meine eigenen Haare an, damit Anna ihre behalten konnte (wobei Gott natürlich meine Haare nicht brauchen würde, um bei Anna wieder welche wachsen zu lassen).

Sei zuversichtlich!

An einem Abend sah ich am Himmel eine Sternschnuppe, und es war, als ob Gott zu mir sagte: *„Sei zuversichtlich, ich kümmere mich darum!"*

Ich hatte plötzlich einen megagroßen Frieden in mir. Und – auch wenn wir viel Geduld brauchten – die Haare wuchsen nach geraumer Zeit wieder.

Meine „Sternschnuppen-Ermutigung" durch den Schöpfer des gesamten Alls durfte ich noch zwei weitere Male erleben; dafür bin ich IHM so dankbar.

Das ist meine Aufgabe: an seinen Verheißungen festzuhalten. Er ist so kreativ und offenbart sich seinen Kindern auf vielfältige Weise. *Sind wir bereit, ihn auch in dieser vielfältigen Weise wahrzunehmen?* Mein Leitspruch aus dem Song „Oceans":

Your sovereign hand will be my guide!
Deine souveräne Hand leitet mich!

Carmen Kölbel | Jg. 1965 | verheiratet | 3 Kinder | Plüderhausen | Storemanagerin

Selbstmarketing, Lektion 1

Ich widme mich wieder einmal den Skripten meines Fernstudiums. Die Lektion für heute: Selbstmarketing. Einerseits bin ich gespannt, was mich erwartet, andererseits bekomme ich ein ganz beklemmendes Gefühl. Ich bin nicht gut darin, mich selbst positiv darzustellen. Doch genau darum soll es in dem Kapitel gehen.

Bevor ich anfange zu lesen, reflektiere ich kurz, was ich von mir halte. Insgesamt bin ich schon mit mir zufrieden. Ich kenne meine Stärken. Aber andere Leute sind ja auch sehr talentiert. Da bin ich nichts Besonderes. Ich glaube schon, dass ich meine Begabungen noch erfolgreicher einsetzen könnte – aber ich weiß gar nicht wie, oder ich traue mich nicht. Einfach mal machen – so etwas gibt es bei mir nicht. Dafür fehlt das Selbstbewusstsein, oder der Verstand schreit zu laut. Natürlich träumt man hin und wieder mal. Aber irgendwas lähmt dann doch. Vielleicht, weil ich einen hohen Anspruch an mich habe?

So ist das wohl. Jedenfalls steht das in der Einleitung des Kapitels. Während ich es lese, kommt es mir vor, als würde mir jemand einen Spiegel vorhalten. Ja, ich denke viel nach und definiere mich – das gebe ich ungern zu – über meine Arbeit. Allerdings bin ich seit einem halben Jahr auf Jobsuche. Dementsprechend ist mein Selbstbewusstsein im Keller. Was tun?

Laut Lehrtext soll ich die negativen Denkmuster ablegen. Die erste praktische Übung sieht vor, sich alle positiven Eigenschaften bewusst zu machen – das sei schließlich die Basis, wenn man andere von sich überzeugen möchte. *„Ich kann sehr gut ..."* In Gedanken beende ich den Satz. *„Es fällt mir unwahrscheinlich leicht ..."* So sammle ich nacheinander meine persönlichen und fachlichen Stärken.

Anschließend geht es um schädliche Grundüberzeugungen, also die Gedanken und Worte, in denen wir uns selbst schlecht machen und die uns in unserer persönlichen Entwicklung hemmen. Deshalb die Empfehlung: Ich soll meine Einstellung zu mir selbst überprüfen. Ich soll negativen Gedanken keinen Raum geben. Wie war das noch vor ein paar Minuten? Ich fühle mich ertappt. Auch ich hatte mich verglichen und mich dabei selbst in den Schatten gestellt. *„Das will ich nicht mehr"*, denke ich. *„Ich will mir endlich sagen können, dass ich gut bin, so wie ich bin."*

Die Übung, die folgt, soll genau dabei helfen, indem negative Glaubenssätze gegen positive ausgetauscht werden. Meine Augen überfliegen die linke Spalte: *„Ich bin nicht gut, weil … Andere sind besser als ich … Ich kann das eigentlich gar nicht."* Es trifft mich mitten ins Herz. Ja, so fühle ich mich. Und dann die rechte Spalte: *„Ich bin gut und nehme mich so, wie ich bin …"* Ich fange an, die Sätze laut vorzulesen. Und plötzlich höre ich mich mit eigenen Worten sagen: *„Ich brauche keine Angst zu haben, zu scheitern. Ich freue mich darauf, erfolgreich zu sein. Ich darf sagen, was ich denke und ausprobieren, was ich möchte. Ich bin einzigartig. Ich bin geliebt. Ich bin wertvoll."*

Ich halte inne, mir kommen die Tränen, weil ich anfange, das zu glauben, was ich sage. Gott klopft an und mein Herz wird lebendig. Gott spricht, und ich sehe die Welt mit neuen Augen. Ich blicke aus dem Fenster in den blauen Himmel. Schaue mich in meiner Wohnung um. Hier lebe ich. Aber irgendwas fehlt. Mir kommt eine Idee. Kurz überlege ich. *„Geh,"* flüstert eine Stimme in mir. *„Aber ich habe ungewaschene Haare und eine Jogginghose an,"* entgegnet eine andere. *„Schalte gar nicht erst deinen Verstand ein und tu's!"*, fleht wieder mein Herz. Ich bin innerlich zerrissen.

Noch vor wenigen Minuten hätte mein Verstand sich durchgesetzt und Nein gesagt. So etwas hatte ich noch nie getan. Ich schluchze auf und bevor ich es mir noch einmal anders überlegen kann, schnappe ich mir Geld und Schlüssel und renne zu meinem Auto. Ich weine auf der Fahrt, weil ich gerade auf dem Weg bin, mir selbst zu sagen, dass ich wertvoll bin. Dann steige ich aus. Öffne die Ladentür. Meine Freundin, die Floristin, schaut mich erstaunt und fragend an. Ich drücke ihr fünfzig Euro in die Hand. *„Kannst du mir bitte den schönsten Blumenstrauß der Welt binden?"* – *„Für einen bestimmten Anlass?"* Ich schüttle den Kopf: *„Für mich."*

Epilog: Mein Studium liegt mittlerweile einige Jahre zurück. Heute weiß ich: Diese Begebenheit hat wirklich einen Prozess der Selbstannahme in Gang gesetzt. Weil Gott seine Liebe mitten im Alltag ausgegossen hat. Ich bin froh, mir damals den Blumenstrauß, meinen allerersten, gekauft zu haben. Seither stehen ganz oft frische Blumen in meiner Wohnung. Sie erinnern mich an kleine große Wunder und daran, dass ich wertvoll bin.

Mirjam Selle | Jg. 1990 | verheiratet | 1 Kind | Weinstadt | Freie Rednerin | www.freie-rede-remstal.de

Gottes Führung

Vor einigen Jahren war ich auf der Suche nach einer neuen Wohnung und Arbeitsstelle. Mein Bruder und meine Schwägerin haben ein wunderschönes Jugendstilhaus mit mehreren Etagen in einem Stadtteil am Rande Aachens. Als sie dieses Haus in den 80er Jahren kauften und sanierten, beteiligten sich unsere Eltern und zogen mit in das Haus, in eine schöne Dreizimmerwohnung im Erdgeschoss.

Nach dem Tod unseres Vaters lebte meine Mutter glücklich alleine in dieser Wohnung, allerdings auch beeinträchtigt durch die zunehmenden Schwächen des Alters. Sie wurde aber wunderbar von meinem Bruder und seiner Familie umsorgt. Trotzdem merkte sie schon länger, dass sie nicht mehr gut alleine leben konnte, auch wenn sie im Haus und durch den ambulanten Pflegedienst sehr gut versorgt war.

Als ich meine Arbeit und auch meine Wohnung verlor, hatte ich die Möglichkeit, übergangsweise bei meinem Bruder einzuziehen, da die Kinder nicht mehr mit im Haus wohnten. Wie dankbar und glücklich war und bin ich über den guten Zusammenhalt in unserer Familie und dass dies unkompliziert möglich war.

Die ersten Tage und Wochen im Haus nutze ich sehr gerne, um unserer Mutter im Alltag zu helfen. Sie bat mich, viele Dinge mit ihr aufzuräumen und zu klären, die ihr schon länger am Herzen lagen. Nach über 30 Jahren, in denen ich immer woanders gelebt und gearbeitet und nie viel Zeit gehabt hatte, war es auf einmal ein besonderes Geschenk, Zeit mit meiner Mutter verbringen zu können. Jeden Tag konnte ich bei ihr sein, und wir haben viel miteinander geredet. Vieles beschäftigte sie. Sie nahm immer regen Anteil am Leben ihrer Familie, der Stadt, der Kirchengemeinde und der Welt.

Obwohl besonders die Enkel- und Urenkelkinder und viele Freunde regelmäßig bei ihr reinschauten (jeder, der zu meinem Bruder und meiner Schwägerin kam, schaute auch bei der Oma vorbei), war sie doch viele Stunden alleine. Sie hatte für sich erfahren, dass ihr das nicht mehr guttat, obwohl sie andererseits auch gerne mal alleine war. Schon immer wollte sie in ein Pflegeheim, wenn sie nicht mehr gut für sich sorgen könnte. An diesem Punkt war sie gerade, als ich nach Aachen kam. Sie hatte uns wenige Wochen vorher gebeten, sie in einem evangelischen Pflegeheim anzumelden. Das war ihr sehr wichtig, und immer öfter war das auch Thema unserer Gespräche.

Ich hatte ein Zimmer im 2. Stock des Hauses und genoss es, am Morgen Zeit für mich zu haben, für Gott, zum Beten. Jeden Morgen legte ich Gott meine Situation hin und fragte ihn: *„Was hast du mit mir vor, wenige Jahre vor dem Ruhestand? Was möchtest du, dass ich tue, wo ich mich einsetze?"*

An einem Morgen kam mir der Gedanke: Kann ich mir vorstellen, bei meiner Mutter einzuziehen und für sie zu sorgen? Sollte ich mir eine Stelle in Aachen suchen? Wäre das denkbar für mich? Ich bat Christus darum, mir ein Zeichen zu geben, mich sensibel und offen zu machen, ob ich mit meiner Mutter darüber sprechen sollte. Nach einiger Zeit wurde ich ganz ruhig darüber und wollte einfach warten, was sich ergibt.

Morgens frühstückten wir immer zusammen. Es war unsere schönste und intensivste Zeit miteinander. Und es war so wunderbar, dass ich diese Zeit hatte und es genießen konnte. Mitten beim Müsliessen meinte meine Mutter auf einmal: *„Ich muss mal mit dir reden!"* Das sagte sie immer, wenn sie etwas beschäftigte und sie uns das mitteilen wollte. Sie hatte am Morgen lange wach gelegen, bevor der Pflegedienst gekommen war. Dabei war ihr vieles durch den Kopf gegangen. Es hatte sie sehr beschäftigt, wo und wie sie die letzten Jahre ihres Lebens wohnen und versorgt werden könnte.

Unsere Mutter liebte ihre kleine Wohnung im Haus und hatte sie mit so viel Leben erfüllt. So war ihr auf einmal der Gedanke gekommen, mich zu fragen, ob ich vielleicht bei ihr einziehen könnte. Sie hatte konkret über alle Möglichkeiten und Hürden nachgedacht und gute Optionen parat. Eins der drei Zimmer stand seit dem Tod des Vaters leer, da könne ich ja einziehen. Die Pflege wollte sie weiterhin über den Pflegedienst machen lassen, mit dem sie sehr zufrieden war. Sie wusste, dass Pflege gar nicht mein Ding ist. Und wegen einer Arbeit könne ich ja mal beim Pfarrer fragen, ob es nicht irgendetwas in der Kirchengemeinde für mich zu tun gäbe.

Ich saß da, sprachlos, staunend, dankbar und überwältigt. So ist unser Gott. Er hatte schon lange einen Plan für meine Mutter und mich. Und er hatte uns genau zur gleichen Zeit die Impulse gegeben – füreinander

Gott hatte einen Plan.

und miteinander. Auf einmal machte meine Arbeitslosigkeit einen Sinn.

Ich zog dann bald bei ihr ein und durfte noch zwei wunderbare Jahre mit unserer Mutter zusammenleben. Und „nebenbei" ermög-lichte Gott mir in diesen beiden Jahren eine Arbeit in der Familienbildung, schwerpunktmäßig in der Flüchtlings- und Migrationsarbeit, herausfordernd, aber mit der Möglichkeit, meine Gaben und Fä-higkeiten sehr gut einbringen zu können. Ohne den Verlust meiner Arbeit und Wohnung hätte ich nie diese zwei Jahre mit unserer Mutter in un-serer besonderen Familie erleben können. *Danke Gott!*

Barbara Jahn I Jg. 1956 I unverheiratet I Edertal I Coaching, Supervision und geistliche Begleitung I www.barbara-jahn.net

Raus aus meinem „Babylon"

Es war ein Uhr nachts. Ich stillte mein gerade einmal zwei Wochen altes Baby, Lorena. Mein Sohn Leon (3) schlief schon tief und fest. Friedlich vor sich hin nuckelnd, schlief Lorena in meinen Armen ein. Sachte legte ich sie neben mir auf der Couch ab. Aus ein paar Kissen baute ich ihr ein Nest, sodass sie nicht runterfallen konnte. Mit zittriger Hand deckte ich sie zu. Ich spürte, gleich konnte ich meinen Gefühlen freien Lauf lassen. Beide Kinder schliefen. Langsam stand ich auf, ging ins Bad und stützte mich mit beiden Armen auf dem Wasch-becken ab.

Endlich. Wie eine Welle durchströmte es mich. Von den Beinen nach oben, ein heißes Gefühl im Bauchraum, ich fing an zu schwitzen, meine Hände zitterten. Ich sah in den Spiegel und schrie. Vor Schmerz. Ich konnte nicht mehr. Ich heulte vor Wut. Vor Verzweiflung. Vor Angst. Endlich konnte ich meine Gefühle rauslassen ...

Heute Nachmittag, während ich stillend mit unserem Baby auf der Couch saß, hatte Pablo es mir mitgeteilt: dass er nicht glücklich sei in der Beziehung. Er habe eine andere. Deswegen solle ich ausziehen. Mit den Kindern. Bis Freitag. – Ich war in meinem Leben noch nie so wütend!

Es ging nicht um die Trennung. Er hatte mich bereits acht Jahre lang immer und immer wieder betrogen und belogen. Im Endeffekt war ich froh, dass es vorbei war. Aber ich hatte keine Ahnung, wie ich zwei Wochen nach der Geburt meines Babys einen Umzug planen sollte. Eine Wohnung finden sollte. Ein Bett kaufen, einen Tisch, einen Kühlschrank. *Wie sollte ich das alles organisieren? Und WARUM sollte ICH das machen?*

Ich schlug Pablo vor, dass er auszieht, nur für ein paar Monate als Übergangslösung. Mich und die Kinder noch einige Zeit im Haus lässt, nur bis das Baby ein paar Monate alt ist. Dann hätte ich Zeit, alles zu managen.

„Nein! Marianne kommt nächste Woche, und wir wollen hier im Haus gemeinsam Zeit verbringen. Ich hab doch nicht ein Haus mit Pool gebaut, damit ich dann in einer kleinen Wohnung sitze."

Pablo war von Natur aus ein kühler Mensch. Kalkuliert. Ich dachte, er wäre eigentlich auch ein guter Vater. Aber in diesem Moment wurde mir klar: Mit wem auch immer ich die letzten acht Jahre verbracht hatte, er war nicht mehr in ihm. Völlig ohne Mitgefühl setzte er mich mit meinem Baby vor die Tür. Leon könne bleiben. Leon kenne die Neue schon. Sie waren zusammen auf dem Spielplatz gewesen.

Bei diesen Worten musste ich mich übergeben. Das war der tiefste und brennendste Schmerz, den ich je gespürt hatte. Pablo war mit der Neuen und MEINEM Leon auf dem Spielplatz gewesen?! Während ich nichts ahnend zu Hause gesessen und unser Neugeborenes gestillt hatte und mich von der Geburt erholte …

Ich war so wütend, dass ich in den Hinterhof lief und einen Ziegelstein, der dort herumlag, nahm, um ihn immer und immer wieder auf den Boden zu schmeißen. Mit aller Kraft. Ich wusste nicht, wie ich diese übergroße schwarze Welle bekämpfen sollte.

Jetzt wurde Lorena wieder wach und riss mich aus meiner Erinnerung an den Nachmittag. Ich wusch mir mein Gesicht mit kaltem Wasser. Beim Abtrocknen schrie ich noch einmal in das Handtuch. Ausatmen. Ausatmen. Ruhe. Nicht, dass die Kleine was spürt.

Als ich apathisch auf der Couch saß und Lorena stillte, liefen mir Tränen über die Wangen. Ich war alleine. Komplett alleine. Am anderen

Ende der Welt. Ich war vor acht Jahren nach Brasilien ausgewandert, weil ich im Auslandssemester in São Paulo den „Mann meiner Träume" kennengelernt hatte. So dachte ich. Erst im Nachhinein sollte mir klar werden, dass er mich acht Jahre lang manipuliert und ausgenutzt hatte. Er brauchte eine Deutsche, um in Deutschland ein Business aufzubauen. Zudem hatte ich durch mein sprachliches und fachliches Wissen maßgeblich zum Erfolg seiner Unternehmen beigetragen. Tag und Nacht hatte ich gearbeitet, über Jahre hinweg ein Unternehmen in Deutschland und die Vertriebsfirma in Brasilien mitaufgebaut. Marketing, Prozessmanagement, Mitarbeiter-Rekrutierung, Meetings ... 2017 war ich elfmal international unterwegs gewesen, d. h. fast jeden Monat einmal im Ausland. Es war aufregend gewesen, aber es hatte dem Mann, für den ich das eigentlich alles machte, auch die Möglichkeit gegeben, sich „anderweitig" umzusehen. Ich wusste es. Ich hatte ihn auch ein paarmal konfrontiert. Aber nach einigen Jahren harter Arbeit am „Familienbusiness" hatte ich irgendwie das Gefühl gehabt, ich könne nicht mehr zurück. Ich hatte schon zu viel Herzblut investiert, hatte keinen Plan B. Wenn ich mich von ihm trennte, dann wäre all die Arbeit umsonst gewesen. Ich müsste nochmal von vorne anfangen. Alleine. In Brasilien. Am anderen Ende der Welt. Alles, was ich bisher geleistet hatte, wäre umsonst gewesen. So war ich geblieben. Unglücklich.

Ich saß apathisch auf der Couch und Tränen liefen mir übers Gesicht. Meine rechte Hand schmerzte, weil ich vor Wut gegen die Wand geschlagen hatte. *Wie um Gottes Willen sollte ich es aus diesem Tal herausschaffen?* Hitzewellen durchströmten meinen Körper und mein Rücken war völlig nass geschwitzt. Ich hatte Angst. Solche Angst. Ich legte mein Baby erneut sanft im Kissennest ab.

Dann ging ich in den Eingangsbereich des Hauses, holte die Bibel, legte sie vor mich hin und begann zu beten. Doch mir fehlten die Worte. In meinem Kopf hämmerte nur ein Schrei *„Warum? Warum? Warum muss ich das erleben? Warum jetzt?"*

Ich konnte nicht mal einen Satz formulieren und beten. So schlug ich die Bibel an einer beliebigen Stelle auf. Genau hier schlug ich sie auf, bei Jeremia 51,7-9, und begann zu lesen:

„Babylon war wie ein goldener Becher, den der HERR in seiner Hand hielt. Es versetzte die ganze Welt in einen Rausch. Die Völker haben von seinem Wein getrunken und verloren deshalb den Verstand. Doch

plötzlich fällt der Becher zu Boden, und Babylon ist zerbrochen. Man ruft: „Klagt und schreit! Holt Salbe für Babylons Wunde! Vielleicht kann die Stadt geheilt werden." Doch sie antworten: „Wir wollten Babylon heilen, aber der Stadt war nicht zu helfen. Also los, verlasst das Land!"

Ich war in Pablos Welt gefangen. Es war meine Version von Babylon. Ich hatte mich Schritt für Schritt immer mehr auf ihn eingelassen und die Augen vor der Wahrheit verschlossen. Tief in mir wusste ich, dass ich mich immer weiter weg von meinen Werten, meinem Glauben und meinen Träumen entfernt hatte. Ich lebte in seiner Welt und hatte meine eigene aufgegeben.

Zweimal hatte ich schon versucht, mich zu trennen. Doch die Angst vor dem neuen Unbekannten, die Frage „Wie soll denn jetzt mein Leben weiter gehen?" hatte mich immer wieder zurück in seine Arme getrieben. An meiner Unsicherheit war er erstarkt. Ich hatte keine Richtung, in die ich gehen wollte, und folgte ihm blind. Den Mut zu träumen, hatte ich verloren.

Doch warum hatte ich Angst vor dem Neuen? Angst hat derjenige, der kein Vertrauen kennt. Und statt auf Gott zu vertrauen, hatte ich Pablo vertraut. Darum musste die Trennung so grausam kommen. In einer freundschaftlichen Trennung hätte ich mich nicht lösen können und hätte wohl ewig gelitten.

Inmitten der Krise verlieren wir oft den Blick für die Wahrheit, doch die Krise bereitet dich auf etwas vor: Auf das nächste Kapitel in deinem Leben. Wenn du dein Herz aufmachst und Gott vertraust, wirklich von innen heraus, tief in dir drinnen vertraust, dann verblasst die Krise, und du kannst Dankbarkeit spüren für den vermeintlichen Niederschlag. Du kannst Dankbarkeit empfinden, dass es nun in das nächste Kapitel deines Lebens geht.

Du kannst Dankbarkeit spüren.

Gott hat dir ein Talent gegeben, und er hat einen Plan für dich. Sein Plan ist es immer, dass du DEIN Talent einsetzt, um anderen zu helfen. Dann wird dein Talent zur Stärke.

Habe den Mut, dich von dem zu lösen, was dir nicht guttut. Vertraue auf Gott.

Mein Talent ist es, Träume umzusetzen. Ich hatte immer all meine Träume in Realität verwandelt. Alles erreicht. Alles geschafft. Von der Chinesischen Mauer bis zur Freiheitsstatue in New York alles bereist. Ich war ein fröhlicher, starker, fokussierter und mutiger Mensch gewesen. Bis ich Pablo kennenlernte.

Doch Gott hat mich befreit und mich daran erinnert, wie stark und mutig ich bin, wenn ich mein Talent einsetze. Tag für Tag wurde ich mehr und mehr wieder zu meinem wahren Ich. Zur echten Stephanie. Mutig. Stark. Fokussiert. Fröhlich. Glücklich. Tief im Gottvertrauen.

Gott hat mich befreit.

Nach einigen Wochen in meinem neuen Haus, hielt ich Lorena auf den Armen und wippte sie in den Schlaf. Ich spürte eine innere Ruhe. Ich war glücklich. Ich war zwar erst am Anfang einer langen Reise, doch ich war glücklich. Ich betete und spürte Gott. Er war bei mir. Ich dankte ihm von ganzem Herzen für meine Befreiung.

Und im Gebet fragte ich: *„Nun bin ich frei. Nun bin ich wieder glücklich. Aber was ist nun meine Aufgabe?"* Und ich spürte: Meine Aufgabe ist es, anderen Menschen zu helfen, ihren Fokus zu finden. Ihnen zu zeigen, wie mutig sie sind. Ihnen zu helfen, stark zu sein, in dem, was sie wollen. Ihre Träume in die Realität umzusetzen. Glücklich zu sein.

Und das mache ich seither. Ich begleite Menschen auf dem Weg ins nächste Kapitel.

Sei auch du mutig. Hab Vertrauen auf Gott!

Stephanie Juliane Eder I Jg. 1988 I ledig I São José do Rio Preto/Brasilien I Unternehmerin, Mutmacherin I www.promover-consulting.com

Was ist der Sinn meines Lebens?

Es war im Sommer 2019, zwei Monate vor den Sommerferien. Ich war in der 11. Klasse, in einem Jahr stand mein Abitur an. Mein Leben bestand aus Lernen, weil ich um jeden Preis e nen Abi-Schnitt von 1,2 schaffen wollte, um Psychologie studieren zu können und um mir alle Möglichkeiten für meine Zukunft offenzuhalten.

Während der zehnten Klasse hatte ich damit begonnen, jeden Morgen um 5 Uhr 20 aufzustehen; ich ging joggen, duschte eiskalt, lernte für die Schule vor und war auch den Tag über so produktiv, wie ich nur konnte. In dieser Zeit begann ich, mich mit Persönlichkeitsentwicklung zu beschäftigen und mich auf die Suche nach dem Sinn meines Lebens zu machen.

Schon als Kind hatte ich nie verstanden, warum manche Leute in einem Beruf arbeiten, den sie nicht mögen (ich weiß mittlerweile, dass es dafür auch Gründe gibt). Ich wollte es anders machen, meine große Leidenschaft finden und ein erfülltes Leben führen. Da ich diese aber noch nicht gefunden hatte, hatte ich Angst vor der Zeit nach dem Abitur. Was sollte ich denn tun, wenn die Hauptbeschäftigung meines Tages wegfiel? Die Antworten, die ich bisher auf meine Lebensfragen gefunden hatte, wie: mir selber einen Sinn zu geben, anderen zu helfen oder einfach das Leben zu genießen und meine Träume zu verwirklichen, stellten mich noch nicht wirklich zufrieden.

Ein großes Hobby neben der Schule war das Reiten. Eines Tages war ich mit meinem Lieblingspony Brownie auf einem Ausritt und seine Besitzerin, von Beruf Reittherapeutin, begleitete mich auf ihrem zweiten Pferd. Da mich noch immer die Sinnfrage beschäftigte und meine Ausreitpartnerin den ihren gefunden zu haben schien, fragte ich sie danach. Ihre Antwort überraschte mich sehr: *„Jesus!"*

Ich war zwar als Kind getauft und konfirmiert worden, aber ich wusste nie so genau, was ich glauben sollte. Glaube war gefühlt immer eher etwas für andere, die mehr damit aufgewachsen waren und regelmäßig in den Gottesdienst gingen, aber mit meinem Leben hatte das nichts zu tun. Ich erzählte ihr, dass ich nicht recht wusste, was ich glauben sollte, und sie schlug mir vor, dass ich doch mal beten könne: *„Gott, wenn es dich gibt, dann zeig dich mir."*

Ich hatte keine Ahnung, wie ich beten sol te, da ich nur bereits vorformulierte Gebete kannte, wie zum Beispiel das Vaterunser. Dass ich mit Jesus wie mit einem anderen Menschen einfach in meinen Worten reden konnte, war mir neu, aber ich war motiviert, es auszuprobieren. Also legte ich, bevor ich ins Bett ging, ein weißes Blatt auf meinen Schreibtisch und bat Gott, mir daran zu zeigen, dass er existierte. Nichts passierte. Aber ich wusste, dass ich Gott schon noch mehrere Chancen geben musste. Also begann ich, in meinem Alltag Gott um Dinge zu bitten. Einmal kam ich zum Beispiel zu spät zur Schule und betete, dass ich keinen Ärger bekäme – und ich war noch vor dem Lehrer da, weil dieser auch zu spät kam. Das war für mich ganz interessant, aber noch kein Beweis.

Einige Wochen später fuhr ich in den Stall. Ich war mit meinem Fahrrad auf einem sehr wenig befahrenen Weg unterwegs und mit meinem Handy beschäftigt, als mir plötzlich eine Frau halb vors Fahrrad lief. Sie fragte mich, wohin dieser Weg führe, und obwohl mich diese Formulierung stutzig machte, beschrieb ich ihr den Weg. Danach erwähnte sie eine Webseite und erkundigte sich, ob ich diese kennen würde. Ich verneinte, aber aus Neugierde schrieb ich mir doch den Link auf. Nachdem sie mir den Satz mitgegeben hatte: *„Du bist jung, du musst eine wichtige Entscheidung treffen"*, den ich damals noch nicht wirklich verstand, verabschiedeten wir uns und ich fuhr weiter.

Nach einigen Metern klickte ich aus Neugier auf den Link in meinen Handynotizen. Die Website war *www.thefour.com*; sie erklärt in vier kurzen Videos, wie sehr Gott uns liebt, dass wir wegen unserer Fehler (nennt die Bibel Sünde) von Gott getrennt leben müssen und dass Jesus, um diese Trennung aufzuheben, um uns unsere Schuld zu vergeben und weil er uns so sehr liebt, für uns am Kreuz gestorben und wieder auferstanden ist. Der Inhalt war für mich zweitrangig, ausschlaggebend war für mich, dass es um Jesus ging.

Die Begegnung mit der Frau fand genau an dem Tag statt, an dem ich mit Brownies Besitzerin noch einmal über den Glauben reden wollte. Es war mittlerweile einige Zeit nach dem ersten Gespräch vergangen. Im Stall angekommen, erzählte ich ihr von meinem Erlebnis unterwegs. Da zeigte sie mir einen Flyer von genau dieser Webseite; sie hatte ihn extra an diesem Tag mitgebracht, um ihn mir zu zeigen.

Gott beantwortete mein Gebet.

Noch nie hatte mich vorher jemand einfach auf der Straße angesprochen, und dann noch auf einem Weg, wo es noch mehr Menschen gab, die sie hätte fragen können; und die Frau hatte nichts von meinem Gebet wissen können. Aber genau an diesem Tag beantwortete

Gott durch diese Frau mein Gebet. Schon damals, als ich noch sehr wenig von Gott wusste, erkannte ich, dass das alles kein Zufall sein konnte. Das war der Startschuss für einen Prozess, der mein Leben komplett verändern sollte.

Ich begann in der Bibel zu lesen, in Gottesdienste zu gehen und viele Fragen zu stellen. Jesus hat sich in der folgenden Zeit auf viele verschiedene Arten in meinem Leben gezeigt, und heute kann ich mit Gewissheit sagen, dass er lebt, dass er immer bei mir ist und Gebete hört und erhört. Ich habe die Entscheidung, von der die Frau gesprochen hat, getroffen und Jesus in mein Leben eingeladen. Seitdem hat sich vieles in meinem Leben verändert.

Nach und nach hörte ich auf, Videos über Persönlichkeitsentwicklung zu schauen, die mir ein glücklicheres Leben versprachen, aber es nicht bewirken konnten, und hörte mir stattdessen Geschichten von Leuten an, deren Leben Jesus komplett verändert hatte. Von meinem Umfeld bekam ich gesagt, dass ich hilfsbereiter geworden sei. Meine Lieblingsserie, in der es um Dämonen ging, schaute ich immer seltener, bis ich ganz damit aufhörte. Statt nur noch zu lernen, fing ich an, regelmäßig in Gottesdienste zu gehen, in der Bibel zu lesen und mich mit anderen darüber auszutauschen, zu beten und zum Jugendkreis zu gehen. Obwohl ich scheinbar weniger Zeit für die Schule hatte, wurden meine Noten besser statt schlechter.

Mittlerweile studiere ich Theologie und Pädagogik im vierten Semester und bin immer noch ein leistungsorientierter Mensch. Noten sind mir nach wie vor wichtig, aber ich weiß inzwischen, dass sie weder meinem Leben Sinn geben, noch meine Identität bestimmen. Ich kann auch mal in der Vorlesung sitzen, ohne den Text, den wir lesen sollten, gelesen zu haben, und mache sonntags fast nie etwas fürs Studium. Früher wäre ich lieber zu Hause geblieben, als ohne Hausaufgaben in der Schule zu erscheinen; und einen Tag nicht zu lernen, wäre für mich ein Ding der Unmöglichkeit gewesen.

Wenn mich heute jemand fragt, was der Sinn meines Lebens ist, würde ich antworten: *„In der Beziehung zu Jesus zu leben, ihn besser kennenzulernen, mit ihm gemeinsam unterwegs zu sein und anderen Menschen von ihm zu erzählen."* Mein Leben ist immer noch nicht perfekt und wird es nie sein. Es gibt Tage, an denen mir das, was ich als Sinn formuliert habe, nicht ausreicht. Es gibt Tage, an denen ich nichts leiste und mich deshalb schlecht oder weniger wertvoll fühle. Es gibt Tage, an denen ich meinen eigenen Ansprüchen an mich nicht gerecht werde und fast zusammenbreche, weil ich mal wieder nicht nein sagen konnte und mich überarbeitet habe. Ich bin oft übermotiviert, Aktionen zu planen, um Menschen von Gottes Liebe zu erzählen, und verausgabe mich dabei nahezu komplett. Ich habe oft ein schlechtes Gewissen, weil ich meinem Anspruch an mich, jeden Tag mehrere Kapitel in der Bibel und dann am besten noch ein Kapitel in einem christlichen Buch zu lesen, nicht gerecht werde; weil ich es nicht schaffe, so wie ich gerne würde, jeden Tag Bibelverse auswendig zu lernen, eine Stunde zu beten und eine halbe Stunde Lieder zu Gottes Ehre zu singen.

Ja, ich werde wohl nie meinen eigenen, viel zu hohen Erwartungen an mich entsprechen. Aber ich weiß, dass Gott mich immer wieder auffängt, dass ich sein Kind bin und sich nie etwas daran ändern wird, auch wenn ich das mal nicht spüre und mich wie ein Versager fühle. In dem Lied *„Wo ich auch stehe"* von Albert Frey, das ich sehr liebe, heißt es:

„Und ich danke dir, dass du mich kennst und trotzdem liebst.
Dass du mich beim Namen nennst und mir vergibst."

Gott kennt mich ganz genau und liebt mich trotzdem – mit allen meinen Fehlern und in meinem Unperfektsein.

Gottes Liebe zu erleben, zu sehen, wie er in mein Leben eingreift, Wunder tut, alles neu macht und mein Leben und das Leben anderer zum Positiven verändert, erfüllt mich wirklich mit einer tiefen Freude. In diesen Momenten weiß ich ganz tief in meinem Herzen: Nirgendwo werde ich das finden, was ich nur bei Jesus fand – ein neues Leben mit dem Ziel der Ewigkeit; und nicht erst dort, sondern schon jetzt kann ich Gemeinschaft haben mit dem, der mich geschaffen hat und so unendlich liebt. Bei Jesus fand ich den Sinn meines Lebens, nach dem ich so lange gesucht hatte.

Lea Häcker | Jg. 2002 | Single | Theologie- und Pädagogik-Studentin

Liebe – was ist das?

Später Abend. Der kleine Raum in mattes Licht gehüllt. Die warme Luft des summenden Heizlüfters bläst mir sanft ins feuchte Gesicht. Um mich herum das heiße Wasser der Badewanne. Der Schaum steht mir bis zum Kinn. Süßer Lavendelduft weht mir um die Nase. Meine Augen blicken starr geradeaus. Sie könnten ihm direkt ins Gesicht sehen, aber mein Blick geht durch ihn hindurch. Ins Nichts. Was bleibt? Weite Leere. Dunkelheit. Unendliche Einsamkeit. *Liebe?* Ein Fremdwort, zumindest in diesem Moment. Tiefe Trauer. Wir haben versagt. Beide. So kam es mir vor. Nach sieben Jahren haben wir gerade unsere Beziehung beendet. Zu diesem Anlass saßen wir paradoxerweise ein letztes Mal gemeinsam in der Badewanne, um ein abschließendes offenes Gespräch zu führen.

Dabei war es doch ein Bilderbuch-Start gewesen: Das blonde Mädchen, stets anständig und unauffällig, verliebt sich in ihrer Klasse ausgerechnet in den Typen, der schon mindestens fünf Jahre älter als alle anderen aussieht. Der in der ganzen Schule bekannt war wie ein bunter Hund. Den alle Mädels anhimmelten und versuchten, seine Aufmerksamkeit auf sich zu ziehen. Dann kam die Klassenfahrt nach Paris und der Traum wurde wahr: Wir wurden ein Paar, noch dazu für alle sichtbar am riesengroßen Knutschfleck an meinem Hals.

Was für ein Triumph! Plötzlich war ich nicht mehr das unscheinbare Mädchen, das keiner beachtete, sondern die Frau an der Seite eines der bekanntesten und beliebtesten Typen der ganzen Schule. „Liebe" und Aufmerksamkeit gingen Hand in Hand. War das überhaupt voneinander zu trennen? Liebe – was ist das eigentlich? Sind das die Schmetterlinge im Bauch? Diese Flattermänner scheinen doch nur an der Oberfläche dieses tiefen Begriffs „Liebe" zu kratzen. Ich meine, mit Fug und Recht behaupten zu können, dass ich damals noch keinerlei Ahnung von wahrer Liebe hatte. Sie war für mich nur ein Gefühl. Gefühle kommen und gehen, sie sind vergänglich.

Dann, sieben Jahre später, war ich um etliche Erfahrungen reicher. Es war der Anfang vom Ende einer der Tiefpunkte meines Lebens. Da saß ich nun in der Badewanne mit meinem – seit heute – Ex-Verlobten. Was für eine surreale Situation! Ich hoffte zu träumen, aber es war real. Die letzte Stunde über gestanden wir uns gegenseitig die Fehler, die wir beide in den vergangenen Jahren aneinander begangen hatten. Zerstörerische Fehler, die unsere Herzen kaputt und kalt gemacht hatten. Fehler, die von Egoismus geprägt waren. *Lassen sich Egoismus und Liebe miteinander vereinbaren? Hatten wir uns überhaupt jemals geliebt? Dachten wir in unserem Handeln, sowohl in den kleinen als auch den großen Entscheidungen unseres Lebens, zuerst an den anderen oder eher an uns selbst?*

Ich bat ihn um Vergebung, dass ich nicht in der Lage war, ihn so anzunehmen, zu respektieren und zu lieben, wie er war. In meinem Kopf geisterte immer dieses Bild des „perfekten Traummannes" und der „Prinzessin" umher, die auf Händen getragen werden wollte. Diese Prinzessin schien die ganze Zeit innerlich zu schreien: *„Liebe mich doch endlich! Ich spüre nichts von deiner Liebe! Zeig sie mir!"* Wenn die Prinzessin diese Liebe von ihrem Freund nicht bekam, suchte sie sie in ihrer Not eben anderswo. Eine Suche, die allerdings stets in einer Sackgasse endete. Eine Suche, die niemals zum Ziel führte. Im Herzen blieb stattdessen dieses große schwarze Loch. Ein Loch, das kein Mensch dieser Welt stopfen konnte.

Kurz vor unserem Beziehungsende, meiner „Kapitulation", wie ich das innerlich nannte, erzählte mir ein guter Freund von IHM – dem einem, der anscheinend die Lösung all meiner Probleme sein konnte: Jesus. *„Wahrer Mensch und wahrer Gott."* Ehrlich gesagt kapierte ich nicht wirklich, was er damit meinte, aber egal. Jedenfalls verstand ich, dass Jesus die Liebe in Person verkörpert. Seine Liebe ist sogar so weit gegangen, dass er sich freiwillig töten ließ. Für mich. Für jeden von uns. Aus purer Liebe hat er sich für MICH geopfert. Eigentlich hätte ich es verdient, an diesem Kreuz zu hängen. Ich hatte meinen eigenen Freund betrogen, denjenigen, den ich eigentlich mehr als alles andere auf dieser Welt hätte lieben müssen. Ich hatte einfach versagt.

Zum ersten Mal fühlte ich mich schuldig: *„Nein, ich bin nicht dieser Mensch, der doch eigentlich ganz okey ist, der viele gute Dinge tut, der sich für Schwächere einsetzt und versucht, ein halbwegs ordentliches Leben zu führen. Wenn ich mal wirklich ehrlich zu mir selbst bin, dann bin auch ich schuldig. Und jetzt höre ich auf einmal von einem, der absolut perfekt ist, aber der trotzdem – oder gerade deshalb? – alle meine Schuld auf sich selbst nimmt und sogar sein eigenes Leben dafür opfert. Entweder muss das ein Verrückter gewesen sein, oder es ist wirklich Gott selbst. Einer, der mich völlig selbstlos von ganzem Herzen liebt, trotz meiner Fehler."*

Ich beschloss deshalb in diesem Moment, einfach mal an diesen Gott zu glauben, weil das in meiner Lebenssituation mein letzter Funke Hoffnung war. Mein guter Freund fragte, ob er für mich beten dürfe. Beten? Ich kannte nur das Vaterunser oder abgelesene Gebete. Wollte er jetzt hier einfach irgendwas ohne Vorlage beten? Na gut, sollte er halt mal machen ... Ich sagte ja.

Ich beschloss, einfach an diesen Gott zu glauben.

Also fing er an, laut für mich zu beten. Er kannte mich kaum. Doch die Worte, die über seine Lippen kamen, berührten mein Herz im tiefsten Inneren. Abgeschnittene Gefühle wollten wieder an die Oberfläche kommen, meine innere Schutzmauer drohte einzustürzen. Außenherum um dieses Loch im Herzen begann sich etwas zu bewegen, irgendetwas Sonderbares passierte mit mir. Es war, als ob göttliche Liebesströme mein verletztes Herz durchfluteten und es ein kleines Stück heiler machten. Tränen liefen mir übers Gesicht. Tränen, die ich schon viel früher hätte weinen sollen. Doch Tränen waren für mich schon immer ein Zeichen von Schwäche gewesen, die durfte ich doch auf keinen Fall zulassen! Aber das klappte jetzt nicht mehr, meine Schutzmauer geriet ins Wanken.

Ich fühlte mich während des Gebets auf wundersame Art und Weise geborgen und sicher. Es war, als ob ich Liebe – schon wieder dieses Wort – plötzlich wirklich erleben würde. Die Worthülse der Liebe füllte sich auf einmal mit Substanz. Ich erlebte eine Liebe, die nicht von dieser Welt ist. Göttliche Liebe. Bedingungslose Liebe. Eine Liebe, in die ich mich einfach hineinlegen konnte, ohne selbst etwas dafür tun oder leisten zu müssen. Annahme. Ich durfte „Kind" sein und diese Liebe einfach nur empfangen.

Das war der Moment, an dem ich begann zu glauben, dass „Gott" mehr sein musste als dieser rauschbärtige ältere Mann, den ich mir immer vorgestellt hatte, wenn ich früher vor dem Schlafengehen mein Kindergebet automatisch herunterleierte. Mir wurde klar, dass Gott, der für mich inzwischen die Liebe in Person ist, eine enge Beziehung mit mir leben mochte. Durch ein einfaches Gebet ließ ich ihn mein Herz erobern, und seitdem lebe ich eng verbunden mit ihm.

Von diesem Tag an hat sich mein Leben um 180 Grad gedreht. Zusammen mit Gott in meinem Herzen fühle ich mich nicht mehr allein und unbeachtet. Stattdessen weiß ich, dass ich bedingungslos geliebt und angenommen bin. Gott ist die einzige echte Sicherheit in meinem Leben. Ihm kann ich zu 100 % vertrauen, er ist treu.

Mein Ex-Freund ist inzwischen erfolgreicher Geschäftsmann und wahrscheinlich Millionär. Mittlerweile habe ich mich innerlich mit unserem Versagen versöhnt. Zum damaligen Zeitpunkt wäre ich ohne meinen neuen Glauben wahrscheinlich in ein tiefes Loch gefallen. Gott hat mir geholfen zu vertrauen, dass er einen anderen Plan für mich hat.

„Mein Plan mit euch steht fest: Ich will euer Glück und nicht euer Unglück. Ich habe im Sinn, euch eine Zukunft zu schenken, wie ihr sie erhofft" (Jeremia 29,11 GNB).

Diese Zeilen stehen in der Bibel und gehören zu meinen Lieblingssätzen. Oft im Laufe meines Lebens erkenne ich rückblickend ihren tiefen Wahrheitsgehalt.

Inzwischen bin ich mit einem Mann verheiratet, der Gott ebenso liebt wie ich. Unsere Ehe läuft nicht immer ohne Herausforderungen ab. Aber das Schöne ist, dass Gott bei allen Problemen unsere erste Anlaufstelle ist. Wir wissen, dass er die besten Zukunftspläne für uns hat.

Meinen Job habe ich seit der Geburt unserer Kinder erstmal an den Nagel gehängt, denn ich möchte so viel Zeit und Liebe wie möglich in unsere Familie und gemeinsame Berufung investieren: Menschen von Gott zu erzählen, weil der Glaube an ihn meinem eigenen Leben einen ganz neuen Sinn gegeben hat. Viele in unserem Alter haben inzwischen ein eigenes Häuschen. Auch wenn wir manchmal damit hadern, dass es bei uns nicht so ist, wollen wir doch örtlich flexibel bleiben. Wir gehen immer dorthin, wo wir Gottes Fußspuren entdecken, die uns vorausgehen. Zwar sind wir keine Millionäre, dafür aber reich beschenkt im Herzen. Gott gibt uns alles, was wir zum Leben brauchen, er ist unsere Quelle. Wenn wir eng mit ihm verbunden bleiben, dürfen wir aus dem Vollen schöpfen.

Claudia Bolanz | Jg. 1980 | verheiratet | 2 Kids | Montpellier/Südfrankreich | beurlaubte Berufsschullehrerin | www.liebenzell.org/bolanz

Unser ganz persönlicher Weg bis zum ersten Kind

Ich wuchs idyllisch, behütet, geliebt und gefördert in einem kleinen Dorf auf, in dem laut meinem Vater *„die Welt noch in Ordnung"* war – und seiner Meinung nach auch heute noch ist – und es kein Leid gab (zumindest kein offensichtliches). In meiner Jugend dann wurde mir durch meine Mitarbeit bei diversen christlichen Freizeiten und Angeboten immer mehr bewusst, dass es sogar in unserem reichen Deutschland, ganz in meiner Nähe, Kinder gab, die es nicht so schön hatten wie ich. Kinder, die bei Eltern aufwuchsen, die sich nicht liebevoll um sie kümmerten, die in widrigsten Wohnverhältnissen lebten, nicht ausreichend mit Vitaminen oder überhaupt Essen versorgt waren, keine Eltern hatten, die sie unterstützten oder ihre Hobbies förderten.

Es war wirklich ein schmerzhaftes Erleben, dass es in Deutschland Kinder gab, und bis heute gibt, die so gar keinen idealen Start und keine feste Basis haben, die sie für ihr späteres, selbstständiges und möglichst unabhängiges Leben brauchen. Diese Erkenntnis manifestierte in mir immer mehr den Gedanken, dass es viele Kinder auf der Welt und auch in Deutschland gibt, die Menschen brauchen, die sich liebevoll um sie kümmern; und ich war mir sicher, dass ich auf jeden Fall Kinder aufnehmen wollte. Über das *„Wie?"* und *„Mit wem?"* machte ich mir damals noch keine weiteren Gedanken.

Dann lernte ich mit 16 Jahren Frank besser kennen, den Schwarm meiner Jugend, und hatte das Riesenglück, dass auch er meine Liebe erwiderte. Sechs Jahre waren wir ein Paar, bis ich endlich in Franks Bitte einwilligte, ihn zu heiraten. Mit 22 Jahren war ich ja noch nicht allzu alt …

Nach der Hochzeit stellten wir uns intensiv der Frage, wann der richtige Zeitpunkt für Kinder wäre, und ob wir leibliche Kinder haben oder vielleicht doch eher Kinder aufnehmen wollten. Frank hatte sich nie ernsthaft mit der Thematik *„Adoption oder Pflegewesen"* beschäftigt, und so war es für ihn wesentlich schwieriger, sich gedanklich damit zu befassen, als für mich, die ich mich ja schon in der Jugend intensiv mit all diesen Fragen auseinandergesetzt hatte, aber auch noch keine endgültige Lösung für uns als Paar hatte.

Frank war zum Zeitpunkt unserer Hochzeit bereits auf einer Bibelschule und erzählte mir ganz begeistert von einer über 90-jährigen Dame, Schwester Gerda, die ihm immer ganz viel von Rumänien und einer dort angesiedelten christlichen Organisation vorschwärmte, die sich um Waisenkinder kümmerte. Frank war so infiziert von Schwester Gerdas Schilderungen, dass er mir vorschlug – oder eigentlich eher mitteilte –, dass wir anstatt einer „spießigen" Hochzeitsreise einen Hilfstransport nach Rumänien machen würden (wir waren damals bei den Jesus-Freaks, und „Spießer" zu sein war das Allerschlimmste). Frank hatte schon immer eine große Überzeugungskraft, und so stand dann fest, dass zu unserer Hochzeit jeder Gast seine Kleiderspenden mitbringen sollte und wir diese dann mit einem extra dafür gekauften alten Wohnwagen nach Rumänien bringen würden.

In Rumänien angekommen, lernten wir einen Mann kennen, der uns Zugang zu einem staatlichen Waisenheim verschaffte, was 1999 so eigentlich noch undenkbar war. Der Besuch in diesem Heim und die Erlebnisse dort waren unser klares Schlüsselerlebnis dafür, dass wir Kinder aufnehmen wollten.

Zurück in Deutschland, mussten wir dann für uns die Entscheidung treffen, ob wir nun definitiv nur Kinder aufnehmen oder leibliche und angenommene Kinder zusammen großziehen wollten. Wir redeten mit diversen, uns kompetent erscheinenden Menschen darüber und kamen dann zu dem Entschluss, keine eigene Entscheidung zu treffen, sondern für zwei Jahre Gott zu überlassen, ob „wir" schwanger werden würden oder nicht – sprich: nicht zu verhüten und zu schauen was passiert.

Und es passierte nichts. Keine Schwangerschaften, keine Fehlgeburten, einfach nichts. Ärztliche Checks ergaben, dass es keine medizinische Begründung dafür gab, und so fühlten wir uns von Monat zu Monat immer mehr in unserem Plan, Kinder aufzunehmen, bestätigt. Es gab keinen Monat, in dem ich etwa weinend feststellte, wieder nicht schwanger zu sein, kein Hadern mit Gott oder der Welt. Eher sah ich mich mit jedem Monat ohne Schwangerschaft mehr darin bestätigt, dass wir wirklich Kinder aufnehmen sollten. Unser engster Freundes- und Familienkreis schien mehr Probleme mit dieser Tatsache des Nicht-Schwangerwerdens zu haben als wir selbst.

Nach zwei Jahren war es dann also dran, uns mehr und mehr mit der Thematik Adoption und Pflegewesen zu beschäftigen, darüber zu lesen und uns schlau zu machen, wie man das überhaupt macht. Wir kannten bis dahin niemanden näher, der Kinder angenommen hatte, und so machten wir uns durch Bücher und Broschüren schlau – es war das Jahr 2001 und Internet noch recht mühsam.

Bei meinen Recherchen stolperte ich beim Arbeitsamt über das Gesuch von *„Erziehungsfachstellen"*. Eine Organisation suchte hier Sozialpädagogen, die einen Jugendlichen (aus unterschiedlichen Gründen nicht heimtauglich) bei sich zuhause aufnehmen würden und dafür eine Festanstellung bekämen. Ich zeigte dies Frank mit der festen Überzeugung, dass das doch genau das wäre, was zu uns und unserem offenen Haus mit vielen Jugendlichen, die hier ein- und ausgingen, passen könnte. Und so beschlossen wir nach kurzer Bedenkzeit, dass ich mich da mal bewerben könnte.

Der Erziehungsfachstellen-Träger, bei dem ich mich 2002 bewarb, war zuerst sehr skeptisch uns gegenüber, waren wir doch erst 25 und 27 Jahre alt bzw. jung und somit keine „gestandenen, erfahrenen Eltern", die es mit Leichtigkeit mit einem verhaltensauffälligen Jugendlichen aufnehmen konnten. Wir waren aber so sehr von unserer Idee überzeugt, genau die Richtigen für eine Erziehungsfachstelle zu sein, dass wir schließlich dann auch den Träger überzeugen konnten.

So kam es, dass wir schon wenige Tage später unser erstes „Kind" bei uns aufnahmen: Tom (Name geändert), ein 16jähriger Punk, der schon drei Jahre auf der Straße gelebt sowie sämtliche Heime und andere typische Maßnahmen gesprengt hatte. Er galt nun als „erziehungsresistent" und lehnte sämtliche Autorität ab.

Für Frank und mich war vom ersten Tag an klar, dass wir keine Ersatzeltern für Tom sein könnten, sondern eher eine Art WG sein wollten, in der wir ganz klar die Regeln aufstellten, aber gemeinsam mit Tom alles besprechen und weitere Schritte planen wollten. Irgendwie stimmte die Chemie zwischen uns von Anfang an.

Zu diesem Zeitpunkt lebten wir in Sachsen-Anhalt und hatten dort ganz frisch eine Jugendkirche innerhalb der evangelischen Kirche gestartet, wodurch bei uns in der Wohnung immer viele Jugendliche bei uns ein und aus gingen. Dies schien Tom gut zu tun, da er nicht das „Sorgenkind" war, um das sich alle „kümmerten", sondern ein Teil unserer Gemeinschaft. Schnell fand Tom Freunde, ging regelmäßig

zur Realschule und hatte bemerkens-
wert gute Noten, und wir wurden
immer vertrauter.

War Tom anfänglich noch sehr zu-
rückhaltend, angepasst und still, so
traute er sich im Laufe der Zeit immer mehr aus sich heraus und begann von sich aus Fragen zu stellen
und zu erzählen. Tom fand immer
mehr Freunde, sowohl in der orts-
ansässigen Punk-Szene, als auch un-
ter den Jugendlichen unserer Jugendkirche, was zu sehr lustigen Men-
schenmischungen führte.

Der Einzug von Tom sorgte für mehr Vielfalt und eine Horizont-
erweiterung in unserem ganz privaten Leben, aber auch für so manche
kritische Stimmen in dieser Kleinstadtidylle. So mussten wir beispielsweise einige unschöne Gespräche mit besorgten Eltern führen, die
ganz klar die Schuld für die optische Veränderung ihrer Kinder bei
uns sahen, da wir ja „diesen Punk" aufgenommen hatten. Hier spürte
ich erstmals ganz tief in mir drin, wie es sich für eine Mutter anfühlt,
wenn ihr Kind kritisiert und angegriffen wird. So entwickelte ich
mein Löwinnenherz, das im Laufe der Jahre immer mehr wuchs. Heute
sage ich oft, dass ich zur Löwin werde, wenn es um meine Kinder
geht – und das heißt: Verteidigung bis aufs Äußerste, sich immer vor
die Kinder zu stellen, sie zu beschützen und Gefahren so gut es geht
abzuwenden.

Der innere Wunsch nach einem kleinen Kind und dem Elternsein
war aber, trotz unserer lebendigen WG und all der Jugendlichen neben Tom immer noch, deutlich zu spüren und wurde bei uns beiden
immer größer, sodass wir zum Jugendamt gingen, um uns über die
Möglichkeiten zu erkundigen, die sich uns boten. Dort sagte man
uns, dass in Sachsen-Anhalt vor allem Pflegeeltern gesucht würden
und Adoptionen eher selten seien.

2003 im Sommer machten wir uns also daran, sämtliche Unterlagen
zusammenzusuchen und unsere Bewerbungsmappe fürs Jugendamt
zusammenzustellen. Diese gaben wir dann mit klopfendem Herzen
ab. Was man da so alles bedenken, angeben und ausfüllen muss ... –
das war emotional ganz schön herausfordernd! Einen persönlichen
Lebenslauf galt es handschriftlich zu schreiben, und sich nochmals

bewusst damit auseinanderzusetzen, warum wir ein Kind aufnehmen wollten, wie wir selber unsere Kindheit erlebt hatten, was unsere Werte und Normen sind, wie wir uns das Leben als Familie vorstellten, wie wir uns Erziehung denken würden. Sicherlich alles notwendig und sinnvoll, aber an manchen Stellen fühlten wir uns wie Stripteasetänzer und dann wieder wie Snobs, die an einem Büffet entlanggehen und nur das Beste und Teuerste aussuchen (wenn es um Fragen ging, wie: *„Würden Sie ein Kind mit Behinderung aufnehmen? Wenn ja, welche Behinderungsform?"* und vieles mehr).

Doch nach ein paar anstrengenden Tagen hatten wir alle Unterlagen zusammen, konnten diese beim Jugendamt einreichen, um dann zu hören, dass die Prüfung unserer Unterlagen nun ein paar Monate dauere, wir dann gegebenenfalls zu Schulungen eingeladen werden würden, um dann nach ca. 1,5 Jahren vielleicht ein Kind aufnehmen zu dürfen. Es fühlte sich gut und richtig an, diesen Schritt gegangen zu sein. Und da wir im Alltag super eingespannt waren, erschien uns diese Wartezeit nicht als lange und wir planten fröhlich unsere nächsten Monate als WG mit Tom und all den Jugendlichen …

Doch bereits nach einer Woche kam ein Anruf vom Jugendamt, ob wir am nächsten Tag Zeit für ein Gespräch hätten. Wir sagten zu und fuhren mit vielen Fragezeichen im Kopf am nächsten Tag zum Jugendamt … – und wurden innerhalb kürzester Zeit Eltern eines kleinen Jungen. In den darauffolgenden 19 Jahren bis heute wurden wir noch fünfmal Eltern und sind heute eine bunte, fröhliche, laute und sehr glückliche XXL-Patchworkfamilie. All die Jahre begleitete uns ein Bibelvers:

„Wer ein solches Kind aufnimmt in meinem Namen, der nimmt mich auf!" (Matthäus 18,5)

Wir erleben unsere Kinder als Riesengeschenk und Segen und dürfen durch sie immer wieder erleben, wie Gott auch heute noch große und kleine Wunder tut.

Kathrin Lederer | Jg. 1977 | verheiratet | 6 Kinder | Delmenhorst | Diplom-Sozialpädagogin | Blog www.herzeltern.de

Das letzte Wort hat Gott

Ich kann mich noch genau daran erinnern, wie meine damalige Grundschullehrerin zu mir meinte: *„Ich hätte dich lieber auf die Hauptschule schicken sollen."*

An diesen Satz musste ich immer und immer wieder in meinem Leben denken, wenn ich gerade eine Etappe geschafft hatte, von der viele nicht gedacht hätten, dass ich sie jemals erreichen würde. Meine Eltern sind beide aus Togo und 1994 nach Deutschland gekommen, um hier ein neues Abenteuer zu erleben. Obwohl die deutsche Sprache ihnen mehr oder weniger fremd war, war es ihnen wichtig, mir, vor allem in meiner schulischen Laufbahn, so viele Ressourcen zur Verfügung zu stellen, wie nur möglich. In der Schule war ich dennoch ganz lange nie wirklich gut. Vor allem im Fach Deutsch hatte ich meine Schwierigkeiten. In Diktaten brachte ich regelmäßig meine 6 nach Hause. Dennoch schaffte ich es als eines der wenigen Migrantenkinder, auf die Realschule zu gehen, auch wenn meine Grundschullehrerin es offenkundig nicht als gut empfand.

Auf der Realschule war ich mit eine der schlechtesten Schülerinnen. Dennoch hatte ich in der Abschlussklasse den Wunsch, irgendwann einmal zu studieren. Auch hier kann ich mich daran erinnern, wie mein Realschullehrer meinem Wunsch sehr skeptisch gegenüberstand, was ich auch verstehen konnte.

Trotzdem sollte mein Wunsch Wirklichkeit werden. In der ersten Etappe erlangte ich meine Fachhochschulreife, und das viel besser als gedacht. Das bereitete mir endlich den Weg, um studieren zu können.

Bevor ich mein Studium aufnahm, hatte ich ein Buch gelesen, welches mich inspiriert hatte, Lebensmittelwissenschaften/Lebensmitteltechnologie zu studieren.

2013 nahm ich dann in Sigmaringen mein Studium auf. Zu Beginn war ich eine super verunsicherte Studentin. Ich zweifelte oft daran, dass ich überhaupt gut genug für ein Studium sei. Alle um mich herum schienen superintelligent zu sein, und durch ihren Hintergrund schien ihr Weg ganz logischerweise zu einem Studium hingeführt zu haben. Mein Hintergrund hingegen zeigte eigentlich, dass aus mir nicht „viel" werden konnte.

In dem Sommer, bevor ich erfuhr, dass ich durch 3 Klausuren von 6 gefallen war, war ich extrem verzweifelt und hatte große Selbstzweifel Ich hatte oft daran gedacht, wie viele andere in diesem Semester, das

Studium abzubrechen. Allerdings hatte Gott andere Pläne und er schickte genau rechtzeitig in diesem Sommer zwei Männer mit einer prophetische Gabe. In dem prophetischen Wort, das ich erhielt, wurde ersichtlich, dass Gott meinen Weg lenkt und alle meine Schritte kennt. Nun wusste ich, dass Gott mir das Studium in Sigmaringen ermöglicht hatte und mich durch diesen Abschnitt, mit allen seinen Höhen und Tiefen, hindurchtragen wird.

Gott trägt durch Höhen und Tiefen.

Das Studium war sehr herausfordernd, aber am Ende habe ich es erfolgreich abgeschlossen. Da ich noch einen Master machen wollte, hatte ich Gott gebeten, wenn es sein Wille ist, mir eine ganz bestimmte Abschlussnote zu ermöglichen – und das tat er. Somit trat ich im Spätsommer 2018 meinen Master in Hamburg an. Auch dieses Studium war herausfordernd, dennoch wusste ich, dass mir Gott diese Tür geöffnet hatte, und somit würde er mich auch durch dieses Studium tragen. Ende 2021 schloss ich dann meinen Master ab, und das besser als gedacht.

Mir bedeutet das alles ziemlich viel, denn laut Statistik bin ich eine Ausnahme. Ich habe einen Migrationshintergrund, ich komme aus einer Scheidungsfamilie und meine Familie hatte nie viel Geld – alles Faktoren, die gegen mich und eine erfolgreiche Zukunft sprachen. *Doch war keiner dieser Faktoren ein Hindernis für Gott.*

Heute kann ich über den Satz meiner Grundschullehrerin nur schmunzeln, weil sie offensichtlich nicht das letzte Wort hatte, sondern Gott.

Gott befähigt uns für die Dinge, die er für uns hat, und dabei lässt er sich nicht von den äußeren Umständen, Hindernissen oder vermeintlichen Schwächen beeindrucken. Deshalb weiß ich, dass er, egal was die Zukunft so bringt, das Beste für mich bereithält. Ich bin gespannt!

Benedicte Agbeme Attila | Jg. 1993 | Single | Stuttgart | Food Scientist

Hurra, ich lebe noch!

„Ich lebe, und du sollst auch leben" (nach Johannes 14,19).

Das waren einige der ersten Worte, die ich 1993 in der Bibel las. Bis dahin hatte ich mich im Leben nur gerade so durchgekämpft. Meine Eltern waren beide Alkoholiker, nicht gewalttätig, aber es fehlte doch an vielem. Ich hatte früh beschlossen, dass ich auf sie aufpassen musste, damit ich sie nicht verlieren würde und wir dann alle untergehen würden. So wurde ich bald co-abhängig und mein Leben bestand hauptsächlich aus Aufpassen. Freude und echtes Leben gab es da nicht wirklich.

Mich selber hatte ich auch immer zurückgenommen, mir auch eigentlich nichts zugetraut. So hatte ich zwar irgendwie noch das Abitur geschafft, doch danach wusste ich nicht mehr weiter. Da ich ja aber gut für andere sorgen konnte, landete ich beruflich schnell im sozialen Bereich.

Dort hatte ich dann eine Arbeitskollegin, die Freude und Leben nur so ausstrahlte. Sie erzählte immer gerne von ihrem Glauben an Gott und an seinen Sohn Jesus Christus. Mit ihr zusammen las ich dann auch in der Bibel und erfuhr, dass es Gott wirklich gibt, dass er mich liebt und dass er möchte, dass ich lebe. Diese Worte klangen fast zu wunderbar, denn bisher hatte ich eigentlich nur irgendwie überlebt.

Ich wollte diesen Gott, der seinen Sohn gesandt hatte, näher kennenlernen. Darum las ich immer mehr in der Bibel und kam auch zu der Stelle im Johannesevangelium in Kapitel 3, Vers 16:

„Denn Gott hat die Menschen so sehr geliebt, dass er seinen einzigen Sohn für sie hergab. Jeder, der an ihn glaubt, wird nicht zugrunde gehen, sondern das ewige Leben haben." (HFA)

Gott, der mich liebt!

Wow, nun ging es sogar um ein ewiges Leben. Und es ging um Gott, der mich liebt.

Eines Abends, es war der 28. Januar 1994, redete ich darum ganz allein mit Jesus und sagte ihm, dass ich an ihn glauben möchte, dass ich mit ihm leben möchte und bat ihn auch um Vergebung. Plötzlich kam eine noch nie gekannte Freude in mein Herz und ich musste diese Freude mit jemandem teilen, weil ich dachte, dass ich sonst zerplatzen würde. Auch jetzt beim Schreiben dieser Erinnerung bin ich stark mit Freude gefüllt. Es war wirklich ein ganz besonderer Tag.

Ich lief zu meiner Arbeitskollegin und erzählte ihr alles. Sie freute sich natürlich mit mir.

Diese Freude blieb eine ganze Weile. Doch waren meine äußeren Umstände ja nicht verändert, und auch mein Inneres war noch nicht heil. Das, was wirklich neu war, war die Tatsache, dass Jesus jetzt in meinem Leben war, dass ich zu ihm gehörte und Gottes Kind geworden war.

Doch ich hatte noch immer die alten Ängste und Sorgen. Bald wurde alles noch finsterer um mich herum. Ich konnte zwar noch arbeiten und irgendwie auf meine Eltern aufpassen, so gut es ging, mehr aber nicht. Ich lag nur noch im Dunkeln in meinem Zimmer und hatte die Zwischentür meiner Einliegerwohnung im Haus meiner Eltern geöffnet, um Aufpassen zu können. Ich befand mich in einer Depression, verbunden mit großen Ängsten. Auch meine Arbeitskollegin konnte mir nicht helfen und zog außerdem bald fort.

Während ich vorhin beim Niederschreiben der Erinnerung die Freude spürte, so erinnere ich mich jetzt auch gut an die Leere und an die Ängste, die ich danach erlebte. Es war dann ein längerer Weg heraus aus Depression, Angst und Dunkelheit, den ich mit Gottes Hilfe und auch mit Hilfe meiner Pastorin gehen konnte. Gott sei Dank führte Gott mich in eine Gemeinde, in der es Menschen gab, die für mich da waren. Meine Pastorin ist eine sehr gute Seelsorgerin und auch Traumatherapeutin.

Stück für Stück kam wieder Freude in mein Leben.

Stück für Stück kam wieder Freude in mein Leben. Diesmal bleibend. Gott heilte mein Herz. Ich traute mir immer mehr zu, sodass ich irgendwann auch predigen konnte und in der Gemeindeleitung tätig war. Vor allem aber kam zunehmend die Kreative in mir zum Vorschein. Ich erlebte eine ganz neue Lebendigkeit und Freiheit. Ich liebe Musik, singe gerne, schreibe Lieder, Gedichte und auch Geschichten.

Und dann im Jahr 2020, ein Jahr, welches wir alle wohl nicht vergessen werden, kam plötzlich Pippa in mein Leben. Es hatte schon früher immer mal Zeiten gegeben, in denen ich der „Klassenclown" gewesen war. Damit hatte ich meine eigene Traurigkeit überspielen wollen und außerdem andere aufmuntern. Doch diesmal war es anders. Es war echt. Kein Überspielen eines negativen Gefühls.

Als Anfang 2020 plötzlich Corona da war, befand ich mich gerade in einer Phase meines Lebens, in der ich mir etwas Neues aufbauen wollte. Ich war von Hamburg nach Mittelfranken umgezogen, um dort ein Mehrgenerationenwohnprojekt und auch meine eigene Selbständigkeit aufzubauen. Doch dann kam Corona. Wie sollte ich jetzt die nötigen Kontakte knüpfen oder bestehende pflegen, um eine Selbständigkeit als therapeutische Seelsorgerin aufzubauen?

Ich plante also um und konnte daraus erstmal ein Sabbatjahr machen. So hatte ich Zeit zum Schreiben und auch dafür, in den Sozialen Medien Menschen zu ermutigen, die sich große Sorgen machten.

Ich erfuhr von der Aktion einer Psychologin auf Facebook, die ab Mitte März 2020 jeden Tag um 18 Uhr „Amazing Grace" auf ihrem Dudelsack spielte, immer mit einem Thema, Motto oder für eine bestimmte Personengruppe. Ich schloss mich an. Da ich nicht Dudelsack spielen kann, sang ich das „Amazing Grace".

An einem Tag spielten und sangen wir für die Kinder. Diesmal nicht „Amazing Grace", sondern das „Pippi-Langstrumpf-Lied". Ich überlegte vorher, wie ich das am besten machen könnte und kam auf die Idee, mich etwas zu verkleiden. Ich machte mir Zöpfe, zog mir eine lustige Hose an, eine Warnweste und bastelte mir eine Clownsnase. So sang ich dann auf Facebook live das Pippi-Langstrumpf-Lied. Und es kam gut an.

Na ja, was soll ich sagen oder schreiben, am nächsten Tag wollte Pippi, oder jetzt Pippa, wieder übernehmen. Das machten wir zusammen 365 Tage. Wir machten auch weiter, nachdem die Psychologin nach 100 Tagen aufgehört hatte.

Humor tut einfach gut!

Pippa gibt es auch weiterhin. Humor tut einfach gut. Noch immer ermutigt und ermuntert sie gerne. Nicht mehr jeden Tag, denn auch eine Pippa muss mal neue Kraft schöpfen. Das tut auch sie bei Gott. Sie liebt es von ihm zu erzählen, denn sie weiß es ganz genau in ihrem kleinen Pippa-Herzen, dass Gott sie ganz doll liebt. Und sie weiß auch, dass er dich liebt, die bzw. der du dies hier gerade liest.

Ja, auch Humor ist etwas, das Gott mir geschenkt hat, das er freigesetzt und echt gemacht hat. Es ist nicht mehr der Klassenclown in mir, der versucht, eigenen Mangel zu überspielen. Es ist echter Humor, der Herzen guttut. Ich bekam einmal ein schönes Kompliment, als jemand zu mir sagte: *„Dein Humor ist sehr ernst zu nehmen."*

Pippa und ich schreiben gerade ein Buch über unsere gemeinsamen Erfahrungen in dieser Zeit und über die Wirkung von Humor. Hoffentlich wird es nun auch bald fertig.

Ach ja, da war ja noch etwas. Das Beenden. Ich habe vieles in meinem Leben nicht beendet. Es ging einfach nicht.

Ich hatte ja schon am Anfang geschrieben, dass ich das Abitur gerade so geschafft hatte, und dann ging eigentlich nichts mehr. Ich traute mir keine Ausbildung zu, wollte eigentlich studieren. Aber was? So gelangte ich dann durch ein freiwilliges soziales Jahr an meine Arbeit im sozialen Bereich, wo ich dann auch blieb. Ich versuchte noch mehrere Studiengänge, die ich immer abbrach. Erst sehr viel später, nach sehr viel Heilung durch Gott, konnte ich einige Ausbildungen im Coaching und auch im therapeutischen Bereich machen. Jetzt studiere ich mit 52 noch Soziale Arbeit in einem Fernstudium.

Ich hatte also viele Jahre meines Lebens Probleme damit, etwas zu beenden. Noch immer taucht es manchmal auf. Doch auch das Buch, welches ich zusammen mit Pippa schreibe, werde ich beenden.

Während ich also Probleme mit dem Beenden hatte, konnte ich aber immer dem vertrauen, der alles, was er tun sollte, beendet hat. Jesus Christus. Am Kreuz sprach er: *„Es ist vollbracht!"* Dann starb er.

Und er ist auferstanden und spricht: *„Ich lebe, und du sollst auch leben!"*

Jetzt heißt es nicht mehr nur *„Hurra, ich lebe noch!"*, sondern *„Hurra, ich lebe wirklich!"*

Und Gott möchte, dass du das auch erlebst. Denn seine Liebe ist real. Das habe ich erlebt.

Birga Pürschel | Jg. 1970 | ledig | Hamburg | Seelsorgerin | www.birga-puerschel.de

Joy – ein neuer Name für mich

Erschöpft schiebe ich den Staubsauger über unseren verdreckten Fußboden. Irgendwann im März 2020. Geschwächt von einer Grippe, fühle ich mich körperlich am Rande meiner Kraft. Als ob das nicht schon genug wäre, tobt in mir ein Sturm aus negativen Gedanken, längst vergessenen Ängsten, Erinnerungen und Sorgen vor der Zukunft. Diesen Zustand kenne ich gut. Ständig auf der Suche nach einer besseren Version von mir selbst, vergleiche ich mich mit anderen Frauen und kann gefühlt nicht mithalten. Jahrelang war ich Meister darin, nach vermeintlichen Fehlern und Schwächen in mir zu suchen und dann innerlich auf mir herumzuhacken.

Dann, ganz unerwartet, leuchtet Hoffnung in meinem Inneren auf. Ich denke an meine Freundin Rahel von *anmutig & frei*. Sie hat mich ermutigt, meine Gedanken und meine Geschichte in der Seelsorge oder Beratung anzuschauen. So fand ich zu TEAM.F und dann zu Semra, meiner Seelsorgerin. Bald schon würde ich mich wieder mit ihr treffen. Gott sieht mich ganz anders, oder?

Während der Staubsauger in meinen Ohren dröhnt, beginne ich innerlich mit Gott zu reden. Ich erzähle ihm von dem Chaos, das in mir tobt und frage ihn dann: *„Sag mal, wie siehst du mich eigentlich? Wer bin ich für dich?"*

Ich spüre, dass er mich liebt, und dann überrascht er mich. Seine Antwort lässt mein Herz freudig klopfen und er schenkt mir einen neuen Namen!

„Ich nenne dich JOY, denn du bist meine Freude!", spricht er leise zu meinem Herzen.

Doch schon im nächsten Moment feuern meine negativen Gedanken zahlreiche Argumente ab, warum ich nicht Gottes Freude sein könne. Der Staubsauger schiebt sich rasselnd zurück in meine Wahrnehmung. Ich ziehe die Stühle vom Esstisch weg und sauge eine Schneise durch ein Meer von tausend Krümeln.

Ein paar Tage später sitze ich bei Semra. Ich kuschele mich tief in das Polster des gemütlichen Sessels, während meine Füße in wärmenden Gästepantoffeln aus Filz stecken. Hier ist es ruhig und still. Ich bin raus aus meinem Alltag und darf mich fallenlassen.

Alles spreche ich aus, ich halte nichts zurück. Wir tauchen gemeinsam in meine Geschichte ein. Hinter meinen aktuellen Gefühlen steckt

> Ich spüre, dass er mich liebt.

ein Erlebnis aus meiner Kindheit. Die Bilder von damals werden wieder lebendig, als würde ich im Kino sitzen und meiner eigenen Geschichte zuschauen. Es kostet Kraft, und irgendwie ist es seltsam, weil die erwachsene Frau in mir nicht ganz versteht, warum die damalige Situation sie so völlig aus der Bahn wirft. Warum sie erst jetzt, so viele Jahre später, die Tränen vergießt, die damals nicht geflossen sind. Ich beginne innerlich mit mir zu schimpfen, dass das ja alles nicht so schlimm war, aber ich kann den Schmerz fühlen und er lässt sich nicht wegschieben. Zusammen mit meiner Seelsorgerin lade ich Jesus Christus ein, mir zu zeigen, ob und wo er in dieser Situation anwesend war. *„Wo warst du?"*, frage ich.

Als Jesus in die Situation hineinkommt, verschiebt sich die Perspektive. Ich spüre seine Gegenwart und betrachte alles neu und mit seinen Augen. Jetzt steigt Wut in mir auf. Ich bin sauer auf die Erwachsenen, die das kleine Mädchen nicht gesehen haben. Ich bin sauer auf Gott und die Welt, und aus meinem Herzen purzeln anklagende Worte.

„Darf ich das so sagen und empfinden?", fragt das kleine Mädchen in mir mit ängstlichen Augen.

„Ja", antwortet Jesus, *„ich verstehe dich. Willst du das mir überlassen? Ich kümmere mich darum!"*

Nach der Seelsorge steige ich ins Auto. Befreit und leicht setze ich mich hinters Steuer. Gott meint es gut mit mir, aber noch zweifele ich an der neuen Freude, die in mir aufsteigt. Ich kann meine Vergangenheit nicht einfach abhaken. Was ich heute abgeben und erleben durfte, ist erst ein Anfang. Alles braucht seine Zeit. Gott ist auf dieser Autofahrt immer noch bei mir, er fährt mit mir nach Hause. Irgendwann mache ich das Radio an und habe den Eindruck, er flüstert mir ins Ohr: *„Das nächste Lied ist für dich!"*

Es läuft „Tage wie diese" von den „Toten Hosen", die Straße ist frei, die Sonne scheint und ich werde das Gefühl nicht los, dass Gott dieses Lied für mich singt. Ja, dass er auf diesen Tag gewartet hat und er mit mir jubelt, weil in mir etwas heil geworden ist. Wir träumen gemeinsam von der Unendlichkeit und „kein Ende ist in Sicht", wie es im Lied so schön heißt!

Während ich mein Auto über die leere Straße lenke, wird mir klar, dass Gott mit mir Geschichte schreibt. Ich bin Christel, mit den Erinnerungen an das kleine Mädchen von früher, heute eine erwachsene

Gott meint es gut mit mir.

Frau, Ehefrau und Mutter. Meine Geschichte ist einzigartig. Ich fühle mich manchmal schwach, habe Angst und zweifle. In allem darf ich Frieden mit mir schließen und versöhnt leben, denn ich trage auch Gottes neuen Namen. Ich erinnere mich an die Situation beim Staubsaugen, als ich das nicht glauben konnte. Ein Lachen klettert meinen Hals hinauf und die negativen Gedanken schweigen. Ich fühle mich lebendig, freue mich und juble. *Er nennt mich JOY, ich bin seine Freude.*

Christel Riegsinger | Jg. 1982 | verheiratet | 3 Kinder | Keltern | Schriftstellerin, www.wortschmiede-riegsinger.de, ermutigt andere Frauen auf www.anmutig-frei.de

Hier kann man nicht einfach so reinspazieren …

Ich bin christlich aufgewachsen, aber das Leben ohne Berücksichtigung von Gottes Maßstäben schien mir sehr viel attraktiver. So wollte ich einige Jahre nichts mehr vom Glauben wissen, bis mich Gott in seiner Treue wieder zurückgeholt hat. Diese Lebensphase wäre aber eine eigene Geschichte …

Nach meiner neuen Zuwendung zu Jesus begann eine Leidenschaft in meinem Herzen zu wachsen, die mir vorher gar nicht bewusst gewesen war. Auf einmal liebte ich es, anderen von Gottes Treue, seiner Barmherzigkeit und seiner Gnade zu berichten.

Mit Freude arbeitete ich in unserer Gemeinde im Alphalive-Kurs mit. Ich liebte es (und liebe es heute noch), Leute auf der Entdeckungsreise im christlichen Glauben zu begleiten, Fragen zu diskutieren und Erfahrungen auszutauschen. Für mich sehr einschneidend war dann aber folgendes Ereignis:

Ich hatte vor über 20 Jahren zusammen mit meinem Mann das Privileg, an einem Leiterschafts-Kongress in Chicago teilzunehmen. Unerwartet berührte der Heilige Geist mich bei einem ganz einfachen, stillen Gebet, und wie ein Blitz schoss mir eine Frage durch den Kopf: *„Helen, was ist mit den Leuten, die keinen Alphalive-Kurs besuchen können oder niemand haben, der ihnen die gute Nachricht von Jesus erzählt – sprich, die gefangen sind?"* Diese Frage ließ mich nicht mehr los und machte mich richtig unruhig.

Du musst wissen, dass ich bis dahin überhaupt keine Ambitionen, geschweige denn Berührungspunkte mit Gefangenen hatte. Zu diesem Zeitpunkt war ich noch in meinem Lehrerberuf tätig und schon dreifache Mutter, also alles ganz geordnet und „brav". Aber Gott führte mich auf einen spannenden Weg.

Wieder zu Hause, nahm ich dann allen Mut zusammen und marschierte blauäugig, aber im Wissen, Jesus an der Seite zu haben, in ein Gefängnis, das nahe bei meinem Wohnort lag. Beim Empfang unterbreitete ich mein Anliegen, dass ich gerne jemanden besuchen würde, der einsam sei und sich über Besuche freuen würde.

Zuerst war mein Gegenüber betroffen still. Dann wurde ich von oben bis unten gemustert, bis mir schließlich ziemlich viel Unverständnis, ja, sogar Spott entgegenkam: *„Junge Frau, da kann man nicht einfach reinspazieren und es ein bisschen nett haben. Sie sind in einem Gefängnis!"* Traurig und ziemlich blamiert verließ ich das Areal. Ich kam mir echt blöd vor, und dies sagte ich Jesus auch: *„Was soll das?"* Ich hörte ganz einfach: *„Bleib dran – bleib hartnäckig!"*

Nun gut, um es kurz zu machen: Dies tat ich!

Auf noch so manchem peinlichen Umweg wurde ich schließlich auf eine Ausbildung aufmerksam, die damals von der Polizei angeboten wurde. So konnte ich nach Abschluss des Kurses für den Besuchsdienst im Gefängnis für schwierige und psychisch belastete Insassen eingesetzt werden. Da ich nun aber von einer öffentlichen Stelle aus die Gefangenen besuchte, durfte ich nicht über den Glauben reden, außer die Gefangenen hätten von sich aus das Thema aufgegriffen. Dies war für mich natürlich oft schwierig, da ich in so mancher hoffnungslosen Situation sehr gerne über Jesus und seine Vergebung gesprochen hätte. Aber: Ich war jetzt drinnen! Gott hatte es geschenkt!

Gott führte mich auf einen spannenden Weg.

Durch meine regelmäßigen Besuche lernte ich die verschiedenen Gefängnisleiter kennen. Das Vertrauen von ihnen zu mir wuchs immer mehr. Ich glaube, sie schätzten meine Arbeit sehr. Da schenkte mir Gott wieder eine Idee. Ich musste sie vorsichtig vorbringen, weil ich wusste, dass sie nicht den Verdacht schöpfen durften, dass ich christliche Events im Gefängnis organisieren wollte. Dies war nämlich bei den Besuchsdiensten klar verboten. Religiöse Fragen der Insassen mussten vom zugelassenen Pfarrer/Priester oder dem Imam abgedeckt werden. So war es in der Gefängnisstruktur vorgesehen. Bei Missachtung dieser Regelung wurde man sofort vom Dienst suspendiert. Dies hatte ich bei anderen KollegInnen bereits schon erlebt!

Gott hatte es geschenkt!

So ging ich zum Gefängnisleiter und sagte ihm, ich würde mich gerne einmal privat mit ihm treffen. Ich hätte eine Idee, die ich außerhalb meiner anderen Besuchsdienste gerne realisieren würde. Wir machten einen Termin aus. Etliche beteten für mein Anliegen und für mich, als ich zu diesem Treffen ging.

So nahm ich allen Mut zusammen und fragte ihn: *„Kann ich mit einem Team aus unserer Kirche mit den Insassen Fondue essen? Mit guter Musik (Worship) und einem besinnlichen Input ein Weihnachtsfest feiern?"* Mit großen Augen sah mich der Gefängnisleiter an: *„Was? Ihr würdet aus dem gleichen Topf wie die Gefangenen Fondue essen? Helen, du weißt ja, wie schmuddelig diese Leute oft sind! Das würdet ihr wirklich tun?"*

Der Gefängnisleiter erlaubte es uns! Noch heute weiß ich nicht recht, warum. Ich denke, es war Neugierde. Ich staunte sehr über sein Vertrauen, da ich ja lauter Leute „reinbrachte", die eigentlich keine Ahnung vom Gefängnisleben hatten.

Dieses erste Event blieb mir sehr in Erinnerung – war es doch der Start, dass in unserer Gemeinde ein Gefängnisdienst entstand.

Losgelöst von meinen Einzelbesuchen dürfen wir nun diese Events organisieren. Wir dürfen auch klar von Gottes Botschaft, seiner Vergebung und seiner Liebe erzählen. Oft können wir auf Wunsch Bibeln in verschiedenen Sprachen abgeben. Dies alles wird uns erlaubt, welch ein Wunder!

Wir durften schon etliche heilige Momente erleben, in denen wir einfach gestaunt haben. Wo sonst riesige Klüfte zwischen den Insassen sind, sei es wegen der Art des Delikts, der Nationalität oder der

psychischen Verfassung, dürfen wir immer wieder erleben, wie verbindend Gottes Liebe wirkt.

Ich erinnere mich an den Abschluss eines Events, bei dem alle Gefangenen sich an den Händen hielten, als wir das Lied *„Segne uns, oh Herr"* sangen. Ob angeklagter Frauenhänd er oder einfacher Drogenkurier, alle hielten sich an den Händen. Es war ein heiliger Moment! Der Gefängnisleiter sagte einmal zu mir: *„Weißt du eigentlich, dass ich nach euren Besuchen weniger Medikamente abgeben muss und es auch noch einige Zeit danach viel ruhiger im Gefängnis ist?!"*

Ich erinnere mich auch noch an eine andere Begebenheit, als ein Gefangener nach seiner Haftstrafe meinen Mann kontaktierte. Er kam in einen Alphalive-Kurs, gestaltete sein Leben mit Jesus neu und heiratete eine wunderbare Frau. Heute hat er zwei tolle Mädchen und arbeitet in einer Gemeinde im Sicherheitsdienst mit. Gott hat Humor!

Einmal war ich bei einem langen, schwierigen Gerichtsprozess dabei (es waren sogar zwei Tage). Der Insasse hatte große Angst vor dem Prozess, da sein Delikt wirklich schwer wog. Ich sagte ihm, dass ich für ihn beten würde, was er als Atheist aber für eher unsinnig hielt. Zu diesem Zeitpunkt hatte ich schon 1½ Jahre mit ihm Kontakt. Wider Erwarten fiel das Urteil positiv für ihn aus. Unmittelbar nach dem Urteil drehte er sich im Gerichtssaal zu mir um und sagte: *„Frau Steinemann, die Gebete haben doch geholfen – danke!"* Es war eine ganze Zeitlang betreten ruhig im Gerichtssaal … Für mich war das sehr speziell, ja, ich wäre am liebsten unter der Bank verschwunden. Dieses

Statement vor der Presse, den Anwälten, den Richtern ... Gott sei aber die Ehre! Heute bin ich immer noch in Kontakt mit ihm. Wenn er etwas hat, will er, dass für ihn gebetet wird. Ich hoffe und bete, dass er irgendwann selbst zu einem lebendigen Glauben an Jesus Christus durchbrechen kann.

So könnte ich noch vieles berichten, was Jesus getan hat.

Ich bin Gott so unendlich dankbar, dass er dieses Wunder wahr werden ließ. Schon viele traurige, beladene und hoffnungslose Gefangene durften so die liebende und freimachende Botschaft von Jesus hören oder fingen sogar selber an, in der Bibel zu lesen. Gottes Wort kommt nie leer zurück!

Ich freue mich, dass Gott mich vor über 20 Jahren unruhig gemacht hat, dass er mir seine liebende Sicht für die Gefangenen ins Herz gepflanzt hat. Ich bin so froh, dass er mich überall hinbegleitet hat, und dass er mich immer wieder formt, sodass er mich gebrauchen kann.

Ein wichtiger Leitvers aus der Bibel ist für mich 2. Korinther 12,9. *„Lass dir an meiner Gnade genügen, denn meine Kraft ist in den Schwachen mächtig. Darum will ich mich am allerliebsten rühmen meiner Schwachheit, auf dass die Kraft Christi bei mir wohne."*

Denke ja nie, dass Jesus dich nicht brauchen kann, dass du zu normal oder unerfahren seist. Er liebt es, verrückte Dinge mit dir zu machen, die du dir vielleicht noch gar nicht vorstellen kannst oder an die du bis jetzt nie gedacht hättest. Stell dich ihm zur Verfügung und du wirst sehen, Jesus braucht dich. Egal, ob du dich fähig oder unfähig fühlst, er ist bei dir! Bleib einfach nah bei ihm und besprich alles mit ihm.

Und sollten wir einmal müde werden, dann ermutigen wir uns gegenseitig mit folgendem Bibelwort aus Jesaja 40,31: *„Aber die auf den Herrn harren, kriegen neue Kraft, dass sie auffahren mit Flügeln wie Adler, dass sie laufen und nicht matt werden, dass sie wandeln und nicht müde werden."*

Ich bin gespannt, was ich alles noch mit IHM erleben darf. IHM sei die Ehre!

Helen Steinemann | Jg. 1968 | verheiratet | 4 erwachsene Kinder | Müllheim/Schweiz | Gemeindeleitung/Soziales | gvc-frauenfeld.ch

„Es war nicht deine Schuld!"

„Es war nicht deine Schuld", hörte ich den Mann mir gegenüber sagen. Ich selbst fühlte mich in diesem Moment innerlich völlig taub. Das Gesagte kam zwar irgendwie an, aber erst später verstand ich, wie wichtig diese Worte für mich werden sollten.

Nach meinem Abitur hatte ich ein FSJ im afrikanischen Ausland absolviert. Neben den kulturellen Veränderungen und völlig neuen Lebensbedingungen war ich aber vor allem dem Mobbing einer Teamkollegin ausgesetzt gewesen. Da unser Team aufgrund mehrerer Probleme immer kleiner geworden war, war ich diesem psychischen Druck dauerhaft ausgesetzt. Zudem wohnten wir alle eng auf einem Gelände zusammen, und die Umstände im Land gaben es für mich als junge Frau nicht her, alleine draußen unterwegs zu sein, um der Situation wenigstens zeitweise zu entfliehen.

Ich zerbrach innerlich immer mehr, war zu stolz, „aufzugeben" und das FSJ abzubrechen, zweifelte aber zunehmend an mir selbst, da die Demütigungen so subtil waren, dass ich die täglichen Verletzungen nicht einmal richtig fassen konnte. Bei einem kurzen Besuch von einer Teamkollegin aus einer anderen Stadt sagte mir diese, meine Kollegin spräche mit mir wie mit einem Hund (und hier ist nicht die Art gemeint, wie ein Hundeliebhaber mit seinem Tier spricht). Ironischerweise erleichterten mich diese Worte, weil sie mir klarmachten, dass ich mir nicht alles nur einbildete.

Nach 11 langen Monaten hatte ich mein FSJ abgeschlossen, war wieder zurück in Deutschland und hoffte so sehr, dass nun alles gut werden würde. Aber das Verhalten dieser Frau, die verletzenden Worte und die Einsamkeit hatten ihre Spuren in mir hinterlassen. Ich brach zusammen, bekam Angstzustände und Depressionen, litt monatelang an einer Depersonalisation.

Mein Glaube half mir in dieser Zeit enorm. Ich bin sogar davon überzeugt, dass Gott mich von schwerwiegenden Entscheidungen abhielt und so mein Leben bewahrte. Immer wenn ich betete, umgab mich ein tiefer Friede wie eine Schutzglocke, egal wie dunkel es gerade in meinem Leben aussah.

Dennoch lag ein langer Weg vor mir – ein Weg zurück ins Leben. Stück für Stück bekam ich wieder Lebensmut. Die Ängste wurden lei-

> Immer wenn ich betete, umgab mich ein tiefer Frieden.

ser. Dennoch breitete sich mit der Zeit eine Bitterkeit in meinem Herzen aus. Ich sah nur noch die Zerstörung und die Lähmung, die diese Frau verursacht hatte, als wäre mein Leben ab diesem Moment stehen geblieben – dabei hatte ich sogar noch eine weitere Zeit im Ausland verbracht, angefangen zu studieren, gejobt, hatte viele Sozialkontakte und konnte im Rückblick keine Stagnation sehen, nachdem ich psychisch wieder stabiler geworden war. Aber in mir breitete sich dieses Gift der Bitterkeit aus. Immer wieder brachte es mich zum Stolpern. Depressive Phasen ließen mich an die Wand fahren. Ich musste vergeben. Aber ich wollte nicht. Ich glaubte, es nicht zu können. Immer wieder begegnete mir das Thema „Vergebung", klopfte innerlich bei mir an. Nach langem Ringen holte ich mir psychotherapeutische Hilfe. Vielleicht würdest du es Zufall nennen, aber die Therapeutin hatte sich auf ein bestimmtes Thema spezialisiert, was ich zuvor nicht wusste: Vergebung. Für mich war es deutlich, dass Gott wusste, was und wen ich brauchte.

Im Rahmen der Gespräche kam der Gedanke auf, dass es mir vielleicht helfen würde, das Erlebte an einer offiziellen Stelle „zur Anklage" zu bringen, um gehört und in dem Leid, das es verursacht hat, gesehen zu werden. So vereinbarte ich ein Gespräch mit einem der Leiter der christlichen Organisation, mit denen ich mein FSJ gemacht hatte. Sie wussten zwar, dass nicht alles gut gelaufen war, und im Nachhinein erfuhr ich auch, dass die damalige Kollegin für eine Zeit in ihr Heimatland hatte reisen müssen, um sich eigenen Problemen zu stellen, aber ich selbst hatte in der Organisation nie von meinen Erfahrungen berichtet.

Und so fand ich mich nun in diesem Gespräch wieder und begab mich in meine FSJ-Zeit zurück. Ich ging gedanklich in die konkreten Situationen hinein und ließ diesen Leiter an dem teilhaben, was mir innerlich so große Wunden zugefügt hatte. Und da fielen sie, diese Worte: *„Sie hat Schuld an dir getan, es war nicht deine Schuld."* Ich weiß nicht mal, wieso er diese Worte so formulierte.

Ich fuhr wieder heim zu meinem Studienort. Mein Kopf war völlig leer. Ich hatte das Gefühl, innerlich taub zu sein. An diesem Abend schien es, als hätte das Gespräch alles eher schlimmer gemacht, den Schmerz wieder aufgewirbelt. Ich hatte doch gedacht, Gott wolle mir dabei helfen zu vergeben.

Am nächsten Morgen wachte ich auf und hatte das Gefühl, mein Groll und meine Bitterkeit wären auf ihrem Höhepunkt angelangt.

All die Dunkelheit, durch die ich hatte gehen müssen, war wieder so präsent. Das konnte ich einfach nicht vergeben, dachte ich.

Später, am selben Tag, wie aus dem Nichts, war da dieser Satz wieder: *„Es war nicht deine Schuld."* Und mit dem Nachhall dieser Worten brach ich in Tränen aus und zitterte am ganzen Leib. Mit diesem Satz brach die Erkenntnis über mich herein, dass ich mir selbst die ganze Zeit die Schuld für alles gegeben hatte. Ich hatte geglaubt, dass etwas mit mir falsch wäre und dass man mit mir so umgehen dürfe. Ich hatte meiner damaligen Teamkollegin nicht vergeben können, weil ich sie innerlich unbewusst erhöht und ihr damit das Recht gegeben hatte, mich so zu behandeln. Als ich mit diesem Satz begriff, dass es nicht meine Schuld war, sondern tatsächlich jemand mir Schuld angetan hatte und es nicht in Ordnung war, so mit mir umzugehen, geschah ein Perspektivwechsel in mir.

Ich stand nun auf der gleichen Stufe wie meine Kollegin. Sie hatte mich tief verletzt, aber ich konnte auf einmal auch sehen, dass ich selbst weder besser noch schlechter bin. Auch ich lade Schuld auf mich. Auch ich verletze und mache Fehler. Auch ich brauche Vergebung.

Jesus tat ein Wunder in meinem Herzen.

Jesus tat ein Wunder in meinem Herzen. Ich konnte auf einmal ganz klar sehen, was vorher so verzerrt und verschoben war. Mit freiem Herzen konnte ich Vergebung aussprechen, weil auch mir von Gott vergeben ist. Es bedeutete nicht, gutzuheißen, was geschehen war. Es bedeutete, das Geschehene in Gottes Hand zu geben, im Vertrauen, dass er besser damit umgehen kann. Im Gegenzug schenkte Gott mir eine Freiheit und Leichtigkeit im Herzen, die ich lange nicht mehr empfunden hatte.

Wenn ich zurückblicke, kann ich sehen, dass Gott das, was zerbrochen ist, wirklich heil machen kann und will. Und mehr noch: Vielleicht hätte ich Gott nie so real erlebt, wenn ich nicht durch ein so dunkles Tal hätte laufen müssen.

Kathrin Ulmer | Jg. 1989 | verheiratet | Llíria/Spanien | Sozialarbeiterin/Missionarin in einem christlichen Freizeitheim | www.ulmeros-on-mission.com

Nicht von dieser Welt

„Auch wenn ich nicht mehr da bin, wird doch der Friede bei euch bleiben. Ja, meinen Frieden gebe ich euch – einen Frieden, den euch niemand sonst auf der Welt geben kann. Deshalb seid nicht bestürzt und habt keine Angst!" (Johannes 14,27 HFA)

Einen Frieden, den uns sonst niemand auf dieser Welt geben kann, einen Frieden den nur Gott geben kann – diesen Frieden durfte ich erleben, als ich mit 16 Jahren von einer heftigen Traurigkeit überwältigt wurde.

> Einen Frieden, den nur Gott geben kann.

Der Abend hatte echt cool begonnen, ich war auf einer Party im Nachbarort und genoss die Zeit als Jugendliche. Laute Musik, tanzen, Alkohol, die beste Freundin mit am Start und supergute Laune noch dazu. Nach einiger Zeit ging ich kurz raus aus dem Geschehen, um mal durchzuatmen. Es war eine Sommernacht, ich war einen Moment allein, der Bass schallte aus der Ferne und ich hatte das Gefühl, dass die Welt kurz anhielt. Krass, dass ich jetzt hier saß, das Leben genoss, jung und für einen Moment sorglos sein konnte. „Nicht selbstverständlich", dachte ich dann. Mein Kumpel Max konnte solche Momente nicht mehr erleben. Er war tot. Mit 16 Jahren war er an einem Hirntumor gestorben.

Ich kannte Max damals von „Prima Klima", einer Freizeit für krebskranke Kinder des Olgahospitals in Stuttgart. Ich hatte selbst mit vier Jahren Krebs gehabt, und so durfte ich, seit ich acht Jahre alt war, an der Freizeit teilnehmen. Max kannte ich, seit ich zehn war. Jahr für Jahr besuchten wir die Freizeit zusammen, fünf Jahre hintereinander, jeweils fünf intensive Tage, und nach fünf Jahren hatten wir eine richtig gute Freundschaft. Im letzten Jahr berichtete er mir von seinem Rückfall, der Krebs war im Kopf wiedergekommen, aber er versprach mir, dass alles wieder gut werden würde. Doch das wurde es nicht. Ein knappes Jahr später verstarb er.

Nun saß ich da, dachte an das Vergangene und bemerkte, wie mein Gefühlszustand sich schlagartig änderte. Ich musste schnell heim. Nachdem ich meine beste Freundin gesucht und gefunden hatte, rief ich meine Mutter an, sie solle uns doch bitte schnell abholen. Ich weiß nicht, was mich alles in diesem Moment überwältigte, aber mit dabei war eine nicht bezwingbare Traurigkeit.

Zuhause brach ich in Tränen aus. Ich konnte nicht mehr. Ich hatte mich auch nicht mehr unter Kontrolle. Meine Mutter und meine beste Freundin saßen neben mir am Bett. Sie versuchten mich zu beruhigen, doch kein Wort drang zu mir durch. Ich fühlte mich von der Schwere in meinem Herzen wie fremdgesteuert. Es machte sich immer breiter.

Die Zeit verging, nichts half. Meine Mutter und meine beste Freundin versuchten weiter verzweifelt, mich zu beruhigen. Nichts veränderte sich. Ich wollte aufhören zu weinen, aber es ging nicht. Noch nie zuvor hatte ich so etwas erlebt, und seitdem auch nie wieder. Irgendwann hörte ich, wie meine Mutter sagte: *„Ich bete jetzt!"*

Während sie betete, spürte ich, wie ich langsam innerlich ruhiger wurde. Ich habe nicht gehört, was sie sagte, und weiß auch bis heute nicht wirklich, was ihre Worte waren, aber das war auch egal. Mein verkrampfter Körper begann sich zu entspannen. Meine Tränen hörten auf zu fließen. Stück für Stück wurde ich mit Ruhe und Frieden erfüllt. Meine Seele erfuhr in diesem Moment Gottes Frieden, einen Frieden, wie ihn mir sonst nichts und niemand geben konnte.

> Während sie betete, spürte ich, wie ich innerlich ruhig wurde.

Am Tag darauf war ich ganz erschöpft von dieser Nacht. Ich begriff, welche große Traurigkeit in mir gewesen war und dass sie in der Nacht zuvor hatte ausbrechen dürfen, sich zeigen können, und mich fast überwältigt hätte. Seit dieser Nacht weiß ich aber auch, mit welchem Gott ich es zu tun habe, und dass nur er mir einen solchen übernatürlichen Frieden schenken kann, einen Frieden, der nicht von dieser Welt ist.

Anna Marasco | Jg. 1995 | verheiratet | Neubrandenburg | Missionarin

Meine Zeit in seinen Händen

Ich bekam die Nachricht am Telefon, zwischen Bodensaugen und Mittagessenkochen: *„Frau Malisic, Sie haben Gebärmutterkrebs."* Mein erster Gedanke: *„Krebs, das bedeutet, ich sterbe bald."* Wie konnte das sein? Unser zweiter Sohn war erst fünf Monate alt. Ich war regelmäßig zu den Vorsorgeuntersuchungen gegangen, das hätte man doch früher erkennen müssen! Mit Tränen in den Augen teilte ich meinem Mann diese Nachricht mit. Plötzlich geriet unsere ganze Welt ins Wanken. Wir hatten gerade vor eineinhalb Jahren eine kleine Kirchengemeinde in Wolfsburg übernommen. Mein Mann war in seinem Vikariat schon Gemeindeleiter geworden. Unsere beiden Söhne waren knapp drei Jahre und fünf Monate alt. Wir hatten unser ganzes Leben noch vor uns, wollten noch weitere Kinder bekommen, und nun sollte durch diese Krankheit alles zerstört werden?

Unsere Gemeinde war erschüttert, nachdem sie von der Diagnose erfuhr. Und dann passierte etwas Wundervolles. Wo auch immer man von Einheit unter Christen gehört hatte, hier und jetzt erfuhren wir sie am eigenen Leib. Die ganze Gemeinde betete, jeden Tag. Auf Knien unter Tränen brachten wir unser Anliegen vor Gott: *Komplette Heilung.*

Der Arzt ließ sicherheitshalber nochmals einen Abstrich machen, die Diagnose war eindeutig: Der Gebärmutterhals war voller Krebszellen. Nun sollte eine Operation durchgeführt werden, um zu sehen, wie weit der Krebs schon die Gebärmutter erfasst hatte. Ich wollte diese OP nicht, es war nicht sicher, ob ich anschließend noch Kinder bekommen könnte. Also beteten wir weiter.

Kurz darauf besuchte mein Mann einen Gottesdienst in einer fremden Stadt. Auch dort wurde für mich gebetet. Der Gastprediger dort sagte hinterher zu meinem Mann: *„Ich habe deine Frau gesehen, wie sie auf dem OP-Tisch lag. Jesus stand neben ihr und legte ihr die Hände auf. Und sie war geheilt."* Mein Mann erzählte mir von diesem Eindruck und ich konnte nicht so richtig etwas damit anfangen. *„Wenn ich erst einmal auf dem OP-Tisch liege, dann operieren sie. Ich will gar nicht operiert werden."* Dennoch behielt ich meinen Glauben.

Der Termin für die OP stand fest, ich musste ins Krankenhaus. Bei der Aufnahme wurde nochmals ein Abstrich gemacht, danach kam ich in mein Zimmer. Den drei Frauen auf meinem Zimmer, den Krankenschwestern und Ärzten verkündete ich immer wieder: *„Ich glaube nicht, dass ich operiert werde, ich glaube, dass Gott mich heilen wird."* Die Zeit verging, es wurde Mittag, Nachmittag, Abend. Nichts passierte. Der Anästhesist besprach alle Einzelheiten der Narkose mit mir, ich unterschrieb die Einwilligung für die OP. Was sollte ich auch sonst tun?

Am Abend kam dann eine Glaubensschwester aus unserer Gemeinde zu Besuch. *„Komm, lass uns in die Kapelle gehen, wir beten nochmal."* Und während sie betete, fragte sie mich: *„Ist eigentlich heute nochmal ein Abstrich gemacht worden und hast du nach deinem Ergebnis gefragt?"*

Hatte ich nicht.

Sie ging nach Hause und ich auf schnellstem Weg zur Ärztin. *„Ich möchte gerne meine Werte von heute Morgen wissen."* Die Ärztin schaute nach, guckte mich ungläubig an und meinte: *„Das kann eigentlich nicht sein, aber bei Ihnen war alles in Ordnung."*

Mir schossen die Tränen in die Augen: *„Dann kann ich ja nach Hause gehen?"*, freute ich mich. Die Ärztin wollte das auf gar keinen Fall zulassen. *„Frau Malisic, das ist unmöglich. Sie sind mit zwei bestätigten PAP IV b Ergebnissen eingeliefert worden, und heute Morgen die Untersuchung ergab einen PAP II. Irgendetwas stimmt nicht, wir werden sie sicherheitshalber operieren."*

Das war im Oktober 1993. Ich ließ mich nicht operieren und ging auf eigene Verantwortung nach Hause. Bis heute waren alle Ergebnisse bei Vorsorgeuntersuchungen in Ordnung. Diesen Kampf habe ich gewonnen. Gott hat ein Wunder getan.

Dennoch gibt es Kämpfe, die wir nicht gewinnen. Wir haben unseren zweiten Sohn im Alter von sieben Jahren durch einen Unfall verloren. Auch da haben wir gebetet, dass Gott ihn wieder zurückholt. Auf seiner Beerdigung trafen wir einen guten Freund, einen Kollegen meines Mannes, abgemagert, ausgezehrt vom Krebs. Für seine Heilung haben wir auch gebetet. Drei Wochen später waren wir auf seiner Beerdigung.

Warum ich dir das schreibe? Damit du weißt, dass es sich lohnt zu kämpfen, aber dass nicht alles in unserer Hand liegt. Du bist deswegen kein besserer oder schlechterer Christ. Manches, was passiert, können wir nicht erklären, vieles verstehen wir nicht. Aber solange es in deiner

Gott hat ein Wunder getan.

Macht steht, gib dich nicht auf, kämpfe diesen guten Kampf, denn so oft erleben wir, wie Sieger daraus hervorgehen.

Aus *Body Spirit Soul* – Heike Malisic und Beate Nordstrand

Dieses Zeugnis erzähle ich oft, wenn ich als Referentin auf Frauenveranstaltungen spreche. Und jedes Mal bin ich selber wieder neu bewegt, was Gott damals in meinem Leben getan hat. Knapp 30 Jahre später bekam ich erneut die Diagnose Krebs. Ich habe relativ viele Leberflecken und bin mein ganzes Leben schon immer viel in der Sonne gewesen. Fast hatte ich es geahnt, dass bei einer Vorsorgeuntersuchung mal was gefunden wird. Ein paar Flecken wurden schon entfernt; im Dezember 2021 kam dann die Diagnose „schwarzes Melanom".

Innerlich versuchte ich locker und cool zu bleiben. Ich wusste ja, dass Gott heilen kann. Außerdem war es wirklich auch erst Anfangsstadium. Dennoch liefen mir auf der Rückfahrt die Tränen übers Gesicht. Ich dachte sofort an den Vater einer Freundin, der an Hautkrebs gestorben war. Die Reaktion meiner Familie war das Schlimmste. Mein Mann war ziemlich besorgt, meine Tochter riss sich sofort zusammen, als ich ihr die Nachricht mitteilte, aber natürlich spürte ich ihre Erschütterung. Und auch meine Söhne waren geschockt. Das war für mich schlimmer als die Diagnose selbst: meine Familie leiden zu sehen. „Du wirst gesund, Gott heilt dich!", war die Reaktion von allen.

„Vielleicht, vielleicht auch nicht." Ich war mir nicht sicher, ob Gott auch diesmal heilen wollte. „Gott braucht dich noch", versicherte mir auch meine Freundin Beate, mit der ich zusammen das evangelistische Programm *Body Spirit Soul* und das ganzheitliche Abnehmkonzept *Lebe leichter* habe. „Und was, wenn nicht?", dachte ich. „Was, wenn Gott sagt – es reicht – du hast genug gemacht? Jetzt darfst du nach Hause kommen." Bei diesen Gedanken liefen mir die Tränen übers Gesicht – ich war so überwältigt von dem tiefen Frieden, den Gott mir in diesem Moment schenkte. Ich hatte überhaupt keine Angst und wusste, egal wie die Sache ausgeht, es ist gut so, wie es kommt, weil meine Zeit in seinen Händen steht.

Der Termin beim Radiologen war ein bisschen aufregend. Die Lunge wurde geröntgt, alle Organe mit Ultraschall nach Metastasen abgesucht. Ich hatte bei alledem immerzu die Gewissheit, Gott hat einen Plan und ich bin in seiner Hand. Als der

Ich hatte überhaupt keine Angst!

Arzt nach der Untersuchung meinte: *„Alles okey, ich habe nichts ge-funden"*, kam dann doch die Erleichterung. Anscheinend war ich an-gespannter gewesen, als ich dachte. Die Stelle, an der das Melanom gefunden wurde, musste nochmals großzügig aus-geschnitten werden. Übrig geblieben ist eine Narbe am Oberschenkel, die mich immer daran erinnert, was ich überwunden habe. So wie es aus-sieht, ist meine Zeit hier noch nicht zu Ende, und die werde ich weiterhin dafür nutzen, die Bot-schaft des Evangeliums weiterzugeben. Dafür lebe ich.

Heike Malisic I Jg. 1966 I verheiratet I 5 Kinder I Oberkirch I Autorin, Bloggerin, Podcasterin, frei-beruflich als Fachfrau für Ernährungs- und Ge-wichtsmanagement I www.lebeleichter.com

Auf der Suche nach Erfüllung

Schon immer suchte ich nach Sinn und Erfüllung in meinem Leben. Es war wie ein Loch in mir, das keiner füllen konnte. Viele Jahre, ungefähr von meinem 15. bis zum 23. Lebensjahr, dachte ich, meine Erfüllung in Männern zu finden. Auf Partys kuschelte oder knutschte ich mal hier und mal da, aber es war immer nur eine kurze „Stillung" meiner Sehnsucht. Eigentlich spielte ich nur mit ihnen und nutzte diese Män-ner nur aus, um mein Bedürfnis nach Nähe zu befriedigen. Der „Rich-tige" war auch nie dabei, denn keiner war mir gut genug. Ich war auf der Suche nach dem Perfekten, aber ich konnte ihn nicht finden. Tief im Herzen suchte ich einfach nur die Liebe des Vaters, was mir aber damals noch nicht bewusst war.

Mit 20 Jahren, im Jahr 2000, hatte ich endlich eine Beziehung und dachte: Nun habe ich endlich einen Mann gefunden, der mich glück-lich macht. Aber auch er konnte es mir nie recht machen, und so war ich nur am Jammern und Kritisieren. Wir wollten trotzdem heiraten, doch nach etwa drei Jahren trennte sich mein Freund von mir. Meine Welt brach zusammen, ich war wieder alleine.

In dieser Zeit beschimpfte ich Gott: Wie kannst du das zulassen? Alle haben schon ihre Beziehungen! Ich musste so lange warten, und jetzt bin ich wieder allein! Du bist so gemein Gott! Dich gibt es doch sowieso nicht ...

... falls doch, und falls du tatsächlich gut bist, dann zeig es mir doch! Ja, dann zeigte er sich mir tatsächlich. Ich war damals in einem Jugendgottesdienst bei mir um die Ecke. Mein Herz spürte, dass bei diesen Menschen etwas anders ist. Ich „kannte" Gott aus Jungschar-Zeiten in meiner Kindheit, aber eine Beziehung hatte ich nie zu ihm gehabt. Als ich diese Menschen in dem Gottesdienst nun Lobpreis machen sah und wie sie die Lieder zu Gott sangen, da spürte ich: Sie singen nicht einfach nur, sie müssen Gott mit ihrem Herzen kennen. Sie haben eine Beziehung zu ihm und kennen ihn als einen guten Gott.

Sie kennen ihn als einen guten Gott.

Ich betete: *Gott, wenn das wirklich wahr ist, was ich hier sehe und spüre, dann will ich dich auch kennenlernen und eine Beziehung zu dir haben. Und so machte ich mich auf den Weg, um Gott immer besser kennenzulernen.*

Ich wusste, das mit den Männer-Techtelmechteln sollte ich wohl von nun an besser sein lassen. Doch dann flog ich mit meiner Schwester in den Urlaub, und dort gab es diese tollen, gutaussehenden Animateure, die uns umgarnten. Naja, es war einfach so schön, „begehrt" zu werden, und so ließ ich mich nochmals darauf ein. Umarmungen, Nähe, Kuscheleinheiten ... Danach fühlte ich mich sooo schlecht: *„Gott wird sicherlich enttäuscht von mir sein, ich habe es nicht geschafft ..."*

Einer lieben Seelsorgerin aus der Gemeinde habe ich mich dann anvertraut. Sie beruhigte mich, und mir wurde klar, dass ich es aus eigener Kraft nicht schaffen konnte, von den „Männer-Stories" abzulassen. *Aber wenn ich Gott darum bitte, kann ER es tun ...*

Ich erkannte auch, dass Gott nicht sauer auf mich ist. Seine Gnade ist jeden Morgen neu. Er kennt meine Schwächen und Schwachpunkte, und er vergibt mir meine Verfehlungen. Er kennt mein Herz, aber er kennt auch meine Kämpfe, und er ist treu und vergibt mir immer wieder, auch wenn ich immer wieder versage. Es tat so gut, das zu erkennen, und so bat ich Gott, er möge mein Loch füllen, sodass ich nicht mehr zu den Männern rennen würde.

Und tatsächlich, das Verlangen war wie weg! Ich kam nie wieder in Versuchung, ein „Techtelmechtel" einzugehen! Ich habe nichts getan, und es war auch nicht anstrengend. Gott hat diesen Mangel einfach in mir ausgefüllt: mit sich selbst! ER, der alles ausfüllt, wozu Menschen oder Dinge niemals in der Lage sind.

Das Verlangen war weg!

Dennoch war meine Sehnsucht nach einem Mann riesengroß. Ich fühlte mich sehr oft alleine. Ich bekam eine richtig heftige Angst und Panik davor, alleine zu sein. Ich war ständig verplant und immer unterwegs, da ich nicht alleine sein konnte. Ich wollte endlich heiraten und eine Familie haben. Oft war ich so sauer auf Gott, weil er mir einfach keinen Mann schenkte.

Die Jahre vergingen, und ich war immer noch allein. Mitte 20, Ende 20, dann kam mein 30. Geburtstag, mein 35. Geburtstag. Nichts! Ich litt so sehr und vergoss unendlich viele Tränen.

Aber es war auch ein wundervoller Weg mit Gott; er versorgte mich immer mit Menschen und mit so wunderbaren Freunden, die für mich da waren, für mich beteten, mich ermutigten ... So durfte ich auf meinem Weg Nähe und Verständnis immer auf eine gesunde und wunderbare Art und Weise erfahren.

Von Herzen danke an meine herrlichen Freunde und an meine großartige Schwester, ihr seid die Besten!

Auch war ich regelmäßig in Seelsorge, wo mir vieles klar wurde, wie zum Beispiel, was tief in meinem Inneren und ganz unterbewusst in mir abging; was ich wirklich brauchte und wonach ich mich sehnte; wo tiefe Verletzungen waren; wo ganz viel Mangel in mir war und ich diesen Mangel immer versuchte durch falsche Dinge zu stillen. Ich erkannte ungesunde Schutzmechanismen, mit denen ich mein Herz zu schützen versuchte, aus der Angst heraus, verletzt zu werden und nicht so geliebt zu werden, wie ich wirklich bin. Ich sah, wo ich versuchte, mir durch andere Menschen und durch Perfektionismus Wert und Identität zu verschaffen. Auch erkannte ich falsche Abhängigkeiten von Menschen. Ich wurde mir meiner Unsicherheit bewusst, einfach nur ich selbst sein zu können, und noch vieles mehr.

Gott befreite mich dann auch von der Angst, alleine zu sein. ER ist mir begegnet in all den Themen, die mich bewegten. Ich war sehr manipulierend, auch kontrollierend, klammernd und perfektionistisch. Doch Stück für Stück ging Gott mit mir weiter; er heilte mich, befreite mich, veränderte mich.

Ich verstand auch, dass gerade dieses Schutzbedürfnis und diese Angst, verletzt zu werden, der Grund dafür waren, dass ich nie einen Mann näher an mich heranließ und mir deswegen keiner gut genug war, um ihn zu heiraten. Die Erfüllung meiner größten Sehnsucht hatte ich aus Angst, nicht wirklich geliebt zu werden, wie ich bin, verhindert. Ich glaubte, nur wenn ein Mann perfekt wäre, würde er mich nicht verletzen, und nur wenn ich perfekt wäre, könnte ich einen Mann bekommen. Diese und viele weitere Verdrehungen steckten in meinem Unterbewusstsein und blockierten mich. Aber Gott ist treu und hat mir Stück für Stück alles aufgezeigt; und er hat mich verändert und tiefe Heilung in mein Leben gebracht. Ich lernte und durfte erfahren, mich selbst zu lieben – und auch Zeiten mit mir alleine zu genießen.

Seit einigen Jahren bin ich nun selbst Seelsorgerin und darf vielen Menschen helfen, ihre „Lebenslügen" oder „behindernden Glaubenssätze" in ihrem Leben zu erkennen und Befreiung und Heilung durch unseren wunderbaren Gott zu erfahren. Ihm ist alles möglich.

Mit 38 Jahren lernte ich dann auch meinen wundervollen Mann Samuel kennen. Er ist 10 Jahre jünger als ich, und so hat mir Gott vieles zurückerstattet, denn auch ich fühle mich sehr jung geblieben. Wir heirateten 2021 kirchlich. Das war für mich mit 40 Jahren sehr

spät, aber ich weiß nun, dass Gott einen perfekten Plan für mein Leben hat. Von Herzen wünschen wir uns noch Kinder, auch wenn ich nun schon „älter" bin. Aber ich weiß, es liegt in Gottes Hand, und er sieht unsere Herzenswünsche. So lange hat mich Gott mit dem folgenden Bibelvers immer wieder ermutigt:

„Herr, der König freut sich über deine Macht, er jubelt laut über den Sieg, den du ihm geschenkt hast. Du gabst ihm, was er sich von Herzen wünschte, und seine Bitten schlugst du nicht ab" (Psalm 21,2-3 HFA).

Und Gott hat tatsächlich zu SEINER Zeit meinen Herzenswunsch nach einem Mann erfüllt. Möglicherweise war ich vorher überhaupt nicht bereit gewesen zu heiraten.

Und immer noch darf ich weiterlernen, z. B. dass mein Mann nicht mein Lebensglück ist. Ich erwarte oft Dinge von ihm, die mir nur Gott geben kann. Auch kommen durch die Ehe nochmals Themen hoch, und es ist nicht immer einfach, obwohl ich nun Gott UND einen Mann habe. Aber Gott macht mich einfach immer heiler und freier. Ich liebe es, diesen Weg mit ihm zu gehen!

Gott ist so treu, so geduldig, so voller Liebe und Erbarmen. Trotzdem habe ich so vieles von ihm noch nicht erfasst. So oft mache ich Dinge noch aus eigener Kraft, habe die vollkommene Gnade in einigen Punkten noch nicht verstanden. Aber Gott zeigt sich mir immer mehr; mein Herz ergreift ihn immer mehr. Und ich will niemals aufhören, mehr von ihm zu wollen, bis alles in mir von ihm erfüllt ist, denn er ist und bleibt die einzige und wahre Erfüllung, das lebendige Lebenswasser.

Er ist die Quelle des Lebens und der wunderbarste Vater, den man sich nur erträumen kann. Ihm gebühren alle Ehre und alles Lob!

Kathrin Schröter I Jg. 1980 I verheiratet I Gemmrigheim I selbstständig als Seelsorgerin I www.dritteschnur.de

Gott ist treu!

Gottes Berufung für mein Leben

Gibt es wirklich eine spezielle Berufung für mein Leben? Und heißt das dann gleich, in die Mission ins Ausland zu gehen, zum Beispiel nach Afrika?

Zuerst möchte ich mich vorstellen und einige Erfahrungen und Gedanken mit euch teilen:

Mein Name ist Irene Keinert, und ich bin seit dem 14. November 2019 Witwe. Mein geliebter Mann ist mit nur 47 Jahren sehr früh verstorben. Wir waren über 20 Jahre glücklich verheiratet, sind gemeinsam durch Höhen und Tiefen gegangen. Wir hatten uns in einer Band kennengelernt, er war der Gitarrist und ich dort als Sängerin. Über viele Jahre war Musik eine unserer gemeinsamen Leidenschaften.

Hinzu kam vor einigen Jahren das Motorradfahren, um genauer zu sein eine Harley. Unsere Verbundenheit zur Natur und zu den USA (wo auch mein Bruder mit Familie lebt), hat uns immer wieder in die Black Hills nach South Dakota gezogen. Ein wunderschönes Gebiet!

Es war eine sehr harte Zeit, ihn durch seine schwere Krankheit bis zum Tod zu begleiten. Und dennoch war es auch eine der schönsten Zeiten für uns als Paar, in der wir Gottes Segen und Liebe intensiv spüren durften. Er hat uns wundervoll geführt und geleitet.

Eine der wunderbaren Führungen Gottes erlebten wir, als meinem Mann „Keini" und mir so richtig bewusstwurde, dass er nicht mehr gesund werden würde. Irgendwann zwischen den Krankenhausaufenthalten zeigte es sich, dass eine Pflege zu Hause nicht weiter möglich war. Er konnte nicht mal in einem Krankenbett, das uns zur Verfügung gestellt wurde, schlafen. Nach einigen qualvollen Nächten in einem Sessel wurde uns klar, dass es so nicht weitergehen konnte. Zu seiner Krebserkrankung war auch noch ein Schlaganfall gekommen, den er bei einem seiner Krankenhausaufenthalte erlitten hatte.

Bei seinem letzten Krankenhausaufenthalt, bei dem er die Chemotherapie sehr schlecht vertrug, entschied er sich, in ein Hospiz zu gehen. Also schaute ich online und fand das perfekte Hospiz für unsere gemeinsame letzte Zeit. Keini hat es auf den Fotos gleich gefallen.

Allerdings sagte man mir am Telefon, dass es eine Warteliste gäbe und ich wohl schriftlich einen Antrag stellen müsse, um auf die Warteliste zu kommen. Zudem meinte der Soziale Dienst, dass es gut wäre, mehrere Hospize anzufragen, da es bis zu 3 Monaten Wartezeit geben könne – wir hatten keine 3 Monate!

Also ließen wir das Wunschobjekt und zwei weitere Hospize, die uns empfohlen wurden, anfragen. Wir legten alles in Gottes Hände, er wusste ja, was das Beste ist. Und so haben wir vertraut, dass er es machen würde.

Und, was soll ich sagen, nach 2 Tagen hatten wir eine Zusage des Hospizes, das wir uns von Herzen gewünscht hatten!

Es war so ein Segen, dort anzukommen! Es hatte einen wundervollen kleinen Garten und einen Wintergarten. Ein kleines Hospiz mit persönlicher Führung und einem Team, das jeden Tag selbst und frisch die Mahlzeiten zubereitete. Ich durfte dort mitwohnen und übernachten, wie es für uns gut war. Wir beide kamen dort erstmal zur Ruhe, und ich konnte mich mit um die Pflege kümmern, ohne das Gefühl zu haben, überfordert zu sein.

Natürlich war es hart – auch die anderen dort zu sehen, diese lieben und oft auch anstrengenden Menschen. Und dennoch so wundervolle und gesegnete Begegnungen!

Noch ein Wunder: In der Nacht bevor er starb, machte ich eine seiner Lieblings-CDs an. Ich wusste, es würde ihm guttun und hatte mich schon darauf eingestellt, die CD immer wieder neu zu starten oder eine neue einzulegen. Was soll ich sagen, die CD hat sich durch Gottes Segen immer wieder alleine abgespielt.

Am nächsten Morgen, etwa um 8 Uhr, ist er dann verstorben; ich hatte mir gewünscht, dass er nicht nachts stirbt. Auch diesen Wunsch hatte mir Gott erfüllt.

Unsere Ehe und Liebe war für uns etwas ganz Besonderes gewesen. Es war uns ein Anliegen des Herzens, den Glauben an Jesus zu leben und ihm nachzufolgen. Liebe – Vertrauen – Ehrlichkeit – Zuverlässigkeit – eine gute Moral – und vieles mehr war für uns wichtig gewesen.

In der Zeit der Trauer wurde ich wundervoll von Familie und Freunden unterstützt. Allerdings gab es Momente, in denen ich vor lauter Schmerz nicht wusste, wie ich überleben sollte. Und in diesen Momenten konnte nur Gott mir Trost und Heilung schenken.

Diesen Trost habe ich viel durch Gebet erfahren; ich liebe es, in direktem Kontakt mit Gott zu sein. Meine Frage war eigentlich nie, warum er so früh gehen musste, eher wozu. Darauf habe ich bis heute keine perfekte Antwort, bin mir allerdings gewiss, dass Gott einen Plan hat und keine Fehler macht.

Ich liebe den direkten Kontakt zu Gott.

Da ich sehr zeitnah nach dem Tod meines Mannes wieder zu arbeiten begonnen hatte, wurde mir 2021 klar, dass ich eine Auszeit brauchte. Gott gab mir auf verschiedene Weisen die Bestätigung. Ich wollte ihm noch mehr vertrauen und seinen Willen tun. So habe ich im März 2021 meinen langjährigen Job gekündigt und bin im August nach Schweden gefahren, zum *Light in the north – Bible and Mission Center* in Åsele in Nordschweden.

Mission beginnt im Herzen, mit der Sehnsucht, Jesus Christus immer ähnlicher zu werden. Ein authentisches Zeugnis zu sein, wo auch immer Gott uns hinstellt, ob es nun beim Bäcker ist oder bei den Nachbarn an deinem Wohnort, bei Menschen, die einem begegnen oder auf dem weltweiten Missionsfeld.

Wenn du bereit bist, dein Leben nach Gott auszurichten und seinen Willen für dein Leben anzunehmen, dann kann es gut sein, dass du womöglich in Schweden landest oder in Afrika, oder dass du dich einfach mit Menschen in deiner Umgebung unterhältst, um ein Zeugnis für Jesus zu sein.

Das heißt natürlich nicht, dass immer alles glatt läuft. *„Wir wissen aber, dass denen, die Gott lieben, alle Dinge zum Besten dienen, denen, die nach seinem Ratschluss berufen sind"* (Römer 8,28).

In meinem Fall bleibt es spannend, wie Gott mich weiterführt, und ich freue mich sehr darauf, wie sein weiterer Plan für mein Leben aussieht.

Irene Keinert I Jg. 1975 I Witwe I Åsele/Schweden I Kauffrau im Einzelhandel, z. Zt. Light in the north – Bible and Mission Center

ICH BIN DA – Gott

Ich war unterwegs zur Kinderklinik zu einer Art Mini-Vorstellungs-gespräch für einen Job als wissenschaftliche Hilfskraft. Ich war mir sehr unsicher, ob es gut war, dorthin unterwegs zu sein, und wie es überhaupt mit mir weitergehen sollte.

Etwas mehr als zwei Monate zuvor hatte ich mein Medizinstudium beendet und durfte mich seitdem offiziell Ärztin nennen. Das letzte Jahr des Studiums, das sogenannte PJ (Praktisches Jahr), war über-haupt nicht so gewesen, wie ich es mir gewünscht hatte. Ich war da-nach sehr erschöpft – und sehr enttäuscht darüber, wie es in einer Kli-nik so läuft und was das mit mir gemacht hatte. In meinem Kopf hatte ich mir die ärztliche Tätigkeit anders vorgestellt, als ich es dann in der Klinik oft erlebte. Dabei wollte ich so gerne Ärztin sein und dachte auch immer, dass es gut zu mir passe. Aber nun war es so, dass allein die Vorstellung, in einer Klinik arbeiten zu müssen, eher einen Heulkrampf als Freude bei mir auslöste.

Nachdem ich also zunächst planlos zwei Monate zu Hause herum-gesessen hatte, dachte ich: *„Zur Überbrückung (bis es mir besser geht und ich mich doch wieder mit meinem Beruf anfreunden kann) könnte ich mir ja mal irgendeinen kleineren Job suchen."* Eigentlich hatte ich daran gedacht, in einem Kindergarten auszuhelfen, da ich gerne mit Kindern arbeite und mein Plan war, einmal Kinderärztin zu werden …

Eine Freundin, die wusste, dass ich einen kleinen Job suchte, hatte mir ein Angebot einer Bekannten weitergeleitet, die in der Kinderkli-nik eine Studie betreute und zur Unterstützung noch eine wissen-schaftliche Hilfskraft (WiHi) suchte. Spontan hatte ich mich dort ge-meldet und konnte nun direkt am nächsten Tag vorbeikommen, um mich vorzustellen und mir die Arbeit anzuschauen. Aber wollte ich wirklich schon wieder in eine Klinik?

Klar, eine Kinderklinik wäre passend für mich, und ich wäre ja nicht als Ärztin dort, sondern könnte entspannt für Geld ein wenig die For-schung unterstützen und nebenher noch etwas über die medizinische Versorgung von Kindern lernen. In einer zukünftigen Bewerbung würde das sicher besser aussehen als ein Job im Kindergarten oder an der Kasse im Supermarkt. Auf der anderen Seite wäre die beiden letzteren meine Chance, nochmal eine Weile etwas anderes zu sehen und in meinem Kopf Abstand zum „Schreckensort" Klinik zu bekom-men.

Doch nun hatte ich mich auf die Bewerbung in der Kinderklinik ein-gelassen. Die für die Studie zuständige Studentin holte mich vor der Klinik ab und wir begannen, uns über Verschiedenes zu unterhalten. Unter anderem war sie begeistert darüber, dass ich schon Ärztin sei. Das würde dem Team (das bisher nur aus Studierenden bestand) die Arbeit erleichtern, weil ich als approbierte Ärztin den Status habe, dass ich selbstständig Patienten aufklären darf. Oder mit anderen Worten: Ich darf alles selbst unterschreiben.

Sie führte mich in das Zimmer, in dem sich unter anderem der Stütz-punkt für die Studie befand, und ich setzte mich an einen Arbeitsplatz. Da fiel mein Blick auf eine Postkarte, die dort in einer Computertas-tatur steckte. Darauf stand mit großen Buchstaben:

ICH BIN DA.
– GOTT –

Das hat mich in diesem Moment zutiefst berührt. Ich glaubte schon lange Zeit an Gott und redete auch regelmäßig mit ihm – aber nach der letzten Zeit fiel es mir schwer zu vertrauen, dass er einen guten Plan für mein Leben hat, und ich konnte nicht erkennen, wie der aus-sehen sollte. In diesem Moment aber verspürte ich einen tiefen Frie-den, weil ich wusste, dass er da war, und vor allem, dass er mich sieht mit all meinen Unsicherheiten und Zweifeln – er hatte es mir durch diese Karte selbst signalisiert.

Letztendlich hat mich dieses Erlebnis dann auch dazu ermutigt, den WiHi-Job anzunehmen. Und ich bin jetzt dankbar dafür. Manches ist anstrengend, aber es ist ein guter Weg für mich, mich nochmals mit einer (anderen) Klinik auseinanderzusetzen und zu merken, was mich daran stresst, wo aber auch Chancen liegen und ich wachsen kann. Und tatsächlich macht es mir sogar öfters auch Spaß, dort zu sein und viele spannende Fälle mitzubekommen.

Vor ein paar Wochen lernte ich den Oberarzt kennen, dem der Arbeits-platz mit besagter Postkarte gehört, und hatte ein paar Tage später Gelegenheit, mich eine Weile mit ihm zu unterhalten. Dabei habe ich auch die Geschichte von der Postkarte in seiner Tastatur erfahren: Kurz vor Weihnachten war bei einem Kind ein seltenes Syndrom auf-gefallen. Dieses kann in manchen Fällen mit Tumoren im Bauchraum einhergehen, weshalb man standardmäßig immer noch Untersuchun-gen durchführt, um nichts zu übersehen. Bisher hatte besagter Oberarzt in diesem Zusammenhang noch nie einen auffälligen Befund erlebt, darum bestellte er die Familie einen Tag vor Weihnachten nochmals ein, um die Sache mit dem Tumor vom Tisch zu haben, damit die Familie gemeinsam ein schönes Weihnachtsfest feiern könnte.

Sie vertrauen trotz allem Schweren Gott.

Unglücklicherweise fand sich in der Diagnostik aber genau bei diesem Kind dann doch ein solcher Tumor, mit dem niemand gerechnet hatte. Der Plan mit dem entspannten Weihnachten ging also nach hinten los; dementsprechend niedergeschlagen waren alle Beteiligten. Kurz nach Weihnachten hat sich die betroffene Familie dann nochmal gemeldet und dem Oberarzt diese Postkarte geschenkt. Sie vertrauten trotz allem Schweren Gott und waren dankbar für die gute Diagnostik – die jedenfalls dadurch zu einem Zeitpunkt erfolgt war, zu dem potenziell eine Heilung noch möglich war. Seitdem steckt diese Postkarte in der Tastatur, zur Erinnerung an diese Familie, und nun konnte Gott auch mich dadurch berühren.

Anni Stigler | Jg. 1995 | verheiratet | Tübingen | Ärztin

Von der Enge in die Weite.
Aus der Angst in den Mut.

Das Leben als abgelehnter, missbrauchter Mensch ist nicht einfach. Man neigt extrem dazu, sich minderwertig, ängstlich, mutlos, fehlerhaft und als nicht genügend zu empfinden. Ebenso versucht man, es allen recht zu machen, um geliebt und angenommen zu werden. Der Strudel des Eifers, sich Liebe zu verdienen, von Menschen und von Gott, zieht einen immer mehr nach unten. Irgendwann lebt man nicht mehr, man funktioniert nur noch. Wie ein Roboter. Es wird fast unerträglich eng in diesen Bemühungen. Drei Burnouts brachten mich darin ans Ende.

Als ca. 8-Jährige hatte ich eine tiefgreifende Erfahrung mit Gott machen dürfen. Als Kind und als Jugendliche erlebte ich jedoch viel Mobbing und Missbrauch, verbal sowie sexuell. Vielmals geriet ich an die falschen Menschen, in Okkultes und verstrickte mich erneut in missbrauchende Beziehungen. Als junge Frau hatte ich aus Wut und Enttäuschung über mein Leben sogar längere Zeit geplant, Domina zu werden. Doch Gottes Gnade war größer, und ich heiratete stattdessen meinen wunderbaren Mann, wurde Heilerziehungspflegerin, Mutter und später Kindergottesdienstgestalterin und Gemeinde-Mitgründerin.

Mit der Zeit verzettelte ich mich allerdings enorm in unterschiedlichen Aufgaben, religiösem Eifer und „wichtigen Diensten". Alles richtig zu machen und mich darin zu beweisen, war mein Ziel, so sehr, dass ich Ehe und Kinder öfter vernachlässigte. Zu alledem entwickelte ich extreme Ängste vor Männern und eine unnatürliche Scham über mich selbst, die mich quälten.

Meine Malerei rutschte immer mehr ins Okkulte und Negative. Das, was mich seit Kindheit geprägt hatte und belastete, kam nun in meiner Kunst zum Vorschein. Innere Anklagen brachten mich zu Selbstmordgedanken. Eines Tages war ich vollkommen erschöpft und am Ende, und es wurde mir endlich klar, dass ich Hilfe brauchte. Ich war völlig entmutigt. *War Glaube denn immer nur anstrengend?* So wollte ich „den Glauben" nicht weiterleben. Ich verlor damit sozusagen meinen falschen Glauben an Gott. In mir schrie alles nach seiner Wahrheit und Hilfe.

Es gibt so viele Situationen in unserem Leben, die uns prägen, beengen, knechten, niederdrücken oder unnatürliche Angst machen können. Der zusätzliche Kampf im Alltag bringt seine ganz eigenen Herausforderungen mit sich. Und so ging ich durch heftige Depressionen, Bulimie, Anorexie, Ablehnung.

Unsere Gemeinde, die wir mit Freunden gegründet hatten, zerbrach nach sieben Jahren. Das zog mir den Boden unter den Füßen weg. Ich bekam einen Brusttumor und eine halbseitige Gesichtslähmung und zudem einen heftigen Bandscheibenvorfall, durch den ich meinen linken Fuß hinter mir herzog.

Genau in diese haltlose Situation kam erneut Jesus, und viel tiefer als je zuvor. Nach und nach heilte er alles in mir, durch Gebet und innere Prozesse, die Heilung hervorbrachten. Er heilte auch die Bulimie und die Depressionen. Er war so überaus zärtlich, liebevoll und gut zu mir und ließ mir alles zum Besten dienen. So lernte ich von ihm, dass Glaube Vertrauen heißt. Und er begegnete und erschien mir oft auf fantastisch übernatürliche Weise. Immer mehr konnte ich ihm vertrauen. Wem Jesus in seiner Liebe begegnet, der kann ihn einfach nicht mehr leugnen.

Dann machte ich eine Ausbildung zur Seelsorge und merkte, dass ich erstmal selbst Seelsorge in meinen Traumata, Mustern und meiner inneren Zerbrochenheit brauchte. Ich lernte einfach, nur zu sein, ohne Leistung, ohne inneren Druck, mich selbst darin zu umarmen. Neue Perspektiven taten sich auf, umzudenken, zu vergeben, Dankbarkeit zu empfinden und in vielem über mich selbst hinauszuwachsen.

Glaube heißt Vertrauen

Manchmal sind wir in unseren eigenen Mustern, Vorstellungen, zu hohen Erwartungen und Gedankengebäuden gefangen. Jesus und Gottvater heilt unser Herz, wenn wir es wirklich wollen, ihn darum bitten und es zulassen, von seiner Liebe berührt und geheilt zu werden. Er wartet, bis wir dieses negative, falsche Denken aufgeben, uns nach seiner freimachenden Wahrheit richten und sie im Glauben ergreifen. Die himmlische Sichtweise lässt irdische Berge klein aussehen. All diese wunderbaren Verheißungen in der Bibel sind sein Geschenk an uns. Wir dürfen und sollen sie ernst nehmen.

Diesen Heilungsweg meiner Seele durchlief ich in verschiedenen Seelsorgehäusern über einen Zeitraum von mehr als 10 Jahren. Währenddessen wurde bei mir Diabetes diagnostiziert, was mich nochmals etwas runterzog. Doch Jesus half mir auch darin, und ich kämpfte mich wie eine verpuppte Raupe als Schmetterling aus dem engen, dunklen Kokon in das neue Leben. Diese Zeit war schmerzhaft, aber sie hat sich wahrhaftig gelohnt. Ich entfaltete wie ein Schmetterling fantastische, farbige Flügel, die ich nie für möglich gehalten hätte. Ich malte Bilder, formte Figuren, schrieb Gedichte und Geschichten, machte Gotteserfahrungen, wie ich sie mir nie so schön erträumt hatte. Es war ergreifend und schmerzvoll zugleich.

Ich lernte zu leben, im Prozess des Lebens weiter dazuzulernen. In der Dunkelheit leuchtete das Licht der Liebe Gottvaters umso heller in mein verwundetes Herz. Aus jeder Träne und Wunde wurde ein kostbarer Schatz. Zusätzlich wurde ich ein abhängiges Kind bei Gottvater im Schoß. Gleichzeitig wurde ich Braut Jesu. Erwachsen in Hingabe, Mut und gewisser Eigenverantwortung im Vorwärtsgehen. Ich muss dazu sagen, dass ich nicht wirklich der mutige Mensch bin. Im

Gegenteil, meine Seele ist oft ein großer Angsthase gewesen, ungeduldig noch dazu. Angst hielt mich lange gefangen und stahl mir das Leben.

Mut ist, wenn wir Gott mehr zutrauen als uns selbst, denn seine Allmacht ist realer, als wir denken. Angst lässt sich mit Gottvater übernatürlich überwinden, wenn man ihn kennenlernt und es wirklich will. Schließlich machte ich durch den Heiligen Geist eine Entdeckung: Brave Mädchen kommen in den Himmel, mutige und kühne überall hin. Das Leben darf spielerisch mit dem Heiligen Geist erobert werden. Er gibt uns die Freiheit und Leichtigkeit darin, und Fehler sind zum Lernen da. Jesus möchte unsere Gaben und Schätze freilegen, damit sie in diese Welt geboren werden.

Ich lernte: Wer nichts wagt, gewinnt nichts. Gottvater schenkt Fülle und FREIRAUM, damit wir uns entwickeln können. So wie es jeder braucht. Wenn ich nur auf andere höre, brav, angepasst und untergeordnet lebe, werde ich zur Ja-Sagerin und lasse mich von anderen bestimmen, nicht von der Liebe Gottes. Ich kann davon ein Lied singen, weil ich früher wirklich so war. Ich traute mich nichts, ohne andere erst mal zu fragen. Oder ich fragte mich ständig: *„Was würden denn die anderen denken?"* Ich war ein braves Mädchen, das es Gott und Menschen recht machen wollte und sich selbst dabei zum Teil völlig aufgegeben hat. Weil ich gehorsam sein wollte, um zu gefallen. Doch Menschen gehorsam zu sein und Gott gehorsam zu sein sind unterschiedliche Dinge.

Gott will dein Bestes, damit du dich in die Freiheit entwickelst. Menschen wollen dich oft besitzen und bestimmen, je nachdem, wie wir es zulassen. Ja, was lassen wir doch alles zu. Verbiegen uns, um geliebt zu werden ... bis zum Zerbruch. In der Bibel steht: *„Man muss Gott mehr gehorchen als den Menschen"* (Apostelgeschichte 5,29), das hat mir enorm geholfen. Mein Leben im Glauben und Vertrauen begann, als ich aufhörte, anderen zu folgen und nur noch mit Jesus und Gottvater weiterging. Menschenliebe und Menschenworte waren mir nicht mehr wichtiger als Jesu Liebe und seine Worte. So begann ich, mit Jesus und Gottvater meinen Weg zu finden.

Meine Ehe und Familie heilten und alles wuchs wieder zusammen, was vorher fast zerstört worden war. Wunderschöne Augenblicke und Gespräche fanden statt. Ich atmete auf und ließ das neue Leben in mein Herz. Jesus änderte nicht gleich alle schmerzhaften Umstände, aber er änderte mich in den Umständen. Ich entdeckte, zu mir selbst zu stehen und Grenzen für mich und andere zu setzen. An den kleinsten Dingen hatte ich riesige Freude. Dankbarkeit und Mut überfluteten mich in den verrücktesten Momenten. Wege und Türen taten sich auf, die ich früher nie gesehen hätte. Ich malte viele neue Bilder, formte Figuren und schrieb Texte, wodurch ein Trost- und Ermutigungsbuch über meine tiefsten Erlebnisse mit Gottvater entstand.

Katja Vosseler | Jg. 1968 | verheiratet | 2 erwachsene Kinder | Bohlingen am Bodensee | Heilerziehungspflegerin, Künstlerin, Autorin, Kursleiterin, Referentin; in kreativen Auszeiten für Geist und Seele, Lebensberatung und Seelsorge tätig | www.jesuliebe.de, www.ammiel.de

Alles hat seine Zeit …

An einem Sonntag, es war im Jahr 2011, bekamen mein Mann und ich dreimal den gleichen Bibelvers, der uns beide jedes Mal aufhorchen ließ: *„Du sollst nicht sterben, sondern leben und des Herrn Werke verkünden."*

Und zwei Jahre später, im Februar 2013, wurden wir beide wieder daran erinnert! Eine tödliche Krankheit krempelte von heute auf morgen unser Leben um: Krebs. Mein Mann, immer voller Elan und Energie, ein Planer und ein Macher, bekam innerhalb einiger Tage die Diagnose mitgeteilt: Schnell wachsendes, aggressives Sarkom.

Es folgte eine Odyssee von Untersuchungen, Achselzucken der Ärzte, Hoffen und Bangen und dazwischen immer wieder die Zusage: *„Du sollst nicht sterben!"* Doch für Gerd war nun die Zeit gekommen, bei unserem himmlischen Vater weiterzuleben. Ich erinnere mich noch gut an den Spaziergang, als ich Gerd sagte: *„Falls du stirbst und bei Jesus bist, dann werde ich weiter des Herrn Werke verkünden. Und du betest im Himmel für mich."*

Es folgten unsere schwersten und schmerzhaftesten Wochen, mit einem Gefühl der Gewissheit, dass wir uns hier auf Erden bald trennen müssen, aber in der Ewigkeit wiedersehen werden. Am 15.5.2013 starb Gerd. Eigentlich hat er nur die Räume gewechselt, er ist jetzt im Himmelssaal. Und vielleicht betet er nun auch für mich. Einige Tage vor seinem Tod gab er mir noch Anweisungen. Diese beinhalteten Arbeitsweisen, die ihm als Abteilungsleiter wichtig gewesen waren: *„Johanna, komm in die Pötte!"* Und die Worte: Projektplanung – Arbeitsvorbereitung! So war er! Er wollte nichts dem Zufall überlassen. Er war ja ein Planer! Er bereitete bis ins Detail seine eigene Beerdigung vor.

Nachdem meine vier Kinder mit Familien einige Tage nach der Trauerfeier wieder abgereist waren, wurde mir plötzlich bewusst, dass nun alles anders ist und ich jetzt alleine in dem Haus mit vielen leeren Zimmern war. So allmählich registrierte ich meine Situation, und ich zuckte zusammen, als ich auf dem Amt „verwitwet" ankreuzen musste! *„Was geschieht nun? Was soll ich machen? Ist jetzt wirklich das ‚Projekt Auszug' angesagt? Das mit viel Kraft, Zeit und Geld hergestellte Haus mit Grundstück verkaufen? Wo soll ich überhaupt hin?"* Ich kam nicht in die Pötte, hab auch kein Projekt geplant. Ich hab mich am Sofa niedergekniet und mit meinem himmlischen Vater gesprochen! *„Vater im Himmel, was willst du nun mit mir, was soll ich tun? Das Haus ist mir zu groß, aber du weißt, was nun für mich dran ist! Führe du mich, wie du willst. Ich stelle mich dir zur Verfügung! Du hast mich noch nie in meinem Leben verlassen! Danke!"* So ähnlich hab ich mit Gott geredet und wurde dabei ganz ruhig. Ich wusste, er nimmt alles in seine Vaterhand. Mein Papa macht das schon richtig! Ein Trost im Schmerz war auch, dass ich an der Arbeitsstelle Abwechslung hatte und durch die Kollegen wie in einer Familie geborgen war. Und es war Sommeranfang; die Sonne, die Blumen und die schöne Natur taten mir gut und erhellten das Herz und Gemüt.

Mein Papa macht das schon richtig!

Schon nach zwei Monaten kam Gottes Antwort auf mein Gebet, doch das erkannte ich zu diesem Zeitpunkt nicht gleich. Zufällig las ich am schwarzen Brett in der Firma: *Junge Praktikantin sucht Zimmer!* Ich dachte sofort: *„Ich habe doch so viele leere Zimmer übrig. Soll ich mich melden? Na ja, eine fremde junge Frau im Haus, will sie selbst das überhaupt?"* Und ob sie wollte! Sie war so froh und dankbar, endlich ein Zimmer zu bekommen, und auch noch mit Platz für ihr Motorrad!

Mit Jessica kam wieder Leben ins Haus. Hatte Gott schon mein

Gebet erhört? Nach einiger Zeit las ich in der Bibel diese Aussage: „Juble und jauchze, du Kinderlose! Denn du, die du allein bist, wirst mehr Kinder haben als die Frau, die einen Mann hat" (Galater 4,27 HFA).

War nicht ich selbst in dieser Situation? Na ja, zum Jubeln und Jauchzen war mir noch nicht zumute, aber ein Abenteuer „mit mehr Kindern" begann:

Das Haus wurde zu einem „International House" – für Jugendliche und Schüler aus vielen Teilen der Welt, sodass ich dann nach einiger Zeit anfing, alle Gäste zu bitten, mir zur Erinnerung einige Zeilen zu schreiben, was sie auch gerne taten.

Eine Chinesin schrieb mir 4 Seiten – und diese hat sie noch wunderschön verziert.

Ein Afrikaner, ein Studienkollege meines Sohnes, fand gleich zweimal für einige Wochen hier Unterkunft, denn in der Universitätsstadt Freiburg war kein Zimmer zu finden.

Ein Pakistani, ein Doktor der Physik, wohnte vier Monate im Kellerzimmer. Eine Freundin hatte Angst um mich, weil sie von den Medien wusste: Muslime bringen Christen um. Ich beruhigte sie mit den Worten: *„Wenn du schon Angst um mich hast, dann bete für mich, dass Gott mich beschützt."*

Mit allen meinen internationalen Gästen hatte ich eine bereichernde Zeit, und durch das Zusammenleben mit der Jugend bin ich selbst jung geblieben. Wir haben vieles unternommen und das Leben geteilt, wir haben sogar ein schönes chinesisches Frühlingsfest gefeiert. Das war für alle ein Höhepunkt!

Sehr spannend waren für mich die jüngsten Übernachtungsgäste. Sie kamen aus ganz Frankreich mit dem Reisebus an, und ich war

schon voller Erwartung, welche drei Schüler mir zugewiesen würden, die ich auf ihrem ersten Deutschlandaufenthalt „bemuttern" durfte. Jedes der Kinder war ein Original Gottes. Beim Abschied waren sie traurig, dass sie nicht länger hierbleiben durften. Ein Mädchen hatte am ersten Abend Heimweh gehabt, aber das war schnell verflogen.

Gott ist ein kreativer Gott, und er gab mir immer wieder gute Ideen, wie ich die Kinder gewinnen konnte. Kicker spielen – das liebten sie; und einem Jungen habe ich das Dame- und Mühle-Spiel beigebracht. Und mit manchen Kindern schaute ich den Jesus-Film an. Diese Idee kam mir, weil ein französischer Junge immer wieder den Fernseher bedienen wollte. Manche Kinder wurden auf diese Weise zum ersten Mal mit dem Leben und Sterben von Jesus Christus konfrontiert.

Der Herr hat viel Größeres getan, als ich mir je hätte erträumen können. Er hat mich und das Heim für fast 100 junge Menschen gebraucht, um ihnen eine gewisse Zeit eine „Heimat" zu geben.

Alles hat seine Zeit! Ich bin so froh, dass der Herr mir in den ersten Jahren nach dem Tod meines Mannes so viele junge Menschen ins Haus geschickt hat. Leider hat diese Aufgabe 2020 wegen der Einschränkungen der Pandemie ein jähes Ende gefunden.

Doch seit einigen Monaten darf ich einen jungen Peruaner beherbergen, der einen Freiwilligendienst in einem Kinderzentrum absolviert! Ja, Südamerika fehlte noch in meiner „Sammlung". Und meine Spanischkenntnisse sollten wohl auch mal wieder aus der Mottenkiste hervorgekramt werden ... Nicht nur das: Für Manuel, der Halbwaise ist, bin ich seine Mutter – su madre!

Ob die chinesische Sprachschülerin, der afrikanische Student oder der Peruaner – sie alle nennen mich immer noch: Mama! Und für meine eigenen Kinder bin ich sowieso die beste Mama der Welt! Darf ich euch etwas verraten? Ich bin tatsächlich eine geborene „Mutter": Johanna Müller, geb. Mutter.

Ich danke meinem Vater im Himmel, der meine Seele von dem Trennungsschmerz auf seine wunderbare Weise geheilt hat, und der mein Gebet so erhört hat, wie ich es kaum für möglich gehalten hätte.

Ich wollte mit dieser meiner Geschichte sagen, dass das eigene Leben mit dem Tod des Ehepartners nicht aufhört, sondern ganz anders weitergehen kann, wenn man Gott die Regie überlässt.

Ich kenne Frauen, die jahrelang in Trauer verharren, und soviel Wertvolles geht damit verloren! Trauern ist gut, aber es hat alles seine Zeit ...

Johanna Müller I Jg. 1952 I Witwe I Buggingen I Rentnerin, gelernte Industriekauffrau

The Story of my Life

Wenn ich ehrlich bin … überlege ich gerade schon eine ganze Weile, was genau ich überhaupt in dieses Mutmacher-Buch für Frauen schreiben könnte; was mich eigentlich dazu befähigt, dir von „meiner Erfahrung zu erzählen" und mich hier sichtbar zu machen – um dir MUT machen zu dürfen …
… und genau damit beginnt: *The Story of my Life.*

Bereits seit meiner Kindheit hatte ich mir als Mädchen eingeredet und auf emotionaler Ebene auch das Gefühl gehabt, „anders" zu sein: zu quirlig, zu laut, zu wirbelig, zu viele Ideen und immer aus der Reihe tanzend; irgendwie nie ganz bei mir angekommen und ständig auf der Suche nach Veränderung und Neuem in meinem Leben zu sein.

Da war auf der einen Seite diese unbändige, aufgeweckte und quirlige Yasmin und auf der anderen Seite ein Mädchen, welches zur Frau und Mutter wurde, das voller Selbstzweifel und festzementierter Glaubenssätze steckte. Nur hat das von außen nie jemand bemerkt, da ich immer als DIE STARKE Frau wahrgenommen wurde. In Wahrheit war ich innerlich genau das Gegenteil. Eine Frau, die ihren Wert nicht kannte und ständig zu hören bekam, dass ihre lebensfrohe Art doch bestimmt nur aufgespielt und nicht echt sei. Eine Frau, die versuchte, allen zu gefallen, nur sich selbst nicht; mit tiefen Selbstzweifeln, die sich über all die Jahre mehr und mehr manifestierten. Zwar versuchte ich, irgendwie mit eigener Kraft aus dem Gedanken- und Verhaltenskarussell auszubrechen, scheiterte jedoch kläglich.

Da ich es selbst nicht schaffte, mir zu gefallen – was ich damals weder wusste noch verstand – versuchte ich, mir die Bestätigung von außen zu holen. Ständig strebte ich nach Glück, Lob, Anerkennung und Liebe (die ich mir selbst nicht geben und auch von anderen nicht wirklich zulassen konnte), damit irgendwie meine leeren Speicher gefüllt würden. Leider vergeblich.

Aus diesem Denken und Verhalten des Mangels heraus, machte ich so unglaublich viele „Erfahrungen" in meinem Leben, um es nicht Fehler zu nennen, dass ich sie dir im Detail nur bei einer großen Tasse Cappuccino erzählen könnte. Das Ergebnis war jedoch immer – tiefe innere Verletzung. Mir selbst und sehr, sehr vielen lieben Menschen gegenüber.

Im April 2019 kam dann mein ganz persönlicher Breakdown. Ich hatte mich 2015 dazu entschieden, mich scheiden zu lassen – aufgrund der Unzufriedenheit in mir selbst, was ich aber erst Jahre später erkannte. Nach einer Weile des Alleinseins lernte ich über eine Online-plattform einen „netten Mann" kennen und auch lieben. Anfangs schien es die perfekte Patchwork-Familie zu sein. Er zwei Kinder, ich zwei – alle im selben Alter. JACKPOT. So fühlte es sich anfangs an. Nachdem die rosarote Brille der Verliebtheitsphase langsam von der Nase gerutscht war, zeigten sich die ersten Anzeichen, dass dieser Mann eine ernste Krankheit hatte – nämlich Alkoholiker zu sein –, was ich zum damaligen Zeitpunkt aber nicht wahrhaben wollte. Also habe ich es „weggelächelt": *MIR, nein, mir passiert doch sowas nicht! Was sollten denn die anderen über mich denken? Und überhaupt ...*", dachte ich. Tja, leider falsch gedacht.

Nach den ersten Vorfällen, die stark mit Alkohol und dessen Aus-wirkung zu tun hatten, ahnte ich immer und immer wieder, dass etwas nicht stimmte – aber ich wollte es einfach nicht wahrhaben. Gerade jetzt, wo doch meine Kinder und ich unsere Heimat verlassen hatten – für ihn; meine Kinder in eine neue Schule gekommen waren und neue Freunde gefunden hatten; sie mir vertraut hatten, weil ich ihnen sagte, sie könnten es tun, als ich das erste Mal von unserem Umzug erzählte, als ich sie ein weiteres Mal aus ihrem sozialen Umfeld herausriss, für den „Glauben an die große Liebe".

Nachdem ich eineinhalb Jahre mit diesem Mann zusammen war und die Probleme, die Streitereien und auch die Auswirkungen des Streits sich häuften, kam am 9. April 2019,der schlimmste Tag meines Lebens. Im Alkoholrausch fiel dieser Mann aufgrund eines großen Streits über mich her, legte seine Hände an meinen Hals und drohte, mein Leben zu beenden.

Just in diesem Moment stand mein damals 9-jähriger Sohn zur rich-tigen Zeit außen vor der Balkontür und sah, was geschah. Er klopfte an die Scheibe, und das sorgte für den einen unachtsamen Moment, in dem ich den Mann wegstoßen und mich aus dieser Situation losrei-ßen konnte. Ich schnappte mir meine Kinder und verließ das Haus.

Da saß ich nun mit zwei Buben an einem kleinen See, schnaufend, weinend, verzweifelt und beschämt. Vier Kinderaugen schauten mich an und wussten, dass hier gerade etwas ganz gewaltig nicht stimmte. Hinzu kam, dass ich nun mit zwei Kindern in einer für mich fremden Stadt auf mich alleine gestellt war, ohne feste Anstellung, da ich mich gerade erst vor einem Jahr selbstständig gemacht hatte und noch kein Geldfluss sichergestellt war. Offen gesprochen – ich war privat bis zur Kante verschuldet. Woher also noch an das Gute glauben? Wie denn auch? Warum nicht einfach alles hinschmeißen und am liebsten weit weglaufen!?!

Meine Familie und meine Freunde hatten sich wegen meines Den-kens und Verhaltens schon gegen mich gewandt – ja, sogar ich selbst. *„Was für ein „Sch…-Leben!"*, dachte ich für einen kurzen Moment.

Allein zurück im Haus (unter Umständen, die ich hier nicht näher benennen kann und möchte), brachte ich die Buben abends ins Bett und hoffte einfach nur, dass sie friedlich und schnell und vor allem ruhig einschlafen könnten. Denn aus mir musste dieser Schmerz raus. Ich musste schreien, weinen, aufs Kissen einschlagen, was auch immer, Hauptsache raus mit dieser Wut, der Verzweiflung, der Angst und der absoluten Überforderung. So dermaßen geheult habe ich, dass ich mich irgendwann auf dem Boden wiederfand. Ich schlug mit der Faust auf den Boden und sah vor Wut und Tränen nur noch einen ein-zigen Ausweg für mich: Nach Gott zu rufen.

Gerufen, ja geschrien habe ich nach ihm, dass, wenn es den „lieben Gott" wirklich gäbe, er mir bitte JETZT, und zwar sofort JETZT die Hand reichen möge. Nicht erst in 5 Minuten oder in einem Tag – son-dern genau JETZT! Das war für mich die einzig plausible Lösung und der einzige Ausweg, der für mich noch logisch klang.

Aus meinem tiefsten Herzen heraus habe ich Gott gerufen und um Hilfe gebeten, und ob du es mir glaubst oder nicht – er hat geantwor-tet. In genau dieser Sekunde!

Da war kein Licht, kein Engel, der vor mir stand, aber da war dieses „Gefühl" … etwas – oder jemand – ganz tief in mir, der mich vom Bo-den hat aufstehen lassen, mich vor einen Spiegel stellte und mir sagte:

„YASMIN, ich habe dich erschaffen. Du hast ein unaufhaltsames, schöp-ferisches Potential in dir, welches KEIN ANDERER MENSCH auf dieser

Welt in dieser Form von mir bekommen hat. Du bist einzigartig, wertvoll, genug und unendlich tief geliebt.

Geh raus, verändere die Welt! Sprich in die Herzen anderer Menschen und sag ihnen genau das! Dass jeder ein einzigartiges Individuum ist, welches aus meiner göttlichen Hand erschaffen wurde und mit nichts und niemandem zu vergleichen ist.

In jeden von euch habe ich meinen Samen gepflanzt, den es gilt zu pflegen und wachsen zu lassen. Finde und belebe diesen Samen mit der einzig wahren, echten Quelle – dem Wasser des Lebens. Ich bin das Leben: Jesus. "

Warum das alles passieren musste, verstehe ich heute erst, denn ich selbst war zu diesem damaligen Zeitpunkt nicht ehrlich, nicht gut zu anderen und auch nicht wirklich glaubwürdig.

Im Dezember 2019 führte Gott mich über Umwege in eine Freikirche. Das erste Mal spürte ich, wie Menschen frei aus ihrem tiefsten Herzen heraus Gott anbeteten, ihm Lobpreis gaben, und das völlig freiwillig, ohne strenge Verhaltensregeln und den Zwang „beichten zu müssen". Denn das hatte ich ja schon. Ich hatte ihm ja bereits all meinen „Shit" hingeschmissen – mehr zu beichten gab es da nicht mehr.

Am 12. Dezember 2019 haben meine beiden Söhne und ich Jesus freiwillig unser Leben gegeben. Im Februar darauf ließ ich mich in seinem Namen taufen. Seitdem bin ich frei. Innerlich.

Und seit diesem Tag tue ich genau das, was er mir vor dem Spiegel gesagt hat: Ich lebe mein volles Potential, habe daraus mein Unternehmen aus dem Nichts erschaffen; dabei dem Gedanken widerstanden, der mir sagte: *„Du kannst das nicht, du hast doch Kinder."* Meine Antwort lautete immer und immer wieder: *„GERADE WEGEN meiner Kinder kann ich!"*

Seitdem bin ich innerlich frei.

Daher bringe ich diese Botschaft, die mir aufgetragen wurde, für dich, für meine drei Kinder, für meine Familie, meine Freunde und jeden einzelnen weiteren Menschen in die Welt hinaus. Meine Mission und Herzensvision ist es, dass du genau dieses einzigartige Potenzial, diese schöpferische wahre Kraft in dir erkennst und dein eigenes Leben, sowie das deines Umfeldes, nachhaltig und mit voller Liebe aufbaust und diese Power auf dein Business und/oder deine Arbeitsstelle und dein Umfeld überträgst. Dass du lernst, deine Stärken zu stärken, dich von nichts und niemandem, der dir etwas anderes einreden will, aufhalten lässt, sondern rausgehst – mit der EINEN Sache, die dich so besonders macht.

Erinnere dich: Du wirst gebraucht! Weil du etwas BESONDERES bist. Weil ER dich besonders gemacht hat. Aus seiner Hand. Mit all seiner Liebe. Weil du aufhören kannst zu suchen. Lass dich finden! Von ihm. Jesus steht da mit offenen Armen und einem warmen Herzen. Er wartet auf dich, so lange, bis du bereit bist, ihm deine Hand zu reichen. Probier es aus, du hast NICHTS zu verlieren! Du kannst nur gewinnen!

Lerne zu verge-ben!

Das Wichtigste aber ist Eines: *Lerne zu vergeben!* Das ist, was ich bei dieser ganzen Erfahrung gelernt habe: diesem Mann und auch mir selbst zu vergeben. Denn er handelte grundsätzlich nicht aus einer bösen Absicht heraus, sondern weil er getrieben und gesteuert vom Alkohol war. Weil er schlichtweg einfach krank war und hoffentlich nicht mehr ist.

Ich gebe zu, das erste Jahr war ich sehr verletzt und wütend auf ihn – und auf mich. Aber mein Glaube hat mich gelehrt, Vergebung zuzulassen. Heute kann ich sagen: Das ist der Schlüssel zur wahren, inneren Freiheit. Dieses Gefühl der Freiheit wünsche ich dir aus der Tiefe meines Herzens. Für dich. Für Jesus.

Yasmin Da Costa | Jg. 1983 | geschieden | 3 Kinder | Weißenhorn | Unternehmerin, Visionärin, Speakerin | www.yasmindacosta.de, Instagram: yasmindacosta.empower

Mehr als ein Spatzenschwarm

Drrrinnnggg. Es ist Montag, 6 Uhr 15. Mein Wecker klingelt. Ich drücke auf snooze und wünschte mir, ich könnte einfach weiterschlafen. Doch mir ist sehr wohl bewusst, dass mir nach den fünf Minuten keine andere Wahl mehr bleibt, als aufzustehen. Ich versuche meine Augen zu öffnen, weiß aber genau, was dieser Klingelton bedeutet: Eine neue Schulwoche beginnt für mich. Seit September 2019 gehe ich in die 10. Klasse, ins Lycée in Frankreich, das französische Gymnasium. Das bedeutet für mich, dass ich jetzt in einer neuen Schule und in einer neuen Klasse bin, mit neuen Mitschülern, die ich noch nie zuvor gesehen habe. Alle meine alten Freunde sind in einer Parallelklasse. Deshalb ist für mich jeder Tag eine neue Überwindung und Herausforderung. So wie heute.

Denn als ich heute Morgen aufwache, kommt mir nur dieser eine Gedanke in den Sinn: *Ich will nicht!* Wie oft haben meine Eltern diesen Satz wohl schon von mir gehört? Ich weiß es nicht, jedoch werden sie jeden Tag daran erinnert. Es ist leicht zu sagen, dass man keine Lust hat, in den Unterricht zu gehen, doch mit diesem Gefühl von Angst aufzuwachen, ist etwas ganz anderes. Das Gefühl, dass einem flau im Magen ist, kenne ich nur zu gut.

Warum ich mich vor diesem schönen, sonnigen Montag fürchte? Ich habe Angst, während der Schulpause allein zu sein und aufs Handy schauen zu müssen, weil niemand mit mir redet und ich nicht einfach in die Luft starren will. Angst vor Scham, ich frage mich dauernd, was die anderen über mich denken, sei es über meinen Kleidungsstil oder meine Art zu leben, und mache mir daraus ein Bild von mir selbst. Ich vergleiche mich ständig mit meinen Mitschülern: *Kann ich das erreichen, was ich möchte? Schaffe ich das? Bin ich so gut wie die anderen?* Doch nicht nur der Umgang mit meinen Mitschülern bringt mich zum Schwitzen, sondern auch die Fächer der Schule an sich. Vor allem Englisch. Obwohl ich den liebsten Lehrer habe, lässt dieses Fach Zweifel in mir aufkommen.

Und genau heute, am Montag, den 15. Juni 2020, fange ich mit Englisch an. Na super, das ist ja ein guter Start in die Woche. Und dazu habe ich auch noch drei Tests, für die ich versucht habe, alles in meinem Kopf zu speichern.

Im Bus nutze ich die Zeit, um mich vorzubereiten, doch ich bin den Tränen nah, wenn ich mir diesen Tag vorstelle. *Ich kann das nicht. Ich schaffe das nicht.* Wie oft muss ich noch solche Tage erleben, wo ich mir nichts sehnlicher wünsche, als Freunde zu haben, mit denen ich lachen kann und mit denen die Zeit so schnell vergeht? Und trotzdem habe ich heute keine andere Wahl.

Es kommt alles wie erwartet. Während der Pause sitze ich auf der Bank und schaue auf mein Handy. Es ist so, als ob ich mich vor meinen Kameraden verstecken würde, obwohl es keinen richtigen Grund dafür gibt. Ich werde nicht gemobbt, aber es sind einfach keine Freundschaften entstanden, obwohl ich von den anderen auch akzeptiert werden will. Denn ein Tag, den man allein verbringt, kann sehr lang sein.

Stellt euch mal vor, in diesem Moment, den ihr vielleicht auch kennt, wäre jemand bei euch, würde euch unterstützen, euch das Gefühl geben, ihr seid nicht allein. Das hätte ich an diesem Tag gebraucht. Zu wissen, ich brauche keine Angst vor diesem schlimmen Montag zu haben, vor dem Blick meiner Mitschüler oder Lehrer. Aber diese Gewissheit habe ich nicht, denn in meiner Klasse habe ich keine Freunde. Aber ich denke mir trotzdem, dass es irgendeinen Weg geben muss, um aus diesem Loch herauszukommen. Mich frei zu fühlen und nicht in meinen Ängsten gefangen zu sein. Denn könnte ich meine Zeit nicht sinnvoller verbringen als damit, Snapchat-Filter an mir auszuprobieren?

Also habe ich heute Morgen, noch bevor ich in den Bus eingestiegen bin, meine Bibel in meinen Schulranzen gepackt. Die Bibel, die nur zu selten in meine Hände gerät und viel zu oft als Staubfänger auf meinem Regal dient. Mir ist es wichtig, die Zeit, die ich allein bin, auch zu nutzen, denn viel zu oft werfe ich sie einfach weg, und bin, wie gesagt, an meinem Handy, obwohl es mir nichts bringt. Deshalb setze ich mich jetzt, nach dem Mittagessen in der Mensa, auf den Rasen der Schule und schlage meine Bibel auf, mit den Sonnenstrahlen im Gesicht, die mich auch nicht aufmuntern können. Eigentlich will ich mich nur beschäftigen, aber was ich finde, ist viel mehr als nur ein Lückenfüller.

Ich lese das 12. Kapitel des Lukasevangeliums im Neuen Testament. Dort steht *„Darum habt keine Angst! Ihr seid Gott mehr wert als ein ganzer Spatzenschwarm!"* (Vers 7 HFA). In den Versen davor wird erklärt, dass Gott keinen einzigen Spatz vergisst, obwohl er auf dem Handelsmarkt nicht so viel Wert hat. Okay, krass. Wie passend zu meiner Situation! Ich lese den Vers und muss erst mal eine Pause machen und darüber nachdenken. Mir wird in diesem Moment vieles bewusst.

Ich brauche keine Angst zu haben. Jemand, den ich mir doch so sehr wünsche, dass er mich begleitet und meine Angst wegnimmt, den gibt es, das steht in diesem Vers: Gott. Ich hatte Angst, allein zu sein, Angst, nicht gut genug zu sein, aber jetzt merke ich: *Vor wem muss ich mich rechtfertigen?* Mein Wert hängt nicht von meinen Mitschülern ab, ob sie mich akzeptieren oder nichts mit mir zu tun haben wollen. Nein, denn ich bin wertvoll in Gottes Augen.

Das flaue Gefühl, das seit heute Morgen in meinem Bauch war, verwandelt sich in Kribbeln, und meine Gedanken sind nicht bei dem nächsten Test, den ich schreiben muss, sondern ich denke über meine Lage nach. *Kann sich wirklich in einem Moment alles verändern? Meine ganze Wocheneinstellung?* Ja, das ist möglich. Mein Ziel sollte also nicht mehr sein, den Schultag zu überstehen, sondern ihn zu leben und zu genießen.

Alle Sorgen waren unnötig.

Und ich verstehe, dass alle Sorgen, die ich mir gemacht habe, unnötig waren, denn ich bin nicht alleine. Diesen einen Freund, den ich nicht hatte und den ich mir so sehr gewünscht habe, ich habe ihn endlich gefunden. In diesem Moment kann ich nach oben in die Sonnenstrahlen schauen und lächeln, was mir doch vor ein paar Minuten noch so schwer fiel.

Genau an dem Tag, an dem ich es am meisten brauchte, habe ich die Bestätigung bekommen, dass ich nicht bedeutungslos bin. Ich bin gut, so wie ich bin. Gott liebt mich und lässt mich nicht im Stich, auch wenn ich nicht so einen coolen Kleidungsstil habe und nicht die neusten Schuhe trage. Ich verstehe, dass das alles bedeutungslos ist. Was wirklich wertvoll ist, ist zu wissen, dass wir Gott nicht egal sind. Und die Anerkennung anderer ist nichts gegenüber der Anerkennung Gottes, gegenüber dem, was er von uns denkt.

Genau an diesem Montag, vor dem ich solche Angst hatte, und mich schon Tage vorher fragte, wie ich ihn wieder allein überwinden sollte, habe ich also gemerkt, dass ich gar nicht allein bin, und dass ich keine Angst zu haben brauche, denn Gott kann mein allerbester Freund sein.

Und seitdem starte ich mit einer anderen Einstellung in den Tag, mit der Gewissheit: *Ich bin es wert.*

Lea Laffin | Jg. 2004 | ledig | Ménil-Erreux/Normandie/Frankreich | Schülerin

Der Kühlschrank Gottes

Ich sitze im Stuhlkreis bei einer Konferenz. Hinter mir liegen schwere Monate. Ich habe keinen Job mehr und das Ende war schwer und traurig. Ich will meinen Traum der Selbstständigkeit verwirklichen, weiß aber nicht wie. Es liegen auch schwere Monate vor mir, mit meiner schwerkranken Mutter und den finanziellen und beruflichen Unsicherheiten, dem Spagat zwischen Sorge für meine Zukunft und Sorge für meine Eltern.

So richtig weiß ich gar nicht, was ich hier bei dieser Konferenz soll. Ich bin fast aus Versehen hier gelandet, ganz spontan zum Reinschnuppern, ob dies nicht ein Bereich ist, wo ich mich in der Gemeinde einbringen könnte. Die Menschen sind mir fremd und doch nah, wie es eben bei christlichen Konferenzen so ist. Sie alle kommen aus den verschiedensten Gemeinden, sind Pastoren und Gemeindeleiter, kennen sich. Ich nicht. Sie haben ein Ziel oder einen Zweck, warum sie hier sind, oder gar eine Rolle. Ich nicht. Es ist merkwürdig. Irgendwie fühle ich mich wie ein Fremdkörper.

Jesus, was mache ich hier?! Ich fühle mich nicht wohl. *Kann ich nicht einfach gehen?!* Ich sitze ja doch einfach nur alleine rum und kann die einfachsten Fragen, wie: *„Warum bist du hier?"* und: *„Was machst du beruflich?"*, nicht beantworten. Ich kämpfe innerlich mit dem Impuls, einfach zu gehen, zu fliehen und mir einen gechillten Nachmittag in der Sonne auf dem Balkon zu machen, ein Buch zu lesen und mit meinem Kaninchen „Fang die Möhre" zu spielen. Aber mein Verstand und mein Pflichtgefühl sagen: *„Bleib sitzen!"* (Manchmal kann ich mein Pflichtgefühl echt nicht leiden.) *„Gott denkt sich schon was dabei!"* Ja, klar ... denk bitte schneller ... nerv ...

Der nächste Programmteil beginnt: Wie geht es nach Corona weiter in unseren Gemeinden ... Ein paar interessante Gedanken, aber sie haben nicht viel mit mir und meiner Situation zu tun. Wieder frage ich Gott, warum ich hier bin. Dann kommt ein Lobpreisteil und Gebet. Ich merke, ich tue mich schwer, bei Gott anzukommen. Das Unwohlsein hält sich zäh, und ehrlich gesagt bin ich ziemlich genervt. Aber so langsam spüre ich doch Gottes Wirken an meiner Unruhe. Er erinnert mich an einen meiner Lieblingsverse: *„Be still and know that I am God"* (*„Sei still und sei gewiss, ich bin Gott"*, Psalm 46,10).

> Langsam spüre ich Gottes Wirken an meiner Unruhe.

Na gut, Gott, dann mach halt. Hat ja eh keinen Sinn, sich zu wehren. Gott ist ja schon ein ziemlicher Dickkopf (Augenzwinkern). Ich ja gar nicht …

Plötzlich kommt eine Frau auf mich zu. Sie scheint jünger zu sein als ich und ist ein Stück kleiner. Sie lächelt mich an. *„Ich glaube, ich hatte grad ein Bild von Gott für dich."* Ein Prickeln durchströmt mich. Es passiert selten, aber manchmal hat Gott schon so zu mir durch andere gesprochen. Freudige Erwartung keimt in mir auf, denn ich weiß aus Erfahrung, wie gut dieses Sprechen Gottes meiner Seele tut und wieviel Orientierung und Mutmachen darin liegt.

Und sie beginnt zu erzählen. Sie sei Mutter. Sie erzählt ein wenig von ihren Kindern und deren Urvertrauen in manche Dinge. Zum Beispiel auch, dass sie den Kühlschrank aufmachen und da immer etwas Leckeres drin ist. Obwohl sich keiner von ihnen Gedanken macht, wie das wohl da reinkommt, gehen sie mit der Sicherheit an den Kühlschrank, dass er voll ist. Und sie wissen, da finden sie ihren Lieblingsjoghurt, einen Rest von gestern usw. Ich muss schmunzeln. Der Kühlschrank ist in meiner Familie wichtiger als der Fernseher und vermutlich sogar als die Couch. Wahrscheinlich das Möbelstück, auf das wir alle nicht verzichten wollten und das wir als letztes abgeben würden. Witzig irgendwie, dass sie davon spricht … Ich mag sie. Und ich bekomme Appetit auf ein Lachsbrötchen …

„Ich hatte den Eindruck, Gott möchte dir sagen, dass du an seinen Kühlschrank gehen kannst. Er ist immer voll. Er enthält alles, was du brauchst, und auch deine Lieblingsprodukte. Alles ist vorbereitet. Es gibt keinen Mangel. Vertrau ihm einfach! Mach dir keine Gedanken, wie die Sachen da reinkommen. Mach ihn einfach auf und nimm sie raus!"

Bäm! Ich bin sprachlos. Dieses Bild spricht so tief in meine Situation und meine Seele hinein, in die Ängste und Unsicherheiten, in die Hilflosigkeit und Träume … Frisch arbeitslos, gesundheitlich angeschlagen, finanziell am absoluten Minimum, Familienkrise, mit Träumen, die so ewig weit weg scheinen, so unerreichbar … Und in allem so allein und auf mich gestellt. Immer die Starke, an der sich andere anlehnen und die andere umsorgt. Naja, klar, Gott ist immer da; aber sonst so, mit Menschen zum Anfassen … oft zu wenig für meine Seele.

Noch während sie spricht, durchströmt mich ein tiefer Friede. Diese innere Ruhe, wenn man weiß, man ist genau da, wo Gott einen hinhaben wollte. Und mit diesem Frieden und dem Gebet, lernen zu wollen, an Gottes Kühlschrank zu gehen, mache ich mich auf den Heimweg.

5 Monate später – Ich war oft an Gottes Kühlschrank in den letzten Monaten. Er ist einer meiner liebsten Orte geworden, und ich werde fast wöchentlich überrascht, was ich darin alles Neues finde: Eine Flasche mit dem Mut zur Selbstständigkeit – eine Kiste mit Freunden, die mich zur richtigen Weiterbildung weisen oder ein Stück Weg mit mir gehen, mich in den Arm nehmen, ermutigen – eine Box finanzieller Versorgung – eine Packung gelingender Anträge mit einer Prise Geduld und Vertrauenlernen – ein Becher Auftanken mit Freunden in einem wunderschönen Urlaub – ein Schälchen Sparsamkeit an Stellen, die mir nie aufgefallen waren – ein Sack mit körperlicher und seelischer Heilung für mich und meine Familie – ein Netz mit Begegnungen und neuen Beziehungen und Möglichkeiten – eine Tasse Motivation, Energie und Durchhaltevermögen – ein Teller mit ersten Rezeptentwürfen für die Menschen um mich herum …

Mich durchströmt tiefer Friede.

Ich liebe Gottes Frieden. Ja, an manchen Tagen schleicht sich die Sorge ein, wie es wohl weitergeht, weil Dinge langsamer gehen, als die Welt um mich herum es angemessen findet. Und ich denke, ich müsste doch viel mehr tun und in Aktivität verfallen. Ich sehe, was andere tun, und frage mich, ob ich das nicht auch müsste … Doch dann schaue ich auf meinen Kühlschrank und weiß, es ist doch schon alles da. Es ist alles vorbereitet. Gott hält mich und mein Unternehmen in der Hand, mit einem perfekten Zeitplan. Und dieser tiefe Frieden, den nur Gott schenken kann, erfüllt mich. Er hat mich seit dieser Konferenz nicht mehr verlassen. Ich bin da, wo Gott mich haben will: an seinem Kühlschrank. Meinem Lieblingsort, in dem ich so viel Neues, Leckeres und Schönes entdecken kann …

Esther Goral | Jg. 1986 | ledig | Wuppertal und Berlin | Trainerin und Beraterin für Persönlichkeitsentwicklung, gesunde Führung und mutige Jüngerschaft | www.esthergoral.de

Gott handelt – so wie er es für richtig hält

Ich stecke mitten in meinem Freiwilligen Sozialen Jahr. Meine Aufgabe ist es, in verschiedenen Gemeinden in der Jugendarbeit mitzuhelfen; dafür habe ich ein Auto bereitgestellt bekommen. So hatte ich auch an diesem Tag, von dem ich jetzt erzählen möchte, einen Termin am Abend. Vorher wollte ich noch einkaufen gehen. Dafür hatte ich genug Zeit eingeplant, damit ich mich nicht stressen musste.

Gerade wollte ich das Auto starten, als auf einmal verschiedene (mir unbekannte) rote Lichter aufleuchteten, ansonsten blieb alles stumm. Nichts ging, außer den roten Lichtern, auch nach mehreren Versuchen nicht. Natürlich ist das Erste, was man als guter Christ macht, ein kurzes Gebet in den Himmel zu schicken und es nochmal zu versuchen – in diesem Fall erfolglos.

Also rief ich die eine Person an, bei der ich mich mit allen Problemen als Erstes melden kann: meinen Vater. Der beruhigte mich erstmal, dass die roten Lämpchen wahrscheinlich einfach mit einer Fehlfunktion zusammenhingen und sie nicht den tatsächlichen Schaden anzeigten. Da mein Vater aber über drei Stunden Autofahrt entfernt war, konnte er mir nicht wirklich helfen, und mir blieb nichts anderes übrig, als jemanden vor Ort zu fragen.

Also klingelte ich bei meinem Vermieter, der auch Zeit hatte, sich das mal anzuschauen. Er kam zu dem Ergebnis, dass die Batterie wohl leer sei. Da er aber kein Überbrückungskabel und kein passendes Auto hatte, holten wir noch den Nachbarn hinzu. Mit vereinten Kräften bekamen wir den Motor schließlich zum Laufen.

Zum Einkaufen reichte es dann nicht mehr, aber ich kam wenigstens rechtzeitig zu meinem Termin – das Überbrückungskabel im Kofferraum, für den Notfall. Erstaunlicherweise sprang der Motor jedoch für den Rückweg sofort an und ich kam ohne Probleme nach Hause.

Mit meinem Vermieter hatte ich ausgemacht, dass ich mein Auto in seine Garage stellen und die Batterie über Nacht an ein Ladegerät anschließen würde. Allerdings hatte in der Zwischenzeit seine Frau vor der Garage geparkt, ich musste also mein Auto abstellen und sie aus dem Haus rufen. Dumm war nur, dass mein Auto sich mittlerweile wieder dafür entschieden hatte, nichts mehr tun zu wollen.

Wir zwei Frauen schafften zwar nun, mein Auto den Berg etwas runterzurollen, sodass meine Vermieterin ausparken konnte, aber meinen Wagen anschließend die Auffahrt hochzuschieben, erschien uns nun doch zu schwer. Freundlicherweise hielt ein Autofahrer an und half uns. So klappte das mit dem Laden der Batterie doch noch.

Am nächsten Morgen sprang der Motor einwandfrei an und ich parkte am Straßenrand, um die Garage wieder freizumachen. Doch als ich später einkaufen fahren wollte – nichts. Nun musste ich aber endgültig eine Lösung finden.

Da ich im Jahr zuvor, während meiner Fahrschulzeit, ein beitragsfreies Jahr beim ADAC geschenkt bekommen hatte, kam das jetzt zum ersten Mal zum Einsatz. Weil ich bereits am Straßenrand stand, konnte mein Auto nun problemlos abgeschleppt werden und bekam endlich eine neue Batterie – und gut war es.

Gott hatte gewirkt, nur anders.

Warum erzähle ich diese ganze Geschichte? Weil ich etwas daraus gelernt habe. Im Nachhinein fragte ich mich nämlich, warum Gott nicht einfach ein Wunder getan hatte. *Warum hatte er mein Auto nicht einfach wieder fix gemacht? Warum musste das jetzt alles sein?*

Aber auf einmal fiel mir auf, dass immer dann, wenn das Auto nicht angesprungen war, ich die Zeit und die Hilfe gehabt hatte, es wieder zum Laufen zu bringen. Wenn ich aber keine Zeit und keine Hilfe hatte, dann sprang der Motor einfach an. Und auch die Situation mit dem ADAC war perfekt eingefädelt gewesen.

Gott hatte gewirkt, nur eben anders, als ich es mir gewünscht hatte.

Jasmena Totzeck I Jg. 2001 I Single I Studentin

Nichts kann uns von Gottes Liebe trennen – nicht einmal die eigene Geschichte

In letzter Zeit bewegt mich das „Thema Mutter" sehr stark, unter anderem auch, weil meine Mutter 1000 km weit weg wohnt und ich nicht einfach so mal nach ihr schauen kann. Daher telefonieren wir jeden Tag miteinander, das tut gut und ich bin für diese Möglichkeit sehr dankbar! Was eine Mutter bedeutet, wusste ich schon recht früh, auch wenn meine Mutter leider nicht dazu in der Lage war, dafür zu sorgen, dass ich als Kind Geborgenheit, Wärme, Schutz und Führung in meinem Leben erfuhr. Dabei handelt es sich bei einer Mutter-Kind-Beziehung um die engste Verbindung, die ein Mensch je mit einem anderen Menschen haben kann. Aufgrund einer psychischen Erkrankung aber konnte meine Mutter meine Schwester und mich nicht erziehen oder für uns sorgen. Dass sie das nicht konnte, hat sowohl bei ihr als auch bei uns Kindern Wunden hinterlassen. Auf unsere Familienidylle hat sich die Erkrankung meiner Mutter sehr belastend ausgewirkt. Streit, Wut, Zorn und Unversöhnlichkeit prägten unseren Alltag, und uns allen ging es nicht gut dabei. Ich wünschte, ich hätte damals bereits diese Sichtweise gehabt und mehr auf meine Familie zugehen können. Stattdessen haben sowohl ich als auch meine Schwester das Elternhaus viel zu früh verlassen. Danach haben sich meine Eltern getrennt.

Lange Jahre konnte ich keine Gespräche mit meiner Mutter über die Vergangenheit führen. Der Grund dafür war, dass ich nur mich selbst im Blick hatte und meine eigenen Verletzungen gar nicht als Wunden erkannte. Durch Bitterkeit, Unversöhnlichkeit und Sünde kommt so viel Schlechtes in unser Leben ...

Doch im Laufe der Zeit, als ich älter wurde, kam der Tag, an dem ich Gespräche mit meiner Mutter führen konnte. Es hat sich einfach ergeben, ohne dass ich mir das gewünscht hätte. Heute weiß ich, Gott wollte es so. Einiges ist mir nach diesen Gesprächen klar geworden, und es war gut, dass wir uns ausgetauscht haben. Es hat mir eine Verbindung zu ihr ermöglicht, die ich vorher nie zu ihr hatte. Ich konnte sie kennenlernen, und sie auch mich.

Auch wenn wir nach wie vor eine sehr zerrissene Familie sind, habe ich meine Eltern lieb. Ich bin dankbar, dass sie mir das Leben geschenkt haben, und ich weiß, dass sie alles gegeben haben, was sie konnten, damit es mir gut geht.

Welche Rolle Gott in meinem Leben schon damals eingenommen hat, war mir nicht bewusst. Ich war bereits 30 Jahre alt, als ich mir ernsthaft Gedanken über meine „Gottesbeziehung" machte. Bis dahin konnte ich nicht erkennen, wie liebevoll mir Gott zur Seite stehen will. Ich war der Überzeugung, alles selbst lenken zu können. Meiner Meinung nach hatte ICH in allem richtig gehandelt und konnte einige Menschen, die mir über die Liebe zu Jesus berichteten, nicht verstehen. Vielleicht kennt ihr das auch?

Diese Einstellung hat den Teufel mehr als zufriedengestellt, denn Gott möchte, dass wir nach ihm und seinem Willen in unserem Leben fragen.

Irgendwo las ich einmal: *„Halte inne und schau auf dein Leben zurück, was du schon alles geleistet hast – und sei stolz auf dich!"* Nun, erstens gab und gibt es da nichts, auf das ich stolz sein könnte, zweitens denke ich, dass ich nur durch Gottes Gnade dort bin, wo ich bin. Ich kann mir gar nichts darauf einbilden oder gar stolz auf mich selbst sein. Versteht mich bitte nicht falsch, eine gesunde Selbstliebe ist wichtig; aber zu denken, dass ich mir selbst etwas zu verdanken hätte, ist ein gefährlicher Trugschluss.

In Johannes 15,5 sagt Jesus: *„Ich bin der Weinstock, ihr seid die Reben. Wer in mir bleibt und ich in ihm, der bringt viel Frucht; denn ohne mich könnt ihr nichts tun."*

Ich fing an, ehrlich mit Gott zu reden. Ich bat ihn um Verzeihung für meinen Stolz und meine Blindheit. Ich bekannte ihm meine Unfähigkeit, mein Leben selbst zu führen, und bat ihn, dass er mir den Weg zeigt. Meine Sicht auf die Welt und auf mein bisheriges Leben hat sich verändert. Ich habe erkannt, dass ich ohne Gott verloren bin. Er hat mir Türen aufgemacht, die nie jemand schließen kann, und Türen geschlossen, die nie jemand aufmachen kann. Ich bin zwar mit einigen meiner Eigenschaften noch nicht versöhnt und denke, dass Gott da noch einiges mit mir durchmachen muss, bis ich kapiere, was und wie ich handeln soll, dennoch erfüllt mich das Wissen darüber, dass er über mich wacht, mit einem tiefen Frieden. Ich bin mir durchaus bewusst, dass ich es NULL verdient habe und auf seine Gnade mehr als angewiesen bin. Ich weiß, dass schwere Zeiten kommen, die selbst

Ich fing an, ehrlich mit Gott zu reden.

mit seinem Beistand hart werden. Dennoch ist er meine Hoffnung, mein Trost und mein Ziel. Nicht immer schaffe ich es, diese Gelassenheit zu spüren, wie beim Schreiben dieser Zeilen. Ich habe aber erfahren, dass ich mich auf seine Zusagen verlassen kann. Er schickt mir wunderbare Menschen über meinen Lebensweg, die seine Liebe und seine Kraft immer mehr in mir wachsen lassen.

Eine meiner Lieblingsstellen in der Bibel ist Römer 8,38-39: *„Denn ich bin gewiss, dass weder Tod noch Leben, weder Engel noch Mächte noch Gewalten, weder Gegenwärtiges noch Zukünftiges, weder Hohes noch Tiefes noch irgendeine andere Kreatur uns scheiden kann von der Liebe Gottes, die in Christus Jesus ist, unserem Herrn."*

Ich wünsche euch, dass ihr Frieden, Freude und Geborgenheit erfahrt, auch in sehr schweren Zeiten. Dass ihr euch fühlt wie die Jünger, nachdem Jesus Wind und Wellen zum Schweigen gebracht hatte. Das muss ein überwältigendes Gefühl gewesen sein. Ich wünsche euch, dass ihr euch mit euren Eltern versöhnt, dass ihr die Lasten aus der Vergangenheit nicht mehr mit euch herumtragen müsst. Ich wünsche euch SEINE spürbare Gegenwart an jedem Tag eures Lebens!

Hilda Kaufmann I Jg. 1975 I alleinstehend I Bopfingen I Trainerin für Selbstbehauptung

Mein Ende machte ER zum Anfang

Es liegt schon ca. 22 Jahre zurück, doch immer noch habe ich meinen damaligen furchtbaren Zustand real vor Augen. Ich war von meiner über alles geliebten Arbeit und der schönsten Zeit meines Lebens nach Deutschland zurückgekommen ... und doch befand ich mich in einer heftigen Lebenskrise, so dass ich dachte, ich krieg die Kurve nicht mehr, sondern werde aus der Bahn geworfen und lande vor lauter Verzweiflung und Hoffnungslosigkeit irgendwo in der Klapsmühle. Was war passiert?

1988 war ich aufs Missionsfeld nach Papua-Neuguinea gesandt worden und wusste vom ersten Tag an: *„Hier bist du richtig!"* Ich hatte es geschafft, huuuh! Seit meinem Eintritt als Missionsschwester in die Liebenzeller Mission hatte es 13½ Jahre gedauert, bis ich e n d l i c h mein langersehntes Ziel, als Missionarin in weltweiter Ferne zu arbeiten, erreicht hatte. Wow, war das eine Freude, ein ganz neues Lebens- und Seins-Glück: *„Ich habe es geschafft!"*

So legte ich mit frischem Elan, Schwung und Begeisterung los und fühlte mich im Missionarsteam und bei der Arbeit unter den Einheimischen sowie persönlich einfach pudelwohl. Die vielfältigen neuen Aufgabenbereiche motivierten und inspirierten mich, meine natürlichen Gaben und Fähigkeiten in dem süd-ost-asiatischen Kontext kulturgerecht umzusetzen. Ja, sie beflügelten mich und gaben mir immer wieder neuen Antrieb, freudig und engagiert weiterzumachen. Denn es gab natürlich auch Herausforderungen durch das tropische Klima, die fremde Kultur, das andere Wohn- und Arbeitsumfeld, die Umstellung der Ernährung, das Zusammenleben und -arbeiten im Team, meine persönlichen Leistungsanforderungen und die des einheimischen Gemeindeverbandes und der sendenden Missionszentrale etc. Aber all das konnte ich mit großem Eifer, starkem Willensdrang und gewaltiger Anstrengung irgendwie meistern. Hierbei strebte ich sogar noch nach Perfektion. Denn auch dies steckte von Kindesbeinen an in mir drin und lief daher immer – wie automatisch – mit mir mit. Trotz allem habe ich es immer wieder irgendwie geschafft, wenn ich auch manchmal schweren Herzens eingestehen musste, nicht den selbstgesteckten Grad der Perfektion erreicht zu haben.

Im Austausch mit den erfahrenen Missionarinnen und Missionaren, den einheimischen Mitarbeitern und Studenten auf unserer Missionsstation war ich erfreut über jegliche Ermutigung und gute Resonanz, und genau das feuerte mich umso mehr an, mit hochgekrempelten Ärmeln und meinem Tank voller Sprit weiterzumachen. Aber schon nach ca. 8 Jahren spürte ich, dass irgendetwas mit mir nicht stimmte. *Ging mir auf einmal der Sprit aus? Wo blieben mein Taten-drang, meine Begeisterung, meine erkämpften Erfolgserlebnisse?* Dennoch versuchte ich, mit allen Mitteln und den noch verbliebenen Kräften dranzubleiben, wie es nur irgendwie noch ging. Das Wort „aufgeben" gibt es nämlich bis heute nicht in meinem Vokabular. Spontan, stets angetrieben und willensstark, wie ich bin, kämpfte ich mich trotz der zunehmenden Herausforderungen von Malariaerkran-kungen, abnehmendem Elan und Schwung, körperlicher und emotio-naler Schwäche, nachlassendem Antrieb und Freudlosigkeit vorwärts. Das meinte ich zumindest, aber in Wahrheit ging es rückwärts; doch genau das wollte ich nicht wahrhaben und kehrte es daher unter den Teppich.

Also ging's nochmal, nach dem zweiten Reisedienst in der Heimat, raus ins dritte Term. Und hier wurde mir zu guter Letzt noch ein schwerer, lebensgefährlicher Überfall beschert! Zwar fühlte ich mich ausgepowert, erschöpft, kraft- und mutlos, aber ich verdrängte das und dachte: *„Hoffentlich bemerkt das keiner!?"* Pustekuchen: Die Missionare und Einheimischen um mich herum hatten es schon lange gecheckt, aber ich selbst wahrhaftig noch nicht – obwohl ich bald feststellen musste, dass ich nur noch funktionierte, und zwar komplett gefühllos. Die eigene Wahrnehmung, dass ich nun meinem persönli-chen, hohen Anspruchslevel und auch dem der einheimischen Kir-chen- und Missionsleitung nicht mehr entsprechen konnte, stellte mir zunehmend die abgrundtiefe, lebensbedrohliche Katastrophe eines nahe herankommenden, kompletten Zerbruchs meines so hart und mühsam aufgebauten Lebensgebäudes vor Augen. Und genau so kam es dann auch:

Auf Anraten der Missionsleitung musste ich vorzeitig nach Deutsch-land zurückkommen. Ich spürte, wie mir der Boden unter den Füßen weggerissen wurde. Was ich mir mein ganzes Leben lang so leistungs-orientiert und mit hohem Preis aufgebaut hatte, brach vor mir wie ein Kartenhaus zusammen. Ich war verzweifelt, hoffnungslos, depres-siv. Nun checkte ich allmählich, dass ich mich in einem dunklen Tunnel befand, ohne Aussicht auf Licht am Tunnelende. Alles schien mir so sinnlos zu sein. Ich war am Ende. Als mir das Fax des Missionsdirektors in die Hand gedrückt wurde und ich innerlich bibbernd die Zeilen oberflächlich überflog – eben, weil ich gar nicht wissen wollte und doch ahnte, was sie beinhalteten –, hörte ich in meiner Seele: *„Das war's jetzt. Missionsfeld vorbei, alles vorbei!"*

Dann kam nach vielen Monaten auch noch ein Anruf vom Feldleiter mit der Information, dass alle Überseekisten mit meinem Hab und Gut, die ich für meine baldige Wiederausreise im Schuppen auf der Missionsstation schön zurückgestellt hatte, wegen Gefahr eines Befalls durch Kakerlaken zurückgesandt bzw. der Inhalt verteilt und verschenkt werden sollte. Das kam zu diesem ganzen Schmerz des Loslassen-Müssens noch obendrauf: *„Jetzt hat man mir mein wertgeschätztes Missionarinnen-Dasein und meine vielgeliebte Arbeit tatsächlich weggenommen!"* Ich kam mir vor, als würde ein in Land, Sprache und Kultur Neuguineas fest verwurzelter Baum nach 12½ Jahren entwurzelt.

In den darauffolgenden Jahren musste ich drei Kuren durchlaufen. Diese gaben mir zwar Krücken in die Hand, dass ich wieder laufen lernte, sinnbildlich gesprochen, aber die Ärzte und christlichen Therapeuten konnten die Probleme nicht kausal lösen. Ich war so am Ende, und keiner konnte mir wahrhaft helfen … außer EINEM. Und der heißt JESUS. Ich war absolut am Limit, und genau da stand Gott schon da, um mir seine Hand zu reichen und zu sagen: *„Komm doch, ich führe dich hier heraus."* Mein Ende machte er zu einem neuen Anfang – seinem Anfang!

So ließ mir Gott Christen aus verschiedenen Gemeinden und Denominationen über den Weg laufen, die mir halfen, den abgrundtiefen Zustand meines Dilemmas zu erkennen. Durch Predigten und gesunde biblische Lehre lernte ich, dass meine Identität nicht durch mein Missionarin-Sein definiert ist, durch meine überaus guten Leistungen und die damit verbundene Anerkennung, Lob und Wertschätzung seitens der Mitmenschen und Autoritätspersonen, sondern durch die Tatsache, dass CHRISTUS IN MIR durch den Glauben lebt. Das hatte ich in den vielen Jahren Christsein zwar im Verstand kapiert, aber es hatte nicht bis ins Herz runterrutschen können.

Gott stand da, um mir seine Hand zu reichen.

Denn was ich brauchte, war tiefe innere Heilung und Befreiung von Generationssünden, Flüchen, persönlichen Verletzungen, Bindungen, dämonischen Fesseln und Ketten. Alles andere waren zwar gute Ratschläge zur symptomatischen Veränderung meines Verhaltens, Denkens und Lebensstils, die bis heute hilfreich und wertvoll sind, aber eigentlich nur oberflächlich. Die wahre Freude und das herzenstiefe Glück eines von Jesus neu geschenkten SEINS, wurde mir durch die Tatsache geschenkt, die in Lukas 4,18 (NeÜ) beschrieben ist. Hier sagt Jesus über sich:

„(Gott) hat mich gesandt, Armen die gute Botschaft zu bringen und Gefangenen die Freiheit. Ich soll Blinden sagen, dass sie sehen werden und Zerbrochenen, dass sie frei werden von Schuld."

Jesus ist also gekommen, um mir eine gute Nachricht zu bringen: Er will mir ewiges Leben schenken, wenn ich mich an ihn wende und mir von ihm meine Sünden vergeben lasse (Schritt 1), mich von Gefangenschaften zu befreien (Schritt 2), Blinde sehend zu machen (körperliche Heilung & Heilung geistlicher Blindheit, Schritt 3) und gebrochene und zerschlagene Herzen zu heilen (emotionale Heilung, Schritt 4).

Nun, Schritt 1 war mir durch meine Erziehung und Prägung schon wohl vertraut, aber die wahre Bedeutung der Schritte 2, 3 und 4 hatte ich trotz meines jahrzehntelangen Christseins noch nicht erkannt und nicht gewusst.

Auf diesem Weg der vom Heiligen Geist vollmächtig gewirkten Heilung und Befreiung konnte Jesus die tiefen Wurzeln meines falsch verstandenen Denkens und Verhaltens herausziehen. Das hatte mein bisheriges Lebens- und Seins-Prinzip von religiöser Anstrengung, selbst produzierter Kraft und Leistung, Stress, Verstand, Wissen, Perfektion etc. (und sei es noch so christlich und fromm gemeint gewesen) nie, ja, gar nie geschafft und würde es auch nie, nie, ja niemals schaffen! Auch hat Jesus mir inzwischen schon viel Heilung und Wiederherstellung im körperlichen und seelischen Bereich geschenkt.

Jesus schenkte Heilung und Wiederherstellung.

Ich habe mich immer nach MEHR VON JESUS ausgestreckt und gesehnt, obwohl mir viele Christen sagten: *„Du hast doch schon alles."* Ich habe ihn gesucht, und ER HAT MICH GEFUNDEN! LOB UND DANK! Seither hat sich mein Leben um 180 Grad gedreht. Tiefe Lebens- und komplett neue Seins-

Qualität schenkte und schenkt ER mir … und zwar in einem Ausmaß, wie ich es mir in den kühnsten Träumen nicht hätte vorstellen können!

Früher war mir die Missionsarbeit in weiter Ferne und fremder Kultur so wichtig, heute ist es mir egal, wo und wie ich Gott dienen kann. Hauptsache, ER kann mich gebrauchen, um Menschen zu retten. Ich schreibe ihm nicht mehr vor, welches Land, welche Art von Missionsarbeit etc. Ich möchte nur ein reines und nützliches Gefäß für IHN sein, durch das seine unendlich große Liebe und sein klares und frisches, Leben spendendes Wasser hindurchfließen kann.

GOTT IST SO GUT! In dem Moment, als mir die geistlichen Augen geöffnet wurden und ich die vollständige Wahrheit des Evangeliums entdecken konnte, habe ich einen gefühlt 3 Meter hohen Luftsprung gemacht – und das mit derzeit noch bestehenden Hüft- und Kniebeschwerden. Ja, du kannst jetzt ruhig lachen, aber so war und ist das! Wooooow …!! So mega exciting! So stark! Ich hab's, ich hab's gefunden!!! Alle Ehre und inniger Dank gehören allein JESUS!

Gott ist so gut!

Sorry, wenn ich so radikal bin, aber ich muss dir jetzt mal eins sagen: Sei nicht so dumm und schlage dieses Angebot aus. Mach dich auf den Weg! Nur bei Jesus findest du das, was du schon lange suchst: Dein tiefes Lebensglück, wahre Annahme, Anerkennung, Wertschätzung und ein echtes Geliebt-Sein – von IHM, und dann auch von Menschen! Heute kann ich auf alles verzichten, wenn es sein muss. Hauptsache, meine Beziehung zu/mit Jesus ist intakt und wird gepflegt. Glaub mir's: JESUS wird dein bestes und schönstes Abenteuer deines Lebens werden, wenn du dich drauf einlässt!

Magdalena Zierold | Jg. 1954 | ledig | Krankenschwester

Die kleine Blume

Es ist kurz vor Weihnachten 2021. Der Wind pfeift mir kalt um die Ohren, als ich durch die Straßen eile. Auf einigen Bäumen sitzen Klimaaktivisten mit großen Plakaten und ereifern sich für die Rettung des Klimas und der Umwelt. Vor dem Eingang eines Ladens in der Nähe prangt ein großes Schild: „ALARMSTUFE!! Zutritt nur für Geimpfte und Genesene!" Im Hintergrund läuft leise das Lied „Stille Nacht" und beschallt die Straße. Ich merke, wie sich wieder einmal eine kalte Hand der Angst um mein Herz schließen will. *„In was für Zeiten leben wir?! Was kommt noch alles auf uns zu ...?"* Dieses Gefühl ist mir inzwischen gut bekannt.

Im Winter vor einem Jahr waren Angst, Mutlosigkeit und Hoffnungslosigkeit meine ständigen Begleiter gewesen. Solange ich bei der Arbeit war, konnte ich diese Dunkelheit meistens verdrängen. Ich war umgeben von einem lieben Team und arbeitete mit anderen Menschen zusammen. Aber sobald ich nach Hause kam, wurde mein Herz schwer, und es erschien mir alles dunkel und hoffnungslos. Die Abende, die ich normalerweise mit Freunden im Sport verbrachte, waren aufgrund der damals geltenden Maßnahmen nicht erlaubt – und ich fand mich regelmäßig mit mir allein auf dem Sofa wieder. Zu müde, um noch vor der Ausgangssperre eine Freundin einzuladen, der Abend aber noch zu früh, um schon schlafen gehen zu können.

Ich haderte mit Gott. *Wie konnte er es zulassen, dass ich Abend für Abend so einsam war, allein mit meinen Sorgen und Ängsten?! Warum machte er dem ganzen kein Ende – wie auch immer?* Der Winter war lang und ich weinte viele Tränen in meine Sofakissen.

Irgendwann, es war wohl Ende Februar / Anfang März, ging ich wieder mal mit meiner Schwester im Wald spazieren und klagte, wie schon so oft, darüber, dass es mir so schlecht ginge und ich mich von Gott und der Welt so verlassen fühlte. Die Wege waren matschig und alles um uns herum war kahl und farblos – passend zu meinem Herzenszustand. Da unterbrach meine Schwester mich plötzlich und richtete meine Aufmerksamkeit auf eine kleine, blühende Blume mitten im kargen und steinigen Matsch.

„Die ist extra für dich, Dorina", sagte sie, *„Gott sieht dich und will dir wieder Hoffnung und Trost schenken. Du bist ihm nicht gleichgültig!"*

Am Tag zuvor hatte ich noch einen Bibeltext aus Jesaja 35 gelesen, wo es in den Versen 6 und 7 heißt: *„...denn es werden Wasser in der*

Wüste entspringen und Ströme im dürren Land. Und wo es zuvor trocken gewesen ist, sollen Teiche entstehen, und wo es dürre gewesen ist, sollen Wasserquellen sein."

Diese kleine Blume inmitten von Matsch war für mich wirklich ein kleines Wunder, ein liebevoller Fingerzeig Gottes, mit dem er mir sagte: *„Schau hin, mitten in deiner Dunkelheit und inneren Leere bin ich da und sorge für dich. Ich mache es in deinem Herzen wieder hell – vertraue mir! Ich lasse dich NIE allein!"*

Es war zwar noch ein längerer, steiniger Weg, um aus dem Gewirr von Selbstmitleid, Angst und Mutlosigkeit wieder herauszukommen, aber dieser kleine Vorbote für den Frühling mitten im Wintergrau half mir, wieder zurück in die vertrauensvolle Beziehung mit Gott zu gehen.

Gott spricht: Ich lasse dich nie allein!

Auch jetzt noch möchten mich immer wieder Angst und Sorgen überfallen und mich mutlos machen, wie anfangs beschrieben. Aber ich weiß wieder ganz neu, dass GOTT größer ist als alles, was mir den Mut rauben will. ER ist IMMER da, lässt uns niemals allein und möchte uns seinen Frieden schenken – Frieden, den die Welt nicht geben kann.

„Das ist mir lieb, dass der HERR meine Stimme und mein Flehen hört; dass er sein Ohr zu mir geneigt; darum will ich mein Leben lang ihn anrufen. (…) Der HERR ist gnädig und gerecht, und unser Gott ist voller Erbarmen. Der HERR behütet die Hilflosen; ich war ganz elend, aber er half mir. Kehre wieder, meine Seele, zu deiner Ruhe; denn der HERR hat dir wohlgetan!" (Psalm 116,1-2 & 5-7)

Dr. med. Dorina Windecker I Jg. 1987 I ledig I Wilhelmsdorf I Kinderärztin

Die beste Entscheidung

Im Jahr 1963 wurde ich als Wunschkind meiner noch sehr jungen Eltern geboren. Mein Vater, ein leidenschaftlicher und guter Fußballspieler, wünschte sich allerdings sehnsüchtig einen Sohn. Da man seinerzeit das Geschlecht bei den Vorsorgeuntersuchungen nicht erkennen konnte und Väter bei den Geburten noch nicht anwesend waren, wollte mein Vater es zunächst nicht glauben, als man ihm mitteilte, seine Tochter Heike sei zur Welt gekommen. Hatten ihm doch vorher einige Bekannte erzählt, dass meine Mutter, bei ihrem blendenden Aussehen während der Schwangerschaft, bestimmt einen Sohn bekäme.

Mit dem Fußballspieler wurde es jetzt nichts, da man in meiner Kindheit als Mädchen kein Fußball spielte. Wenn ich schon kein Sohn geworden war, so sollte ich doch wenigstens ein wohlerzogenes, perfektes Mädchen werden. Ich war noch im Kindergartenalter, als ich bereits für Familienfeiern lange Gedichte auswendig lernte und diese auf dem Stuhl stehend vortrug, damit mich jeder sehen konnte.

Ich wurde sehr streng erzogen, und wenn etwas nicht so gut klappte, wie z. B. ein Knicks bei der Begrüßung von Erwachsenen, bekam es der Nikolaus mit, und es wurde in seinem schwarzen Buch aufgeschrieben. Lange Zeit wurde mir immer mit dem Nikolaus gedroht und ich hatte schreckliche Angst vor ihm. Ich erinnere mich noch sehr genau daran, als er eines Tages in der Wohnung meiner Großeltern auftauchte und sowohl aus dem schwarzen, als auch aus dem goldenen Buch vorlas. Damals wusste ich nicht, dass es eigentlich mein Vater war, der sich nur verkleidet hatte. Als man mir später, als ich älter war, erzählte, dass der Nikolaus von meinem Vater gespielt worden war, konnte ich es zunächst nicht glauben, und die Angst blieb in meinem Herzen.

Der Glaube an Gott war mir wichtig.

Als kleines Kind glaubte ich schon an Gott. Ich kannte alle biblischen Geschichten von meiner Mutter und auch aus dem Kindergottesdienst, den ich regelmäßig besuchte. Ich betete jeden Tag und hatte einen kindlichen Glauben, der mir bis heute erhalten geblieben ist. Der Glaube an Gott war mir schon damals sehr wichtig. Als eine Cousine meiner Mutter heiratete, streute ich bei der Hochzeit Blumen. Eine Frage an die Braut brannte mir aber auf dem Herzen, und so sagte ich, als damals Fünfjährige, zu ihr: *„Du bist ja eine hübsche Braut, aber kannst du auch beten?"*

Leider hatte ich ein falsches Gottesbild. Ich sah Gott als einen Mann auf dem Thron, der die Menschen auf der Erde bis zu ihrem Tod beobachtet und alles in einem Buch notiert. Genauso, wie es der Nikolaus damals getan hatte. Nach dem Tod würde dann in einer Art Gerichtsprozess, mit Gott als Richter, entschieden werden, ob die guten Taten ausreichten und man die Ewigkeit bei IHM verbringen könne, oder ob man für immer verloren war. So versuchte ich noch mehr, alles richtig zu machen, denn ich wusste ja vom Nikolaus schon, dass alles gesehen wurde. Dadurch entwickelte ich mich zu einem sehr schüchternen, ängstlichen und unsicheren Mädchen, mit dem Gefühl im Herzen, nicht gut genug zu sein.

Als ich dreizehn Jahre alt war, kurz nach meiner Konfirmation, wurde ich zum ersten Mal mit dem Thema Tod in meiner Familie konfrontiert. Als ich mittags aus der Schule kam, war mein geliebter Opa, den ich morgens noch gesehen hatte, an einem Herzinfarkt gestorben. Ich war sehr verzweifelt und rechnete mir aus, wie lange ich wohl noch auf der Erde ohne ihn weiterleben müsste, bis ich ihn wiedersehen könnte.

Dann kamen meine Teenagerjahre und ich entwickelte mich zu einer Rebellin. Ich wusste nun, dass ich sowieso nicht perfekt genug war, und jetzt wollte ich einfach nur machen, was ich wollte. Das hatte zur Folge, dass auch meine Eltern mich nicht mehr unter Kontrolle hatten und ich ihnen und mir selbst das Leben sehr schwer machte, indem ich viele falsche Entscheidungen traf. Es ist allein unserem liebenden Papa im Himmel zu verdanken, dass ER immer seine schützende Hand über mich hielt.

So vergingen die Jahre und ich lebte mein Leben. In meinem Inneren spürte ich deutlich, dass mir etwas fehlte, aber ich wusste nicht, was es war. Ich suchte hier und da, aber ich fand es nicht.

Dann kam der Tag, an dem mir eine Bekannte erzählte, dass sie Christin geworden sei. Zunächst schaute ich sie ungläubig an, sie hatte mir nie erzählt, dass sie zuvor Muslimin oder Buddhistin gewesen sei. Als sie mir von Jesus erzählte und wie sie IHN erlebte, wurde mir schlagartig klar, dass es genau das war, was ich mein ganzes Leben lang gesucht hatte. Es war so, als wenn eine Münze im Automaten festgesteckt hätte, und nun war der Groschen sprichwörtlich gefallen.

Bei einem überkonfessionellen Gottesdienst, von dem meine Bekannte zuvor berichtet hatte, vertraute ich Jesus mein Leben an. Ich lernte IHN von einer ganz anderen Seite kennen. Ich erlebte, dass man hier auf Erden bereits eine lebendige Beziehung zu Jesus haben kann und dass ER stets an unserer Seite ist, wenn wir IHN in unser Herz aufnehmen. Ich lernte, dass ich nicht perfekt sein kann, weil nur einer perfekt ist, und das ist Jesus. Seitdem habe ich nicht mehr den Anspruch, jedem Menschen gefallen zu wollen. Ich möchte in erster Linie Gott gefallen und nicht den Menschen. Ich weiß auch, dass ER bereits den vollen Preis für mich am Kreuz bezahlt hat und ich nicht durch meine eigene Leistung, sondern durch SEINE Gnade die Ewigkeit mit IHM verbringen darf.

Nach meiner Entscheidung für Jesus folgten schwere Jahre, da ich zum Teil die Konsequenzen aus meinen Fehlentscheidungen zu tragen hatte. Allerdings musste ich die Last nicht alleine tragen, weil Jesus mich durch diese schwere Zeit getragen hat. Ohne IHN hätte ich es nicht geschafft. Mein Konfirmationsspruch aus Römer 8,28, hat sich bewahrheitet: *„Wir wissen, dass denen, die Gott lieben, alle Dinge zum Besten dienen."*

ER hat mein Leben wieder schön gemacht, und ich möchte allen Menschen sagen, es gibt eine lebendige Beziehung zu Jesus, schon hier und jetzt und nicht erst nach unserem irdischen Tod.

Seit einigen Jahren bin ich Teil eines Teams von *Christen im Beruf*. Wir gründeten ein neues Chapter in Ahlen. Unser erster Sprecher war Baptist Deuber. Meine Eltern, die auch immer an Gott geglaubt hatten, kamen in der ersten Veranstaltung bei Baptists Aufruf Hand in Hand nach vorne gelaufen und nahmen ebenfalls ganz bewusst Jesus in ihr Herz auf. Ab dann lebten sie eine lebendige Beziehung mit unserem Herrn Jesus. Meine Eltern, die mich während meiner sehr schweren Jahre immer unterstützt und zu mir gestanden haben, sind jetzt bereits bei Jesus. Ich vermisse sie sehr, aber ich weiß ganz sicher, sie sind dort, wo wir uns eines Tages wiedersehen.

Heike Neuer | Jg. 1963 | verheiratet | Beckum | Personalsachbearbeiterin

Deine MutMachPerlen

Du
bist ein-
zigartig!

Gott
sagt zu dir:
sehr gut!

Schon
vor deiner
Geburt hat
Gott dich ge-
kannt.

Du
bist
begabt!

Du
bist nach
Gottes Bild
geschaffen.

Du
bist
wertvoll!

Du bist
wundervoll
gemacht!

Gott
hat dich
befähigt!

Du
bist ge-
liebt!

Du bist
Kind eines
liebevollen
Vaters

Gott hat
dich bei dei-
nem Namen
gerufen.

Gott
hat dich
reich be-
schenkt!

Liebe Perle,

die letzte Geschichte ist gelesen. Wie ist es dir ergangen? Jede Erzählung ist einzigartig. Eine Perle reiht sich an die andere. Hast du die Handschrift des Schöpfers dabei gespürt, die sich wie der Faden einer Perlenkette durch das Buch hindurchzieht?

Auch du kannst ein Teil von Gottes „Perlenkette" werden.

Du denkst dir vielleicht: „Ich bin für Gott nicht gut genug, ich habe viel zu viele Fehler, außerdem habe ich innerlich noch so viele Fragezeichen, ich hadere mit Gott ..."

Wir können dich beruhigen: Es gibt keinen Menschen ohne Fragen an Gott. Und Fehler hat jeder. Auf der anderen Seite glauben wir Christen daran, dass es einen vollkommenen Gott gibt.

Jetzt gibt es da nur ein Problem: Unsere Fehler trennen uns von Gott. Doch Gott ist aus Liebe zu uns selbst Mensch geworden: in der Person von Jesus, dem einzigen Menschen ohne Fehler.

Jesus hat sich aus Liebe zu dir ans Kreuz schlagen lassen. Er opferte sich für dich. Durch seinen Tod – eben gerade deshalb, weil Jesus fehlerlos war – konnte er für deine Fehler bezahlen.

Jesus Christus hat durch seinen Tod für dich den Weg zu Gott wieder freigemacht, die Beziehung wiederhergestellt. Es gibt keinen Graben mehr zwischen uns und Gott. Das Kreuz ist zu einer Brücke geworden.

Jetzt hast du die freie Entscheidung, ob du diese „Brücke" zu Gott hinüberlaufen möchtest, ob du diese Beziehung auch von deiner Seite aus eingehen möchtest. Denn von Gottes Seite aus steht das Angebot schon längst.

Möchtest du an einen Gott glauben, der nicht irgendwo hoch oben im Himmel sitzt, sondern der sich einen Platz in deinem Herzen wünscht, der dir nahekommen möchte?

Dann öffne innerlich dein Herz und sage Gott Folgendes, wenn möglich mit akustisch hörbarer Stimme:

Gott, ich bin auf der Suche nach einem erfüllten Leben.
Danke, dass du mich liebst.
Es tut mir leid, dass mir anderes im Leben oft wichtiger war als du.
Bitte vergib mir meine Fehler (Hier kannst du Sachen aufzählen, die dir gerade spontan einfallen). *Es tut mir wirklich leid!*

*Jesus Christus, danke, dass du dich für meine Schuld am Kreuz
geopfert hast.
Danke, dass der Weg zu dir frei ist, ich laufe jetzt in deine Arme.
Danke für deine bedingungslose Liebe.
Befreie, heile und verändere mich so, wie du es schon immer geplant hast.
Ich löse mich von allem, was mit einem Leben mit dir nicht mehr
vereinbar ist. Danke für diese neue Freiheit.
Ich empfange jetzt deinen Heiligen Geist
(wenn du möchtest, öffne deine Hände).
Sei du allein ab heute die Kraftquelle meines Lebens.
Ich vertraue dir. Amen (So sei es).*

Jetzt hast du eine wichtige Entscheidung getroffen, die einiges in deinem Leben verändert: *„Wenn jemand zu (Jesus) Christus gehört, ist er
eine neue Schöpfung. Das Alte ist vergangen; etwas ganz Neues hat
begonnen!"* (2. Korinther 5,17 NGÜ).

Alle deine Fehler aus der Vergangenheit gibt es nicht mehr. Du
kannst jetzt wieder bei „Null" starten! Sei gespannt, denn das Leben
mit Gott ist ein wirkliches Abenteuer. Jesus freut sich riesig auf die
Gemeinschaft mit dir.

So vieles im Alltag will dich ablenken, aber bleib dran an Jesus, rede
mit ihm wie mit einem guten Freund. Lies in der Bibel. Fange am besten
beim Lukasevangelium an.

Auch das Zusammensein mit anderen Christen ist wichtig, um deinen
Glauben mit anderen gemeinsam zu (er)leben und noch mehr über
Gott zu erfahren.

Und nicht zuletzt: Erzähle auch denjenigen von Gott, die noch keine
Ahnung von ihm haben! Sag ihnen weiter, was du selbst schon mit
ihm erlebt hast und warum er dein Mutmacher ist.

Schreib uns gerne, wenn du Fragen hast oder Hilfe benötigst.
Ganz besonders freuen wir uns auch über ein Statement zum Buch.
Kontaktmöglichkeiten siehe nächste Seite.

Gott segne dich!

Deine Claudia Bolanz und Rainer Zilly

Die Herausgeberin

Claudia Bolanz

(Ehe-)Frau | Mama von zwei WUNDERvollen Kids |
Lehrerin | Individualpsychologische Beraterin

Begeistert von Gott | Gemeindegründerin
leidenschaftlich – geliebt – aktiv – motiviert

Vorträge | Projekte

Kontakt:
demnächst bald wieder irgendwo in Deutschland
claudia.bolanz@gmx.net
www.facebook.com/claudia.hn.3
www.instagram.com/claudiabolanz/

Der Herausgeber

Rainer Zilly

Grafik-Designer | Menschen-Ermutiger | Illustrati-
ons-Artist | Cartoon-Zeichner | Sympathiefiguren-
Entwickler | Worte-Schieber | Ideen-Spinner | Ge-
schichten-Sammler | Gott-Liebhaber ...

Für Firmen | Institutionen | Vereine | Tourismus |
Städte | Kommunen | u.v.m.

Kontakt:
Kreativ-Agentur Zilly | Hans-Thoma-Str. 54 |
D-75196 Remchingen | 07232 372020 |
rainer@kreativ-agentur-zilly.de |
www.kreativ-agentur-zilly.de
www.facebook.com/rainer.zilly
www.instagram.com/rainerzilly/

Schatzkarte der Emotionen

Ein Werkzeug für Coaching und Beratung. Die „Schatzkarte der Emotionen" beinhaltet mehr als 120 Ausdrücke und bildhafte Darstellungen zu unserem Gemütszustand. Endlich finden Kinder sowie Erwachsene Worte und Bilder zu unbeschreiblichen Gefühlen.
Die Schatzkarte ist vielfach in Gruppen, Familien und bei Beratungen aller Art einzusetzen. Sie hilft Dinge auf den Punkt zu bringen, Ziele zu bestimmen und Wege zu definieren.

Din A4, z.B. als Handout für Teilnehmer
Din A0 (Papier oder LKW-Plane), ideal zum Gesprächseinstieg für Diskussionen und Austausch, für Gruppen, Firmen, Vereine...

Infos und Bestellung:
www.kreativ-agentur-zilly.de, ganz unten auf der Startseite

Michael Stahl
Rainer Zilly

KREUZ.
WORT.
RÄTSEL.

Titel Begleitheft

Rückseite Begleitheft

KREUZ.
WORT.
RÄTSEL.

Das Wort vom oder über das Kreuz ist den meisten Menschen ein Rätsel.

Wir wünschen uns, dass beim Betrachten des besonderen Kreuzes – beim Fühlen der Ecken und Kanten – und beim Lesen des Begleiheftes – mit wertvollen Geschichten und Erklärungen – viele mit Gottes Hilfe ihre persönlichen Antworten auf offene Lebensfragen finden mögen.

Die (Geschenk-)Idee für alle, die Freiheit suchen, Vergebung brauchen, Mut verbreiten, Freude vermehren, Frieden stiften, Liebe schenken, Ruhe finden.

Ideal für Schulen, Kindergärten, Hospize, Gefängnisse, Beratungsstellen, Gemeinden, Firmen ... überall dorthin, wo Menschen Freiheit finden wollen.

Holzkreuz plus Begleitheft

Holzkreuz (Höhe 19,6 cm, Stärke 8 mm, Pappelholz)
Begleitheft (21 x 21 cm, 16 S., farbig, hochwertig)
komplett nur 12 Euro, Mengenrabatt möglich!
Bestellung: info@protactics-shop.de

Weitere Produkte von GloryWorld-Medien
„Himmlische Bücher für die Erde"

Erica Willis, Kühn glauben

Wie einfaches, zuversichtliches Gebet das Übernatür-
liche freisetzt; 216 S., Paperback

Lange Zeit dachte Erica Willis, die ganzen übernatür-
lichen Erfahrungen, wie Prophetie, Heilung, Wunder
usw., seien nur etwas für „Superchristen".
Bis Gott ihr einen Weg zeigte, wie sie trotz ihres
Eingespanntseins in Familie, Beruf und Gemeinde
ihre Beziehung zu ihm so vertiefen konnte, dass
diese Erfahrungen ganz natürlich zu einem Teil ihres
Lebens wurden.
In diesem Buch erzählt sie auf kurzweilige Art ihre
Geschichte und Erlebnisse. Entstanden ist eine prak-
tische Anleitung für alle, die sich nach einer tieferen
Beziehung zum Heiligen Geist sehnen.

Ruthmarie Moldenauer, Weites Land

Den Weg des Vertrauens gehen; 168 S., Pb.

„Lebe von ganzem Herzen ...", waren die Worte,
die Ruthmarie Moldenhauer eines Morgens von Gott
hörte. Die Folge: Echte Begegnung mit Gott, mit seiner Liebe und Güte, die sie veränderte und immer
besser seine Stimme hören ließ.
Gott eröffnete ihr ein „Weites Land", und trotz vieler Höhen und Tiefen durfte sie erfahren: Gott ist
immer gut! Eine starke Ermutigung, unsere eigene
Reise ins „Weite Land Gottes" anzutreten.

Dr. Charity Virkler-Kayembe / Dr. Mark Virkler
Höre Gott durch deine Träume

Gottes Reden in der Nacht verstehen; 288 S., Pb.

In der Bibel finden wir sehr viele Beispiele für Gottes
Reden durch Träume. Auch heute möchte er uns
durch Träume wichtige Botschaften zukommen lassen. Doch beachten wir sie oft wenig oder wissen
nicht, wie sie zu deuten sind.
Diesem Missstand möchte dieses Buches abhelfen.
Die Autoren haben sehr viele Erfahrungen im Umgang mit Gottes Reden gesammelt. Das Buch ist ein
praktischer, leicht verständlicher und biblischer Leit-
faden, um die Sprache zu verstehen, die Gott in unseren Träumen benutzt.

Michele Perry, Liebe hat ein Gesicht

Abenteuer mit Jesus im Krisengebiet des Sudan – auf einem Bein!; Vorwort von Heidi Baker; 220 S., Pb.

Ohne linke Hüfte und linkes Bein geboren, ist es für Michele Perry „normal", das Unmögliche zu erleben. Als Gott ihr den Auftrag gab, in den vom Krieg verwüsteten südlichen Sudan zu gehen und dort ein Waisenhaus zu eröffnen, hielten sie alle für verrückt. Aber sie erlebte Gottes Treue wie nie zuvor: Er führte sie in einen entspannten Lebensstil des Geliebtseins hinein, in dem alles möglich wird und Wunder zum Alltag gehören, ob es um seelische oder körperliche Krankheiten, mangelnde Ressourcen, Bedrohungen durch Kriminelle oder ihre eigenen Unzulänglichkeiten geht.

Mirjam Fischer, Lebe in deiner Bestimmung

Entdecke, was Gott in dich hineingelegt hat; 104 S., Pb.

Dieses Buch möchte dir helfen, deine Einzigartigkeit und den damit verbundenen ganz persönlichen Auftrag von Gott zu erkennen und anzunehmen. Es wird dir eine Hilfe sein auf dem Weg, deine Bestimmung zu erreichen.

Anhand bekannter Personen aus der Bibel wie Petrus, David oder Mose lernst du, wie Gott Menschen beruft und führt. Du lernst auch, Hindernisse wie Lebenslügen, Zweifel oder Entmutigung zu überwinden und deinen tiefsten Herzenswünschen zu folgen.

Ja, du hast eine wunderbare Bestimmung. Gott hat alles in dich hineingelegt, was es braucht, dieses Ziel zu erreichen. Er steht dir zur Seite und wohnt mit seinem Heiligen Geist in dir. Lass dich nicht länger aufhalten, ihm zu folgen.

Mirjam Fischer, Freiheit statt Scham

Wie unentdeckte Scham uns ausbremst, und wie wir davon frei werden; 104 Seiten, Paperback

Wie ein Splitter unter der Haut kann uns diese Scham eine Menge Probleme bereiten. Wir vergleichen uns z. B. mit anderen, versuchen, uns gewissen Normen anzupassen – auch in der Gemeinde – und verbiegen dabei unsere eigene, einzigartige Persönlichkeit.

Mirjam Fischer hat das selbst erlebt. Sie beschreibt, wie Gott sie aus diesen – oft versteckten – Fallen der Scham herausgeführt hat. Und sie leitet uns an, wie auch wir mit Gottes Hilfe frei von Scham werden können.

Du bist es wert, dass du die volle Freiheit erlangst und erfassen kannst, um darin zu leben und das auf dieser Erde das zu tun, wozu Gott dich gemacht und berufen hat.

Barry & Lori Byrne, Liebe in der Ehe

Eine tiefere geistliche, emotionale und körperliche Einheit erleben;
Vorwort von Bill Johnson; 334 S., Klappenbroschur

Gott möchte, dass die Ehe ein Ort echter Liebe und Vertrautheit ist. Dafür brauchen wir die Hilfe des Heiligen Geistes. Mit ihm können wir die Ursachen unserer Konflikte erkennen und überwinden. Unsere Ehe kann Heilung und Wiederherstellung erfahren, egal, wie der momentane Zustand ist.
Mit klarer biblischer Lehre und vielen praktischen Hilfen packen die Autoren die wichtigsten heißen Eisen an. Viele ermutigende Erfahrungsberichte verdeutlichen die dramatische Heilung und Intimität, die mit Gottes Hilfe möglich ist.

Danny Silk, Erziehung mit Liebe und Vision

Herzensbeziehungen eingehen, statt Machtkämpfe austragen
Vorwort von Bill Johnson; 170 S., Pb.

Danny Silk fordert uns in unserem bisherigen Denken über Liebe, Disziplin und Respekt, ja in unserer generellen Vorstellung von Kindererziehung heraus. Er stellt eine Denk- und Lebensweise vor, die eine Leichtigkeit und Frieden in unsere familiären und sonstigen Beziehungen bringt.
Unser Herz spielt dabei die zentrale Rolle. Das Herz der Eltern und das Herz der Kinder. Wenn beide Seiten verstehen, wie sich ihr jeweiliges Verhalten auf das Herz des anderen auswirkt, werden die Herzen geschützt und Beziehungen können gedeihen.

Beni Johnson, Der glückliche Fürbitter

Mit Gott die Welt bewegen, ohne die Freude zu verlieren, Vorwort von Bill Johnson; 180 S., Paperback

Beni Johnson (die Frau von Bill Johnson) nimmt uns mit auf ihre Reise von einer schüchternen Person zu einer kühnen, aber glücklichen Fürbitterin. Gott offenbarte ihr einen Weg, wie sie aus seiner Gegenwart und seiner Liebe heraus in Einklang mit seinem Herzen effektiv beten kann.
Fürbitte muss nicht dazu führen, dass uns die Anliegen, für die wir beten, unter Druck bringen oder emotional beeinträchtigen. Den Himmel auf die Erde zu holen, kann sogar regelrecht Spaß machen. Unmögliches wird plötzlich möglich – ob es dabei um „kleine" Dinge in unserem persönlichen Umfeld geht oder um die Veränderung des geistlichen Klimas über unseren Städten und Nationen.

Mirjam Fischer, Das Leben beginnt

Empfängnis, Schwangerschaft und Geburt aus Gottes Sicht; 112 Seiten, Pb.

Familienplanung ist ein Thema mit vielen Fragen. Mirjam Fischer ist es ein großes Anliegen, dass jedes Kind einen möglichst guten Start ins Leben hat und dass werdende Mütter und Väter sich uneingeschränkt auf die Geburt ihrer Kinder freuen können. Sie hat sich vertieft auf die Suche gemacht, was Gottes Gedanken hinsichtlich Befruchtung, Schwangerschaft, Geburt und Wochenbett sind. Auch andere wichtige Themen wie Namensfindung, Berufung, Paten oder der Verlust eines Kindes werden beleuchtet.

Judith Bauer, Heilige Mami

Wie ich als werdende Mutter Gottes Wunder und Herrlichkeit erlebte; 128 Seiten, Paperback

Das erste Kind zu bekommen und Mutter zu werden, ist ein einschneidendes Erlebnis für jede Frau. Die Autorin lässt uns daran teilhaben, wie sie den Weg durch Schwangerschaft, Geburt und die ersten Monate danach mit Jesus gegangen ist. Inmitten aller Schwierigkeiten hat sie dabei die verwandelnde Herrlichkeit und Kraft Gottes erfahren.
Gewürzt mit Anekdoten aus dem Alltag ist dieses Buch eine Ermutigung für werdende und junge Mütter und hilft, die Beziehung zu Jesus zu vertiefen.
Lebe in deiner Bestimmung.

Heiderose Hofmann, Vertrau mir, mein Kind!

Alleinerziehend im Licht der Bibel; 160 S., Paperback

Viele alleinerziehende Eltern fühlen sich – selbst unter Christen – in ihrer Problematik häufig allein gelassen. Da die Autorin selbst mit dieser Problematik konfrontiert war, lernte sie mit der Zeit, Gott in ihre Situation mit hineinzunehmen. Er offenbarte ihr Schritt für Schritt sein Herz für die Alleinerziehenden.
Das Buch hilft Betroffenen, Heilung zu finden und mit ihrer Situation zurechtzukommen, und enthält eine Anleitung zum Aufbau von Gruppen für Alleinerziehende.

Ana Werner, Nimm dein Land ein

Es ist an der Zeit, dass du Gottes Verheißungen ergreifst; 144 Seiten, Paperback

Wie steht es um die persönlichen prophetischen Worte, die du erhalten hast? Und welche allgemeinen Verheißungen der Bibel warten noch darauf, dass du sie erlebst? Kann es sein, dass die Zeit der Erfüllung dieser Zusagen endlich gekommen ist? So wie die Israeliten ihr Gelobtes Land einnehmen mussten, will dir der Heilige Geist auch heute übernatürliche Strategien aufzeigen, wie du deine Verheißung von Gott in Angriff nehmen kannst.

Julie Meyer, Die Bibel singen

Wie jeder Christ Durchbrüche, Hoffnung und Heilung erleben kann; 176 Seiten, Paperback

Das Wort Gottes singen kann jeder, und es hat in jeder Situation enorme Auswirkungen. Das ist die Erfahrung von Julie Meyer, die sie mit diesem Buch ganz praktisch weitergeben möchte.
Dabei geht es nicht darum, musikalisch oder in einem Lobpreis-Team zu sein. Das Singen der Bibel ist ein mächtiges geistliches Instrument, das jeder persönlich anwenden kann, das aber auch in Gemeinschaft wirkungsvoll ist.
Julie Meyer berichtet sowohl von ihren persönlichen Durchbrüchen als auch von dramatischen Veränderungen der Atmosphäre an öffentlichen Plätzen, die sie durch das Singen der Bibel erlebt hat.

Dr. Larry Richards, Die volle Waffenrüstung Gottes

Gut geschützt gegen die Angriffe des Bösen; 208 Seiten, Pb.

Die Bibel macht deutlich, dass ein Großteil unserer Unsicherheiten, Ängste und Zweifel auf den Machenschaften böser Mächte beruhen. Deshalb ist es so entscheidend, dass wir sowohl die Strategien kennen, die Satan benutzt, um uns anzugreifen, als auch die Rüstung, die Gott uns zur Verfügung stellt, um uns dagegen zu schützen.
Eine biblische Dämonologie, Hilfen zum Umgang mit dem Bösen in der Seelsorge sowie Lektionen für „Lebe-frei-Selbsthilfegruppen" runden das Buch ab.

Michael Stahl | Rainer Zilly (Hrsg.), MännerMutMacher

Hoffnungsvolle, emotionale Erlebnisse von Männern mit Ecken und Kanten; 216 Seiten, Paperback

Hier berichten bekannte und weniger bekannte Männer offen und ehrlich über herausfordernde Situationen in ihrem Leben, die sie an ihre Grenzen gebracht haben, und in denen ihnen Gott begegnet ist. Es geht nicht um Siegertypen und Helden, um Männer, denen alles gelingt, die scheinbar nie versagen, bei denen es richtig glatt läuft. Hier zeigen Männer Gefühle, öffnen sich und schreiben über ihre Schwächen und Fehler, ihre Verluste, Nöte, Krankheiten und noch vieles mehr.

Michael Stahl, Vater-Sehnsucht

120 Seiten, Paperback

Immer mehr Kinder wachsen in dieser Welt ohne Vater auf. Was wird aus diesen Kindern? Der Vater ist der erste Held im Leben eines Kindes. Dieser mächtigste Mensch der Welt kann Wunden schlagen und sie auch heilen. Michael Stahl, lässt uns an der Entstehung und dem Heilungsprozess seiner eigenen Vaterwunden teilhaben. Und er berichtet, was er erlebt, wenn er in Schulen, Heime, Gefängnisse oder Firmen geht und dort Menschen hilft, sich miteinander zu versöhnen.
Auch als Hörbuch sowie in Englisch und Russisch.

Michael Stahl, ERlebt

25 wunderbare Geschichten aus meinem Leben; 160 Seiten, Pb.

Michael Stahl ist ein Träger der Gegenwart Gottes. Wohin er auch kommt – ob in Schulen, Familien, Gemeinden, Kinderheime oder ganz alltägliche Situationen –, verändert sich die Atmosphäre zum Guten. In diesem Buch erzählt er 25 dieser Erlebnisse, in denen er für Einzelne und ganze Gruppen zum Vermittler von Liebe, Annahme und Vergebung wurde.
Begleite Michael Stahl und sein Team zu den Menschen, die ohne Hoffnung waren, zu den Sprachlosen, die nun singen. Erlebe, dass ER (Gott) lebt und dich liebt!

Bestellen Sie im Buchhandel oder direkt beim Verlag:
GloryWorld-Medien | Beit-Sahour-Str. 4 | D-46509 Xanten
Fon: 02801-9854003 | Fax: 02801-9854004 | info@gloryworld.de
Aktuelles, Leseproben, Downloads & Shop: **www.gloryworld.de**